○ 朱国祥 —— 著

回鹘文文献汉语借词研究

研究

Research on the
Chinese Loanwords in the Old Uighur Documents

社会科学文献出版社
SOCIAL SCIENCES ACADEMIC PRESS (CHINA)

序

　　收到我的博士生朱国祥（现为贵州民族大学教授）发来的《回鹘文文献汉语借词研究》样稿，我非常高兴。高兴的是，学生在学业上有所成就，这是老师的光荣。他客气地让我为书稿写一篇序，我也欣然答应了下来。

　　记得朱国祥在读博期间就非常努力，刻苦学习，玩命写作。他于2012年获得"优秀博士研究生学术新人奖"，2013年还获得"博士研究生奖学金"。当时我担心的并不是他的学业，而是他的身体，那一年他也因为用眼过度，眼睛高度近视，眼球差点保不住了。这说明，经过刻苦努力就能获得好的成绩，当然这些成绩与他上大学、读硕士期间在语言学、音韵学、训诂学方面的训练也是分不开的。一份辛劳一份收获。

　　过去朱国祥与我曾有过不少愉快的合作。我们合著的《回鹘文佛教文献中的汉语借词研究》（甘肃文化出版社，2018）曾就汉语借词做了一次专门的研究，但遗憾的是书中收集的汉语借词材料有限，仅局限于回鹘文佛教文献。

　　朱国祥的《回鹘文文献汉语借词研究》除绪论外，由十二章正文组成，分碑铭与题记、社会经济文书、医学文献、天文占卜历法文献等类别，广泛收集汉语借词，并对这些借词的对音、分布范围和翻译特点等问题展开更进一步的研究。该书材料丰富，论述详尽，可以说是探讨和研究回鹘文文献汉语借词最为全面而深入的一部著作。

　　借词产生于各文化群体间的交往和交流，它是文化交流交融和古代民族关系的标志之一。从回鹘文文献来看，汉语借词是它的一个重要来源。分析和研究这些汉语借词，不仅可以为回鹘文文献语言词汇系统构成、词汇发展、语音研究提供直接的材料，也为研究回鹘与中原交往交流交融关系的历史发展提供了详实的语言学佐证。我也希望朱国祥教授继续努力，今后可以从语言学入手，深挖借词背后的文化内涵，为铸牢中华民族共同体意识、实证中华民族交往交流交融的历史发展做出更大的贡献。

是为序。

张铁山

（中央民族大学二级教授，博士生导师，

享受国务院特殊津贴，中央民族大学杰出人才）

2022 年 8 月 10 日于北京

目　录

绪　论

一　国内外研究动态

目前，国内外学者就回鹘语文献中的汉语借词进行专门、系统研究的还不多见。

国内学者回鹘文文献汉语借词研究成果如下。冯家昇先生刊布了一些汉语借词[①]，即 buu<Chin. 戊 1b/4、čau qung<Chin. 赵公 4a/27、čung<Chin. 钟 39b/12、čoo an<Chin. 长安 106a/4、čuu suilö<Chin. 褚遂良 14b/17、čuu li<Chin. 褚令 5b/1、I qung<Chin. 英公 5a/27、Xung wutsï<Chin. 弘福寺 4a/19、zïm<Chin. 壬 5b/15、sïn<Chin. 辛 5b/18、ki<Chin. 己 7b/14、qï<Chin. 庚 7b/18、taï ging tin<Chin. 太极殿 7b/23、huïlip<Chin. 慧立 23b/17、huï ün<Chin. 慧远 H8a/9、xao tay-sï<Chin. 皇太子 1b/5、qa tun sïɣ<Chin. 贾敦颐 9b/3、kintsung<Chin. 彦悰 23b/19、čïɣ<Chin. 尺 13b/8、litao yuu<Chin. 李道裕 9a/7、kinki huïđi<Chin. 后魏帝 H7/7、twu čïlon<Chin. 杜正伦 9a/7、suw< Chin. 水 H7a/6、tao lim<Chin. 道琳 H8a/12、bodïručï<Chin. 菩提留志 H7b/8、lusan<Chin. 庐山 H8a/19、tung-gtaï sï<Chin. 同泰寺 107a/12、taïpaziki<Chin. 大般若经 26a/4、hinki<Chin. 显庆 39a/4、xan huïn<Chin. 汉玄 39b/6、čïnšu<Chin. 真书 39b/10、huïwu<Chin. 魏武 39b/11、lüyödi<Chin. 梁帝 107b/11、xua<Chin. 花 106a/12、henki<Chin. 显庆 39a/4、lïntïɣ<Chin. 麟德 106a/6、yüɣ？xua kung<Chin. 玉华宫 106a/7、taï pïpaza lun<Chin. 大毗婆沙论 H2/3、kumaračwï<Chin. 鸠摩罗什 H1a/9、wutu čïng<Chin. 佛图澄 H1a/8、mxay-aniki qoo<Chin.

[①]　冯家昇：《回鹘文写本〈菩萨大唐三藏法师传〉研究报告》，《冯家昇论著辑粹》，中华书局，1987，第 373~413 页。

大乘光 H3a/6、yohuï<Chin. 永徽 8a/2、lïkün sïn<Chin. 李君信 44b/4-5、wrčï<Chin. 发智论 H2/1、zïm<Chin. 任 2a/7、luu<Chin. 龙 3a/17、ürčï<Chin. 尉迟 5a/3、ongwinghün<Chin. 显王文训 5a/5、lï-gin-yuu<Chin. 李乾裕 5a/11、sïu wi<Chin. 萧锐 9a/7、yinčïu<Chin. 瀛洲 9b/2、qoγ čïu<Chin. 毂州 9a/7、pučïu<Chin. 蒲州 9a/6、xung čiu<Chin. 恒州 9b/7、lïn xua<Chin. 莲花 11b/4、li gii wu<Chin. 李义甫 13b/17、taïsï<Chin. 大师 23b/18、wapšï<Chin. 法师 23b/19、tutung<Chin. 都统 23b/22、yoogšastr<Chin. 瑜伽师地论 27b/5 等。

　　陈宗振先生在其论著中收录了 126 个汉语借词①，即 bäg<Chin. 伯（克）、buxi<Chin. 布施、dadän<Chin. 大担、dang<Chin. 当、huangli<Chin. 皇历、hua<Chin. 花、joza<Chin. 桌子、ki<Chin. 已、kimbaγ<Chin. 金箔、kän<Chin. 建、kθg<Chin. 曲、lim<Chin. 檩、likẓri<Chin. 历日、luu<Chin. 龙、mäkkä<Chin. 墨、pala-<Chin. 罚、pi<Chin. 丙、puzul<Chin. 铺子、qïγ<Chin. 尺、qiza<Chin. 尺子、qung<Chin. 钟、sang<Chin. 仓、sangun<Chin. 将军、samtso<Chin. 三藏、sang<Chin. 仓、sïqi<Chin. 四至、tayto<Chin. 大唐、tayxï<Chin. 大师、ting<Chin. 丁、titsi<Chin. 弟子、toyïn<Chin. 道人、tuγ<Chin. 纛、tutuḳ<Chin. 都督、xïng<Chin. 升、xïḳ<Chin. 石、yala-<Chin. 押、yang<Chin. 样、yänqü<Chin. 珍珠、kap<Chin. 甲（外壳）、ḳunku<Chin. 箜篌、ḳunquy<Chin. 公主、züngim<Chin. 绒棉、qamḳuy<Chin. 忏悔、tong<Chin. 冻、ḳoqo<Chin. 高昌、qau<Chin. 钞、tingla-<Chin. 听、qillä<Chin. 请、mantu/manta<Chin. 馒头、qang<Chin. 筝、sïlïk<Chin. 光滑、tuḳluḳ<Chin. 秃（顶）、γangzi<Chin. 样子、täng<Chin.（相）等、käng<Chin.（宽）广、kundu<Chin. 红豆、bandang<Chin. 板凳、jing<Chin. 斤、pung<Chin. 分、qoyla<Chin. 笊篱、qoka<Chin. 筷、tolo<Chin. 多、jilä<Chin. 急、domilä<Chin. 倒霉、palaḳ<Chin. 打板子（罚）、solaγ<Chin. 锁、bolaγ<Chin. 包、xor<Chin. 硝、yämlä<Chin. 填缝（严）、sir<Chin. 漆、sin<Chin. 寝（身体）、sun<Chin. 寸、mïr/mïr<Chin. 蜜、bïr/biïr<Chin. 笔、polo<Chin. 筒箩、jang<Chin. 酱、pizi<Chin. 椎子、sosän<Chin. 水仙（花）、guypi<Chin. 贵妃、qung<

---

① 陈宗振：《关于维吾尔语中的早期汉语借词的探讨》，《民族语文研究论集》，青海民族出版社，1982。

Chin. 公（公爵）、hoxang<Chin. 和尚、käläm<Chin. 麒麟、käm<Chin. 缺、palas<Chin. 浆（球拍）、ir/ir<Chin. 乙、pusar<Chin. 菩萨、bursang<Chin. 佛僧、burhan<Chin. 佛、sola<Chin. 锁、jing<Chin. 更（打更）等。

以下为口头早期汉语借词，如 bang<Chin. 榜、bexi<Chin. 扁食（饺子）、goda<Chin. 钩搭、do<Chin. 赌、dung<Chin. 遆、gumpa<Chin. 功夫、hulangziqi<Chin. 货郎子、hurja<Chin. 户儿家、huyla<Chin. 糊、jambu<Chin. 摒布、jangza<Chin. 庄子、jawən<Chin. 夹饭、jiu<Chin. 九、magaza<Chin. 马褂子、maho<Chin. 马号（马厩）、majiang<Chin. 麻将、payza<Chin. 稗子、pəylə<Chin. 派遣、potəy<Chin. 炮台、pukəy<Chin. 铺柜（柜台）、qambaxqi<Chin. 拳把式、qongni<Chin. 充呢（纺织品）、qülük/qünlük<Chin. 椿树、tohung<Chin. 桃红、toķan<Chin. 驮框、wa<Chin. 瓦、wado<Chin. 瓦刀、xang<Chin. 香、zaku<Chin. 闸口、zang<Chin. 脏、zasüy<Chin. 杂碎、zola<Chin. 找（零钱）、ämbäl<Chin. 案板、änzä<Chin. 案子。[①]

李经纬、靳尚怡、颜秀萍所著《高昌回鹘文献语言研究》中刊布了 31 个汉语借词，即 ban<Chin. 板（板子）[②]、ban<Chin. 万、buši<Chin. 布施（施舍）、čačan<Chin. 茶盏（茶盅）、čanhuy<Chin. 忏悔、čïn<Chin. 真（真实的）、čung<Chin. 钟、hua<Chin. 花（花儿）、likžir<Chin. 历日（日历）、lim<Chin. 檩、linhua<Chin. 莲花、qay<Chin. 街（街道）、qay<Chin. 鞋（鞋子）、quanbu<Chin. 官布（作货币用的棉布）、qungqau<Chin. 箜篌、quwpar<Chin. 酷罚（重罚）、qunčuy<Chin. 公主、sangun<Chin. 将军、sičï<Chin. 四至（四界）、šïγ<Chin. 石（容量单位、土地面积单位）、šing<Chin. 升（容量单位）、šong<Chin. 双（两个）、tintsuy<Chin. 佃租（地租）、titsi<Chin. 弟子（学生）、toyïn<Chin. 道人（僧人）、tsang<Chin. 仓（仓库）、tsïr<Chin. 漆（油漆）、tsun<Chin. 寸（长度单位）、wapši<Chin. 法师、yang<Chin. 样（模式）等。[③]此外，李经纬所著《回鹘文社会经济文书研究》（新疆大学出版社，1996）与《吐鲁番回鹘文社会经济文书研究》（新疆人民出版社，1996）等曾对汉语借词作过研究。

---

① 高莉琴：《不同时期维吾尔语中的汉语借词》，新疆大学出版社，2005，第 10~13 页。

② 这里（）内文字表示文献使用义，下同。

③ 李经纬、靳尚怡、颜秀萍：《高昌回鹘文献语言研究》，新疆大学出版社，2003，第 17~67 页。

阿不里克木·亚森所著《吐鲁番回鹘文世俗文书语言结构研究》中列举有汉语借词，即 baočao<Chin. 宝钞、paošïn<Chin. 保人、čao<Chin. 钞、taypaošïn<Chin. 代保人、ančəsï<Chin. 按察使、čungtung<Chin. 中统、quvar/quvpar<Chin. 口罚、sangun<Chin. 将军、šutza<Chin. 首座、šuluγ<Chin. 署、taysang<Chin. 大仓、vap<Chin. 法、vučung<Chin. 不中、yang<Chin. 样、totoq<Chin. 都督、čašan<Chin. 茶盏、latəy<Chin. 罗带、qupïng<Chin. 胡瓶、sa<Chin. 锁、csiling<Chin. 紫绫、sïr<Chin. 漆、šïγ<Chin. 石、šing<Chin. 升、sïčï<Chin. 四至、käv<Chin. 教、qa<Chin. 家、qay<Chin. 街、qïday<Chin. 契丹、daydu<Chin. 大都、däng<Chin. 等（平等）、toyïn<Chin. 道人等。①

赵相如先生《维吾尔语中的古代汉语借词》考证了 25 个汉语借词，即 ay-<Chin. 爱、kiqik<Chin. 季、qong<Chin. 奖、γing/γiy<Chin. 倾、tik<Chin. 直、toγ<Chin. 祝、kimhap<Chin. 锦合（缎）、yam-<Chin. 纫、yang<Chin. 衽、yəm-<Chin. 剩、yan--<Chin. 然、tam<Chin. 点、γam-<Chin. 槛、qin-<Chin. 甄、γon<Chin. 困、dəng-<Chin. 掂、tang-<Chin. 滕、baq-<Chin. 缚、sap<Chin. 十、kθt-<Chin. 揭、jik<Chin. 积、sθk/sθk-<Chin. 粟／斥、qək/qək-qət-<Chin. 拆／则／测、san<Chin. 算、γaz-γoz-<Chin. 掘等。②徐思益、马俊民《发展少数民族语言的列宁主义原则》曾考证 qapan<Chin. 袷祥、qinə<Chin. 秦、tawar<Chin. 缎等汉语借词。③

此外，吐尔逊·阿尤甫、买提热依木·莎依提等整理《回鹘文〈金光明经〉》中所附录词汇表中有汉语借词 44 个④，限于篇幅不作列举。张铁山所著《回鹘文献语言的结构与特点》列举了一些汉语借词，并作了汉语与回鹘语语音系统性对音研究。⑤杨富学所著《回鹘文献与回鹘文化》中辟有专题"汉语文对回鹘的影响"，从汉语文在回鹘中的使用、

---

① 阿不里克木·亚森：《吐鲁番回鹘文世俗文书语言结构研究》，新疆大学出版社，2001，第 75~77 页。

② 赵相如：《维吾尔语中的古代汉语借词——从语言看历史上维汉人民的密切联系》，《语言与翻译》1986 年第 2 期。

③ 徐思益、马俊民：《发展少数民族语言的列宁主义原则——驳斥苏修对我党民族语文政策的攻击》，《新疆大学学报》（哲学社会科学版）1978 年第 2 期。

④ 吐尔逊·阿尤甫、买提热依木·莎依提等整理《回鹘文〈金光明经〉》，新疆人民出版社，2001。

⑤ 张铁山：《回鹘文献语言的结构与特点》，中央民族大学出版社，2005，第 118~136 页。

回鹘语中的汉语借词及其用法、汉语对回鹘语语法的影响等角度进行论述，并列举了汉语借词。① 高莉琴所著《不同时期维吾尔语中的汉语借词》第一章是早期维吾尔语中的汉语借词，该章对国内外学者研究成果进行了综述，并列举了汉语借词；第二章是现代维吾尔语中的汉语借词。② 此外，高莉琴刊发论文从文化上阐述汉语借词以及如看待早期维吾尔语汉语借词③。牛汝极先生的《六件 9~10 世纪敦煌回鹘文商务书信研究》等论文研究过回鹘文文献中的汉语借词。④ 薛宗正先生的《隋唐汉音与突厥、回鹘古译名的还原》曾就汉语借词有过论述。⑤

　　涉及回鹘语汉语借词研究的博士学位论文主要有：阿依达尔·米尔卡马力的《从敦煌出土回鹘文佛教文献看汉语对回鹘文佛典语言的影响》（新疆大学，2007）、蒋建设的《回鹘—汉对音及宋元回鹘地区汉语方音的研究》（北京大学，2008）、赵明鸣的《12~13 世纪中亚〈古兰经注释〉语言研究》（上海师范大学，2011）、林巺培的《回鹘慈恩传转写与汉字音研究》（上海师范大学，2012）、朱国祥的《回鹘文佛教文献中的汉语借词研究》（中央民族大学，2014）等。这些论文不仅对汉语借词进行研究，有的还对汉语与回鹘语语音展开对音研究。

　　值得注意的是，聂鸿音先生以精深的音韵学理论来研究回鹘语汉语借词的汉字语音问题，所作《回鹘文〈玄奘传〉中的汉字古音》是非常重要的一篇论文，具有非同寻常的引领意义。⑥

　　国外学者该方面主要研究成果，一是工具书所涉及汉语借词研究，如冯·加班（A.von Gabain）的《古代突厥语语法》⑦、苏联科学院语言

① 杨富学：《回鹘文献与回鹘文化》，民族出版社，2003，第 402~411 页。
② 高莉琴：《不同时期维吾尔语中的汉语借词》，新疆大学出版社，2005。
③ 高莉琴：《早期维吾尔语中汉语借词的文化背景透视》，《西北民族研究》2008 年第 2 期；高莉琴：《以科学的态度对待维吾尔语中的汉语借词》，《新疆大学学报》（哲学社会科学版）2005 年第 5 期。
④ 牛汝极：《六件 9~10 世纪敦煌回鹘文商务书信研究》，《西北民族研究》1992 年第 1 期。牛汝极：《回鹘文〈牟羽可汗入教记〉残片释记》，《语言与翻译》1987 年第 2 期。
⑤ 薛宗正：《隋唐汉音与突厥、回鹘古译名的还原》，《新疆社会科学研究》1984 年第 18 期。
⑥ 聂鸿音：《回鹘文〈玄奘传〉中的汉字古音》，《民族语文》1998 年第 6 期。
⑦ A. von Gabain. Alttürkische Grammatik, Leipzig, 1941.

研究所列宁格勒分部编《古突厥语词典》①、克劳森（S.G.Clauson）的《十三世纪前突厥语词源词典》②等都收入一些汉语借词，并对其词源进行了考证；二是国外学者研究专著，如山田信夫等学者的《回鹘文契约文书集成》列举了54个汉语借词③，庄垣内正弘在《俄罗斯藏回鹘语文献研究》中曾就回鹘文字表记汉文佛典、汉字音再构拟等作过研究，④土耳其学者恰瓦尔·卡亚（Ceval Kaya）所著《回鹘文〈金光明经〉》所列举词汇表中有81个汉语借词。⑤国外学者，尤其是以日本学者庄垣内正弘等人为代表，对回鹘文中的汉字对音研究在国外同行中处于领先地位。

从总体上看，国外回鹘文研究成果突出，且名家辈出。其缘由是：国外回鹘文研究起步早，大量占有出土于中国的第一手回鹘文文献材料；国外回鹘文研究具有深厚的学术传统，学术梯队传承有序，有一批专家几十年如一日专注于回鹘文文献某一领域持续地研究；国外回鹘文研究做到深度与广度的有机结合，除了回鹘文语言研究，他们还研究回鹘的宗教、历史、社会经济等内容；一些活跃于国际学界，且取得卓越成就的回鹘文研究学者，无不精通多种语言，语言"利器"是从事回鹘学必备的前提。日本回鹘文研究学者工于汉语与回鹘语对音研究，如庄垣内正弘、高田时雄⑥曾对回鹘字音进行研究，他们的成果令人印象深刻。

总之，单就回鹘文文献汉语借词专题来看，国内外学者研究成果的广度或深度还有许多值得商榷和挖掘的地方。笔者与张铁山合著的《回鹘文佛教文献中的汉语借词研究》就汉语借词作了一次专门的研究，但

① Академия науксссp институт языкознания, древнетюркский словарь, ленинградское отделение,1969.
② S. G. Clauson. *An Etymological Dictionary of Pre-Thirteenth-Century Turkish*, Oxford: Clarendon Press, 1972.
③ 山田信夫（著），小田壽典·P. Zieme·梅村坦·森安孝夫（編）『ウイグル文契文書集成』2. 大阪大学出版会、1993。
④ 庄垣内正弘『ロシア所蔵ウイグル語文献の研究』京都大学大学院文学研究科、2003。
⑤ Ceval Kaya, *Uygurca Altun Yaruk, Giriş, Metin ve Dizin*, Ankara: Görsel Sanatlar Ltd. Şti., 1994.
⑥〔日〕高田时雄：《敦煌·民族·语言》，锺翀等译，中华书局，2005。

遗憾的是搜集汉语借词材料仅局限于回鹘文之佛教文献，从而导致一些汉语借词被遗漏。鉴于此，本书材料范围在原有佛教文献的基础上扩充至其他宗教（如摩尼教、景教、道教等），同时还包括回鹘文社会经济世俗文献、语言文字与文学文献、医学以及占卜与历法文献等，尽最大可能逐一列举回鹘文文献（含少量摩尼文回鹘语文献）中的汉语借词，并进行回鹘语与汉语对音研究，材料范围更广，研究更有意义。

二　本书的研究范围和学术意义

（一）本书的语言学和文化学价值

从语言学来看，汉字是意音文字[①]，在记录汉语语音上回鹘文记录汉语借词能从一个侧面记录、保存汉语中古语音。汉语与回鹘语对音研究能为汉语音韵学研究提供新的语音材料。

从文化学来看，古代回鹘人与古代汉人接触和交流，从而产生大量汉语借词，保存在古代回鹘文文献之中，这些汉语借词无疑是我们考证、探究其背后所隐含的文化信息的重要材料。同时，汉语借词的存在更加有力地证明了中原汉民族文化对古代回鹘文化的重要影响。

（二）研究方法介绍

1. 译音对勘法

译音对勘法是指用汉语和其他语言材料来分析汉语音值和音类的方法。此法是比较研究两种语言最常用之方法。回鹘文文献中的汉语借词，很多是用回鹘文拼音文字给汉语注音。通过回鹘语与汉语译音材料对比，探寻回鹘语与汉语语音系统及其对音规律。

2. 历时语言学方法

历时语言学方法是 20 世纪初被引进至汉语古音研究的一种研究方法。遵守比较语言学的理论与方法，系统地将回鹘语与汉语的音韵系统进行比较与分析，归纳其演变规律。回鹘语是突厥语言史上的一个重要

---

① 周有光:《文字演进的一般规律》,《中国语文》1957 年第 7 期；周有光:《字母的故事》,上海教育出版社，1958，第 2~7 页。

阶段，上承古代突厥语碑铭文献语言，下启察合台文献语言以及现代突厥语族诸语言。因此，历时语言学方法起到纵向研究整个突厥语言史发展的作用。同时，回鹘文文献里汉语借词为汉语语音史发展研究提供了民族语的材料与支撑。

3. 统计法

音韵学中运用统计法，就是通过数据的统计和分析，解决音韵研究中的某个问题。运用统计方法来搜集各种回鹘文文献里的汉语借词，并分析或描写汉语借词分布规律、特点及其原因。

4. 内部拟测法

内部拟测法是从西方语言学引进到汉语古音研究的一种方法，它起源于 19 世纪的欧洲语言学界。其理论根据是语言结构的系统性和语言发展的不平衡性。内部拟测法是对一个共时音系的内部状态加以分析，从中发现语音变化的痕迹，以合理的逻辑推理来探究古代的音系。回鹘文文献语言无复元音，但随着汉语被借入，回鹘语汉语借词出现不少复元音。[①] 汉语借词在回鹘语中，汉语声母和韵母会受到回鹘语语音系统的制约。当汉语与回鹘语语音（声母韵母系统）大致相当，汉语语音进入回鹘语中则保持不变；反之，汉语借词在回鹘语中会发生细微或较大的变化。

5. 文化语言学法

文化语言学是对语言现象背后之文化进行研究。回鹘文文献里汉语借词现象，是古代回鹘人和汉人有过接触后才会出现的语言现象。回鹘语中的汉语借词既是民族关系和文化交流的标志，也反映了当时社会、文化、民族和历史等"底层"内容。语言是人类最重要的交际工具，是民族文化的重要载体，包括民族史和文化史等内容。

本书尝试以回鹘文文献里汉语借词为"切口"，广泛搜集材料，考察汉语借词分布、扩散及借入回鹘语的过程，从语言学视角来看待古代回鹘语言中借词背后的"故事"。

---

① 张铁山:《回鹘文献语言的结构与特点》，第 121~135 页。详见本书第十二章。

（三）研究内容界定

本书研究对象是各种回鹘文文献（这里回鹘文文献还包括"古代突厥语"文献，这是国际突厥学界的一种传统）。[①] 从回鹘文文献载体形态来看，包括碑铭、纸质文献、其他材料上的题记和铭刻等。从选择材料范围来看，包括出土回鹘文文献及其图版影印、换写、转写、翻译、注释以及各种文献资料。

主要研究内容如下。

第一，回鹘文文献里汉语借词筛选与列举。主要有：回鹘文概论；回鹘文文献（包括古代突厥文文献）一般情况；回鹘文宗教文献（佛教文献、摩尼教文献、景教文献及道教文献等）、回鹘文社会经济等世俗文献、回鹘文语言文字文学文献、回鹘文科学技术文献（包括医学、天文学以及占卜历法等文献）专题分析。尽最大可能胪列回鹘文文献里的汉语借词。

第二，语言对音研究。主要有：汉语与回鹘语对音研究，论述汉语与回鹘语对音研究之前应注意的相关问题；从中古汉语声母、韵母系统看回鹘语与汉语对音规律。

第三，回鹘文文献汉语借词分布规律及其他问题。主要有：回鹘文文献中的汉语借词分布规律、汉语借词翻译方式等。

第四，以汉语借词为研究"切口"，探究回鹘人与汉人之间交流、交往、交融的客观事实，分析汉语借词分布与原因，从而揭示古代回鹘人如何受到中原汉民族文化影响以及古代回鹘人的精神、物质文化世界。

三　汉语借词的认定

（一）借词的定义与类型

借词是语言学中的一个重要术语。具体到某一种语言中，如何认定或鉴定一个词是借词，可谓仁者见仁，智者见智。借词所指称的内涵和

---

① 张铁山:《回鹘文献语言的结构与特点》，第29页。

外延也存在争议。

借词也叫外来词,简单来说指的是音义都借自外语的词。借词有广义与狭义之分。从广义上来看,来自外语词汇的,不管是语音上借代还是语义上借入都被看作借词。大致有几种类型:完全音译词、音意兼译词、借形词、直译词、意译词等。从狭义上来看,借词仅局限于音译词,意译词不是借词,意译词被看作受外语或外来文化影响新创造的词。

(二)本书借词定义和判定标准

本书所谈借词是指狭义借词。这里借词分为两类:一类是完全音译词;另一类是音意兼译词,即汉语语音加回鹘语法意义,它是部分音译词,只占少数(如 so<Chin. 锁,sola-<Chin. 锁住)。

具体如何判定一个词为借词?其操作层面上的标准是什么?

首先,最主要标准是语音标准,即回鹘字音与汉字古音构拟对照,对比二者语音关系。一般来说,从语音上看,音译词可以有一个大致判定,若初步把这个疑似汉语借词确定下来,接着就是看该疑似汉语借词在借出与借入语言里的语音联系,值得注意的是,回鹘文文献汉语借词在不同历史时期有着不同的语音对应形式。

其次,意义标准也是一条很重要的标准,即结合这个词在语言环境即上下文里的词汇义、语境义等因素来分析其是不是汉语借词。汉语借词不论其借入回鹘语言的历史如何久远,既然是借入词语,就会留下"痕迹"。在下面的研究中,回鹘文文献里的汉语借词多数属于汉语的专有名词。

此外,判定一个词是不是汉语借词,往往还会就两种语言、文化、历史等其他因素来综合考证,有时虽难以界定这类借词的词源,但这类词毕竟是少数。

各章节最后统计的汉语借词,按音序排列,如回鹘文汉语借词转写不统一,则采取一种形式来排序。鉴于简化字系统中对古代不同用字进行了归并,但这些字可能对应着不同的回鹘文,必要情况下保留这部分异体字。

附录：回鹘文研究常用符号及缩略语

（一）符号

序号	常见符号	符号所代表的意思
1	/	另一种形式
2	/ /	转录音位
3	[ ]	原稿残破而丢失，后补充字母
4	( )	原稿损毁但未丢失或略微不完整，后补充字母
5	< >	添加原稿中不存在的字母
6	<	来源于
7	*	重构原始形式
8	-	词之间连接号
9	?	疑问或不明

注：特殊情况随文注明。

（二）杂志名称缩写

ADAW　*Abhandlungen der Deutschen Akademie der Wissenschaft Klasse für Sprachen, Literatur und Kunst*

APAW　*Abhandlungen der Preußischen Akademie der Wissenschaften*

AoF　*Altorientalische Forschungen*

AOH　*Acta Orientalia Academiae Scientiarium Hungaricae*

BEFEO　*Bulletin de l'École Française d'Extrême-Orient*

BBAW　*Berlin-Brandenburgische Akademie der Wissenschaften*

BSOAS　*Bulletin of the School of Oriental and African Studies*

BTT　*Berliner Turfantexte*

CAJ.　*Central Asiatic Journal*

D　*The Sde-dge Mtshal-par Bka´-´gyur.A Facsimile edition of the 18th century redaction of Si-tu Chos-kyi-´byung-gnas prepared under the direction of H.H.the 16th Rgyal-dbang Karma-pa.*

Delhi:Delhi Karmapae Chodhey Gyalwae Sungrab Partun
Khang, 1977.

GILES   Lionel Giles. *Descriptive Catalogue of the Chinese*
Manuscripts from Tunhuang in the British Museum.
London,1957.

JA.   *Journal Asiatique*

MIK.   *Museum für Indische Kunst*

NAWG.   *Nachrichten der Akademie der Wissenschaften in Göttingen*

P.   *The Tibetan Tripiṭaka. Peking Edition Kept in the Library of the*
Otani University, Kyoto. Daisetz T. Suzuki, ed. Tokyo-Kyoto:
Tibetan Tripiṭaka Research Institute, 1955-1961.

SDAW.   *Sitzungsberichte der Deutschen Akademie der*
Wissenschaften zu Berlin

SPAW.   *Sitzungsberichte der Preußischen Akademieder*
Wissenschaften

T.   *Taishō Shinshū Daizōkyō (Taishō Tripiṭaka). Takakusu*

TDAYB.   *Türk Dili Araştırmaları Yıllığı Belleten*

TT.   *Türkische Turfan Texte*

UAJB.   *Ural-altaische Jahrbücher*

VOHD.   *Verzeichnis der Orientalischen Handschriften in Deutschland*

VSUA.   *Veröffentlichungen der Societas Uralo-Altaica*

ZAS.   *Zentralasiatische Studien*

ZDMG.   *Zeitschrift der Deutschen Morgenländischen Gesellschaft*

第一章　回鹘文与回鹘文文献分期分类

第一节　回鹘与回鹘文

一　回鹘

回鹘（Uighur）原称"回纥"。《旧唐书·回纥传》："回纥，其先匈奴之裔也，在后魏时，号铁勒部落。其众微小，其俗骁强，依托高车，臣属突厥，近谓之特勒。无君长，居无恒所，随水草流移，人性凶忍，善骑射，贪婪尤甚，以寇抄为生。自突厥有国，东西征讨，皆资其用，以制北荒。"①关于"回鹘"词义，学界有王朝名称说、自食其力说、同盟互助说、归依说、森林民族说，其中大家普遍接受"同盟互助"之说。②

回鹘的族源可上溯到商周时期的鬼方，周至春秋时期称为赤狄，战国至两汉时期称为丁零。魏晋南北朝时期的高车（敕勒）是赤狄人的后代，后成为铁勒众部落的重要组成部分。南北朝时期的袁纥是东部"高车六部"之一（由于使用一种"车轮高大，辐数至多"的大车，被称为高车）。北魏时，袁纥游牧于伊犁河、鄂尔浑河和色楞格河流域，且为突厥汗国所统治。隋朝时称韦纥，隋大业元年（605 年），韦纥部因反抗突厥的压迫，与仆骨、同罗、拔野古等成立联盟，总称回纥。唐天宝三年（744 年），骨力裴罗酋长建立漠北回鹘汗国，自称骨咄禄毗伽可汗。唐德宗贞元四年（788 年），回纥首领合骨咄禄毗伽可汗上表唐朝

---

① （后晋）刘昫等撰《旧唐书》卷一百九十五，中华书局，1975，第 519 页。
② 张铁山:《回鹘文古籍概览》，民族出版社，2018，第 1 页。

请改回纥名称为回鹘，其取有"回旋轻捷如鹘"之义。Uighur 译名回鹘，即有"团结、协助"之义。

自唐至宋，回纥与回鹘两种译名常混用于汉文史籍之中；元以后，Uighur 有畏吾、畏兀、畏兀儿等译名；至清代多用"回部"，虽非译名，实指回纥（非指回族）。

二 漠北回鹘汗国分裂和割据

公元 840 年漠北回鹘灭亡，回鹘由此进入一个分裂和割据状态。除了一部分回鹘人仍滞留在蒙古大草原，其余大部分回鹘人分四支向外迁移。一支回鹘人向南迁往长城附近，南迁回鹘人数量约有 30 万人[①]，后逐渐与其他民族融合。向西迁移的回鹘人则演变成三大回鹘汗国：河西回鹘（又称甘州回鹘，11 世纪时被西夏灭亡）；西州回鹘（又称高昌回鹘，于 13 世纪末归附蒙古）；葱岭西回鹘（又称喀喇汗王朝，13 世纪初灭亡）。

三 回鹘文

1. 回鹘文的起源与应用

流行于 9~15 世纪的回鹘文源自粟特文的音素文字。回鹘人曾广泛使用过这种文字，所以统称为回鹘文。漠北回鹘汗国回鹘人主要使用古代突厥文，但也开始使用粟特文。此外，回鹘人还使用汉文。

840 年回鹘向西迁移之后，回鹘文则被广泛使用，如甘州回鹘、高昌回鹘和喀喇汗王朝都使用过回鹘文。回鹘文既使用于碑刻，也使用于写本，到了元代时还用于木刻书中。直到 15 世纪，回鹘文逐渐被废弃不用了，察合台文取而代之。清代，回鹘文还在特定地区被一些人使用，写于康熙二十六年（1687 年）的回鹘文写本《金光明经》就是一个例证。

此外，回鹘文在 13~15 世纪也用作金账汗国、贴木尔帝国和察哈台汗国的官方文字。[②] 例如金账汗国时代的《铁木耳库特鲁扎令》（Tämir

---

① 艾尚莲：《回鹘南迁初探》，《民族研究》1982 年第 4 期。

② 张铁山：《回鹘文献语言的结构与特点》，第 337 页。

Qutluɣ Yarlïɣï)、《托赫塔迷失扎令》(Toqtamïs Yarlïɣï)等就是用回鹘文写成的。

2.回鹘文的演变与影响

回鹘文在历史发展过程中曾有过不少改革。因时代不同,回鹘文字母数量有 15~23 个不等。回鹘文字母在一个单词的词首、词中和词尾有不同的书写形式。

回鹘文受到粟特文影响,书写采取从右到左横写。之后,回鹘文因受汉语文化影响,改为竖写,字行从左到右。从回鹘文字体来看,回鹘文可分成印刷体(包括木刻印刷体和木活印刷体)和手写体(包括楷书体、行书体、草书体)。

回鹘文曾对其他民族的文字产生过很大影响。"契丹小字"仿自回鹘文。《辽史》记载:"回鹘使至,无能通其语者。太后谓太祖曰:'迭刺聪敏可使。'遣迓之。相从二旬,能习其言与书,因制契丹小字,数少而该贯。"[①]元代,回鹘文经过若干变化后形成现代蒙古文;16 世纪以后,满文也受到回鹘文影响;1947 年前后,由满文略加改造而成锡伯文,锡伯文是全音素文字。

第二节 回鹘文字母与转写字母

一 回鹘文字母

(一)回鹘文字母特点

早期回鹘文与粟特文区别不大。比如缺少元音字母,元音字母 o 与 u,ö 与 ü,ï 与 i 无区别;辅音字母 q、x 和 ɣ,t 和 d,s 和 š,z 和 ž,b 和 p,g 和 k 无区别;元音 a 和 ä 字母在字形上与表示辅音的 n 字母相同;词间辅音字母 w 和 y 在外形上无区别。q、h、ɣ 使用同一个写法,左边加两点表示 q,左边加一点表示 h,ɣ 则不加点;s 字母右边加两点表示 š,以此来区别 s 和 š;辅音 n 左边加一点,以此与元音 ï 和 i 在形体上相区别;在形体上辅音 ž 左边加两点表示,以此与不加点的 z

---

① (元)脱脱等撰《辽史·皇子表》卷六四,中华书局,2016,第 968~969 页。

相区别（见表一、表二）。另根据牛汝极与杨富学两位先生研究，前期回鹘文（9~11世纪）s与š，t与d，q与ɣ之间没有区别；后期回鹘文（13~14世纪）q与ɣ、x，s与š，t与d，n与ä及词中词尾a，y与w，z与ʒ等区别基本固定下来。①耿世民先生曾指出t与d混写现象。辅音字母t与d在后期常混用。晚期写本，元音字母a/ä左方加一点来表示鼻音n。一些晚期写本在s字母右方加两点表示š。②刘戈提出，q形态有点、无点，n、ɣ、š形态有点、无点，t、d、s、z混写与不混写等都是蒙古及元代一些回鹘文契约中的文字现象。t、d混写在突厥语碑铭中就存在，s、z混写在元代文献中也是常见的。③回鹘文字母早期与晚期的特点，值得我们注意。

总的来说，回鹘文是基于粟特文而创制的。在历史发展中回鹘文虽经不少改革，但仍然没有完全摆脱辅音音素文字之束缚。④

（二）回鹘文字母表

从结构来看，回鹘文是拼音文字，单词是由若干文字符号构成的。回鹘文书写一般有三种书式，即词首、词中、词尾书写形式，但少数文字符号只有一种或两种书写形式。每个回鹘文字母因处于单词不同位置而有所差异。绝大多数回鹘文在拼写时是连写的，单词里文字符号数量与形态是变化的。⑤

表一　回鹘文字母

音质	词首	词中	词尾	音质	词首	词中	词尾
a	𐰀	𐰀	𐰀	ʒ			꞉ᒧ
ä	𐰀	𐰀	𐰀	r		𐰼	𐰼
ï、i	𐰃	𐰃	𐰃	y	𐰖	𐰖	𐰖

① 牛汝极、杨富学：《敦煌回鹘文书法艺术》，《敦煌吐鲁番学研究论集》，书目文献出版社，1996，第517~531页。
② 耿世民：《回鹘文社会经济文书研究》，中央民族大学出版社，2006，第38~40页。
③ 刘戈：《回鹘文契约断代研究——昆山识玉》，中华书局，2016，第69、83~86页。
④ 张铁山：《回鹘文献语言的结构与特点》，第326页。
⑤ 刘戈：《回鹘文契约断代研究——昆山识玉》，第20、47页。

续表

音质	词首	词中	词尾	音质	词首	词中	词尾
o、u				l			
ö、ü				m			
b、p				n			
w				č			
γ				š			
q				s			
x				z			
g、k				ng			
d、t							

资料来源：牛汝极《维吾尔古文字与古文献导论》，新疆人民出版社，1997，第87页。

表二　回鹘文字母

读音	词首	词中	词尾	读音	词首	词中	词尾
a				z			
ä				ž			
ï–i				r			
o–u				y			
ö–ü				l			
b–p				m			
w–v				n			
γ				č			
q				š			

续表

读音	词首	词中	词尾	读音	词首	词中	词尾
h	(字形)	(字形)		s	(字形)	(字形)	(字形)
g–k	(字形)	(字形)	(字形)				
d–t	(字形)	(字形)	(字形)				

资料来源：张铁山《回鹘文献语言的结构与特点》，第 326~327 页。

基于表一与表二，我们可以看出：

从数量来看，表一里 5 个字母表示 8 个元音音位，18 个字母表示 21 个辅音音位；表二里 5 个字母表示 8 个元音音位，17 个字母表示 21 个辅音音位。表一里有 ng 音位，表二里没有 ng 音位；表二与表一相比少了一个字母，但表示辅音的音位都是 21 个，这是由于回鹘文 w–v 是用同一个回鹘文字母来表示。

1. 元音 ö 与 ü 处于词尾时表一里仅有 (字形) 形式，表二有 (字形) 或 (字形) 两种形式。

2. 辅音 γ 处于词尾时表一里仅有 (字形) 形式，表二里有 (字形) 或 (字形) 形式。辅音 g 与 k 处于词尾时表一里仅有 (字形) 形式，表二里有 (字形) 或 (字形) 形式。

3. 辅音 z，表一里仅有一种处于词尾的 (字形) 形式；表二里则除了处于词尾的 (字形) 形式，还有处于词首（(字形)）与词中（(字形)）的书写形式。表一里辅音音位 ʒ 仅有处于词尾的 (字形) 形式，表二里则用舌叶浊擦音辅音 ž[ʒ] 的国际音标 [ʒ] 来表示。

4. 表一回鹘文处于词首的 (字形)、处于词中的 (字形)，其转写符号为 x；表二里转写符号为 h 形式，其实它就是一个小舌清擦音 h[χ]。

5. 表一里回鹘文字母表示辅音音位 n 时，可以居于词首（(字形)）、词中（(字形)）、词尾（(字形)）位置，其书写形式差异不大；表二有词首（(字形)）、词中（(字形)）两种位置，但无词尾形式。

二　回鹘文转写字母

请看耿世民与戴庆夏两位先生的回鹘文字母表与转写字母。

表三　回鹘文字母与转写字母

回鹘文字母			转写字母		
词首	词中	词尾	标元音拉丁式	不标元音拉丁式	斯拉夫式
			a	”	a
			ä	'	ä
			ï,y,i	'y, y	ы, i
			o,u	'w, w	o, y
			ö,ü	'wy, w	ö, y
			p, b	p	п,б
			v, w	β	в
			γ	q	ñ
			q	q	k
			x	q	x
			g, k	k	г, к
			d, t	d, t	Д, т
			ž	z	ж
			z	z	з
			j	y	j
			l	l	л
			m	m	м
			n	n	н
			r	r	р
			s	s	с
			š	s	ш

续表

回鹘文字母			转写字母		
词首	词中	词尾	标元音拉丁式	不标元音拉丁式	斯拉夫式
ꭒ	ꞔ	ꞔ	č	c	ч

资料来源：耿世民《古代维吾尔文献教程》，民族出版社，2006，第47页。

表四　回鹘文字母与转写字母

回鹘文字母			转写字母	
词首	词中	词尾	斯拉夫式	拉丁式
			a	a
			ä	ä
			ы, i	y, i
			о, y	o, u
			о, ÿ	ö, ü
			п, б	p, b
			в	v, w
			ʁ	γ
			k	q
			x	χ
			г, к	g, k
			д, т	d, t
			ж	ž
			з	z
			j	j
			л	l

回鹘文字母			转写字母	
词首	词中	词尾	斯拉夫式	拉丁式
			м	m
			н	n
			р	r
			с	s
			ш	š
			ч	č

　　资料来源：戴庆夏编《中国各民族文字与电脑信息处理》，中央民族学院出版社，1991，第233页。

　　根据表三、表四分析如下。

　　从数量上看，表三中的22个回鹘文字母表示30个音位；表四中的22个回鹘文字母表示28个音位。回鹘文存在异音同形的现象，如ï–y–i、o–u、ö–ü、p–b、v–w、g–k、d–t等。回鹘文转写拉丁字母呈现不同差异，这给回鹘文拼写、认读带来一定的困难。

　　从转写字母形式看，表三中有三种转写方式，即标元音式拉丁字母转写、不标元音式拉丁字母转写和斯拉夫字母转写。一般说来，拉丁字母转写是国际通用的转写方式。表四中只分为标元音式拉丁字母转写与斯拉夫字母转写。

　　从表三与表四中拉丁字母转写来看，其多数情况下是相同的。但也有一些差异，具体如下。

　　表四中的拉丁字母转写少了一个后窄元音 ï[ɨ]；表三词首 、词中 、词尾 的标元音式拉丁字母转写是 ï、y、i。此差异应是转写人对回鹘文异音同形理解不同而造成的。另，耿世民先生则把元音 ï 标为 [ɣ] 音。[1]

───────────

① 耿世民：《古代维吾尔文献教程》，民族出版社，2006，第47页。

表三中有一个回鹘文拉丁字母转写为标元音式 γ 与不标元音式 q；表四中则用 γ 来表示，而 γ 的国际音标是 [ɣ]。

值得注意的是，不同学者有时会对回鹘语某一个词使用不同的转写符号，又把这些特殊的转写符号替换为相应的国际通用回鹘文拉丁字母符号。比如：g（与后列元音 ï、a、o、u 配伍）转写替换为 γ，gh 替换为 γ[ɣ]；k（与后列元音 ï、a、o、u 配伍）替换为 q[ɣ]；ç 与 c 替换为 č[ʧ]；s 与 ŝ 替换为 š[ʃ]；x 替换为 h[χ]；ɪ 替换为 ï。①

第三节　回鹘文文献分期与分类

随着学者对出土回鹘文文献的深入研究，我们能够更多地知晓古代回鹘人精神、物质文化等各方面状况。回鹘文文献涵盖之内容十分广泛，既有古代回鹘人社会经济生产生活等内容，也有反映古代回鹘人之历史、宗教信仰、语言文学艺术、科学技术等的内容。种类繁多、丰富多彩的回鹘文文献如何分期与分类，学界曾有过不同的观点。

一　回鹘文文献分期

如何给回鹘文文献进行历史分期，学界讨论众多，这里采用张铁山教授的分期理论。其分期主要是：第一阶段为 6~9 世纪，即古代突厥文文献时期；第二阶段为 9~15 世纪，即回鹘文文献时期（或称中古突厥语族文献时期），该阶段又可分为两个阶段：回鹘文文献阶段（9~13 世纪）和回鹘 – 察合台文文献阶段（13~15 世纪）；第三阶段为 15~19 世纪，即察合台文文献时期（或称近代突厥语族文献时期）。② 张铁山教授的分期理论既考虑到语言文字内部规律，又周全地考虑到影响语言发展的外部社会历史因素，因此是一种非常科学且切实可行的理论学说。

鉴于此，我们研究回鹘文文献时间的跨度一般是 9~15 世纪，但这

---

① 林巽培：《回鹘文慈恩传转写与汉字音研究》，博士学位论文，上海师范大学，2012，第 91~94 页。
② 张铁山：《突厥语族文献学》，中央民族大学出版社，2005，第 158~161 页。

个时间跨度有时会被打破。

时间一般上溯至古代突厥文碑铭文献语言的第二阶段（即 6~9 世纪）。古代突厥文碑铭文献语言的第一阶段（公元前 3 世纪～公元 6 世纪）不在本研究范围之内，理由是，公元前 3 世纪～公元 6 世纪的古代突厥语无文字记载，有待考古材料等的发现和研究的深入。[1]

时间下限打破原来学界一般认为的 1687 年（回鹘文文献《金光明经》书写于该年）。根据一些学者的研究，基于酒泉文殊山万佛洞回鹘文题记，可推测出回鹘文使用最晚时间应为 1713 年（即康熙五十二年）。[2] 杨富学教授研究认为，文殊山发现的回鹘文题记，最晚到清康熙朝后期，说明在特定地区（如河西西部酒泉至敦煌一带）和特定团体（如佛教团体）中，回鹘文仍然被使用。[3]

二　回鹘文文献分类

丰富多彩的回鹘文文献是中华民族丰富文化遗产之一，也是我们研究回鹘物质、精神文化的重要资料。如何对回鹘文文献进行分类，学界讨论较多。

根据文献学分类方法，张公瑾先生等在其《民族古文献概览》里曾对回鹘文文献作如下分类，即历史类（一些碑铭文献）、经济类（早期主要是契约文书，约 200 件）、文学类（数量上处于第二位）、语言文字类（主要是以《高昌馆杂字》为代表）以及宗教类（佛教、摩尼教、景教和伊斯兰教等文献），最后是回鹘文医学文献。[4] 耿世民先生也曾对回鹘文文献作过分类，如下。

1. 历史类回鹘文文献

该类又可分为碑铭（列举了《暾欲谷碑》等碑铭文献）、史书（未发现有纯粹历史类的回鹘文文献，推测可能有编年史文献）以及其他具

---

[1]　张铁山：《回鹘文献语言的结构与特点》，第 6~7 页。
[2]　新疆吐鲁学研究院编《语言背后的历史——西域古典语言学高峰论坛论文集》，上海古籍出版社，2012，第 94~106 页。
[3]　杨富学：《酒泉文殊山：回鹘佛教文化的最后一方净土》，《河西学院学报》2012 年第 6 期。
[4]　张公瑾主编《民族古文献概览》，民族出版社，1997，第 373~375 页。

有史料价值的回鹘文文献（如土地买卖租赁文契、奴隶买卖文契、金钱粮食借贷文契、遗产分配文契等；宗教文献中的序、题跋、佛教的回向文以及《牟羽可汗皈依摩尼教记》残卷等）。

2. 文学类回鹘文文献

（1）诗歌。民歌，如吐鲁番民歌集、麻赫默德·喀什噶里（M.Kashghari）所著《突厥语大词典》内所收的民歌、塔拉特·特肯（Talat Tekin）与塞尔特卡亚（O.Sertkaya）等对古代突厥诗歌的研究；挽歌，如拉德洛夫（W.Radloff）、马洛夫（S.E.Malov）刊本的《金光明经》胜光法师汉文七言偈颂改作的七音节体的挽歌；赞美诗，如押头韵摩尼教内容的诗行；史诗，如回鹘文巴黎本《乌古斯可汗的传说》等。

（2）格言谚语。这类存在于突厥文碑铭和《突厥语大词典》中。

（3）剧本。目前知道的仅有佛教内容的《弥勒会见记》可能具有剧本的性质。此外，有的学者认为长诗《福乐智慧》也是一种诗剧，诗行共 6645 行。[①]

（4）故事。这类回鹘文文献主要有《五卷书》（*Pancatantra*）、《伊索寓言》等残卷。现在保存比较完整的故事多为佛教内容，如佛本生故事及《常啼和法上的故事》（即《常啼菩萨求法故事》）等。

3. 宗教类回鹘文献

现存的回鹘文文献大多属于宗教类。回鹘文宗教文献按其内容又可分为佛教文献、摩尼教文献、景教文献和伊斯兰教文献四个小类。

（1）佛教文献。回鹘文宗教文献以佛教经典居多，有大乘佛典、小乘佛典和密宗文献。《大藏经》中的经（sūtra）与论（śāstra）两部分的主要著作大多被译成了回鹘文，"经"主要有《金光明经》、《慈悲道场忏法》、阿含部诸经以及所谓的伪经《佛说天地八阳神咒经》《七星经》等；"论"主要有《俱舍论》《俱舍论实义疏》《成唯实论》等。回鹘文佛教文献还有《大唐大慈恩寺三藏法师传》等。

（2）摩尼教文献。回鹘人早在漠北游牧时期就已接受了摩尼教。回鹘文摩尼教文献主要有《二宗经》《摩尼教忏悔词》以及各种摩尼教赞

---

① 新疆社会科学院民族文学研究所编《福乐智慧》，民族出版社，1984。

美诗等。

（3）景教文献。这类主要有《福音书》（*Evangelium*）、《圣乔治殉难记》以及一些墓志铭等。

（4）伊斯兰教文献。这类主要有《帖木儿世系》《升天记》《幸福书》等。

4. 语言文字类回鹘文文献

单纯属于语言文字类的文献极少。《高昌馆杂记》是迄今发现最为重要的一部语言文字类回鹘文文献。

5. 科学技术类回鹘文文献

古代回鹘天文学知识源远流长，历史上曾使用过多种历法。回鹘人很早就懂得利用一些办法治疗疾病，回鹘医学文化是中国传统医学的重要组成部分之一。天文历法、占卜以及医学等能够集中反映古代回鹘人的科学技术水平。其可分为三小类：

（1）天文历法文献。如热合马提（R.Rahmeti，即阿拉特）1936 年在德国刊布的一些资料。

（2）占卜文献。这类中最重要的是用古代突厥文写成的占卜书（Irq Bitig）。

（3）医学文献。这类回鹘文文献主要有：热合马提著《回鹘医学》（*Zur Heilkunde der Uiguren*）第 1~2 卷 [载《普鲁士学报》（*Sitzungsberichte der Preussischen Akademie de Wissenschaften*），1930 年号与 1932 年号]、《医理精华》（*Siddhasāra*）以及其他治疗创伤和药物学方面的残卷。《医理精华》是创作于 7 世纪中叶的古印度著作，13 纪世纪前被译为回鹘文。

三　回鹘文纸质文献分类

总体而言，从载体来看，现保存下来的回鹘文文献大致分为三类：回鹘文碑铭、回鹘文题记铭刻和回鹘文纸质文献。

回鹘文纸质文献（Uighur Paper Literature）大致可进一步作如下分类：宗教类回鹘文献（即佛教文献、摩尼教文献、景教文献、道教文献等）；回鹘文社会经济文书；语言文字与文学类回鹘文献（文学类又分诗歌，其包括民歌、挽歌、赞美诗、史诗等，故事，传说，剧本，格言谚语等）；科学技术类回鹘文献（医学、天文历法、占卜等）。后面的研究大致按照这样的分类进行。

第二章 古代突厥文文献汉语借词

第一节 古代突厥文与突厥文文献

一 古代突厥文

突厥文（Turkic Script）为古代操突厥语人群所使用。突厥文在外形上与古代日耳曼民族使用的如尼文（Rune）相似，因此又称为古代突厥如尼文。因用该文字所刻碑铭被发现于蒙古鄂尔浑河（Orkhon）流域，故又称为鄂尔浑突厥文（Orkhon Turkic Script）；因这种文字也被发现于叶尼塞（Yenisey）河流域，所以又称为叶尼塞文（Yenisey Script）。除了鄂尔浑河、叶尼塞河，塔拉斯河（Talas）也是突厥文碑铭发现的重要流域之一；塔拉斯文献主要是发现于蒙古塔拉斯河谷、吉尔吉斯斯坦魁萨拉（Koysara）及阿克托伯（Ak-Tepe）的铭刻文献[1]。其中使用的变体即为塔拉斯式突厥文。此外，突厥文还有兰突厥文（Kök Kürk）或西伯利亚文（Siberian Script）等名称。[2]

突厥文是一种音素 - 音节混合型文字，由 38~40 个符号构成。[3] a、

---

① 李刚:《塔拉斯（Talas I - II）碑铭探微》,《吐鲁番学研究》2013 年第 2 期。牛汝极:《维吾尔古文字与古文献导论》,新疆人民出版社，1997，第 63 页。

② 耿世民:《古代突厥文碑铭研究》,中央民族大学出版社，2005，第 23 页。

③ 有些突厥文符号有几种不同的写法。"突厥文碑铭和写本在西伯利亚、蒙古、叶尼塞河流域、新疆和中亚彼此相连的广大地区都有发现，其使用时间大约在七至十世纪之间。因此，各个地区、各个时期使用的字母数目和形体不完全相同，一般地可以归纳为三十八到四十个。根据最近出版的塔拉提·特根著《鄂尔浑突厥语语法》，突厥文有四十个字母，其中一半以上都有见于不同文献的变体，有些字母甚至有五、六种变体。……一八九六年，卡拉乌尔和海开勒在今苏联吉尔吉斯共和国的塔拉斯河流域发现《塔拉斯碑》。"（陈宗振:《突厥文》,《中国史研究动态》1981 年第 11 期）。

27

ä、ï、i、o、u、ö、ü 这八个元音是用四个字母来表示的；γ 是用一个字母表示的，k 是用两个字母表示的，g 是用一个字母表示的，q 是用三个字母表示的。用软硬两套字母来表示 b、d、l、n、r、s、t、y 这八个辅音。硬辅音是指辅音与后元音相拼，转写字母右上角用阿拉伯数字 1 表示；软辅音是指与前元音相拼的辅音，在转写字母的右上角用阿拉伯数字 2 表示。有六个字母分别表示 z、m、ŋ、p、č、š 这六个辅音。有三个字母分别表示三对音组：lt-ld、nt-nd、nč-näč。有一个字母表示音组 ič。有一个字母表示 rt。古代突厥文拼写规则如下 [1]：

词首或第一个音节辅音之后的元音 a、ä 常常省略不写；

o、u 和 ö、ü 与表示辅音的 g、k 相拼时，大多省略不写；

辅音 g、k 只与前元音相拼，辅音 γ、q 只与后元音相拼；

软辅音只与前元音相拼，硬辅音只与后元音相拼；

符号 ↓（q）只用在元音 o、u 的前后；

符号 F（k）只用在元音 ö、ü 的前后；

符号 △ 只用在元音 ï 的前后；

符号 ˧ 只用在元音 a、o 的后面；

符号 D（y）只用在 a、o、u 的前面；

行文从右往左横写，词与词之间常用符号 : 分开。

古代突厥文字母表

古代突厥文字母			读音
塔拉斯式	叶尼塞式	鄂尔浑式	
𐰁 𐰒	𐰁 𐰁 𐰑	𐰁	a, ä
↑ 𐰁	↑ 𐰁𐰒	↑ ↦	ï, i
〉 〈	〉 〈	〉 ξ	o, u
Ν Ν	Ν Ν Η	Ν Η	ö, ü
∪	∪ ∪ ∂	∫ ∪ ∪	b

---

① 张铁山：《突厥语族文献学》，第 62~65 页。

续表

古代突厥文字母			读音
塔拉斯式	叶尼塞式	鄂尔浑式	
			b′
			č
			d, t
			d′, t′
			γ
			g′
			j
			j′
			q
			q
			q
			k
			k′
			l
			l′
			m
			n
			n′
			ñ, nj
			ŋ

古代突厥文字母			读音
塔拉斯式	叶尼塞式	鄂尔浑式	
			p
			r
			r′
			s
			s′
			š
			š̌
			t
			t′
			z
			lt
			nt
			nč̌
			rt
			分词符号

资料来源：张铁山《突厥语族文献学》，第63~64页。

根据张铁山《古代突厥文字母表》与《回鹘文字母表》，大致可得出：古代突厥文字母有不同写法，且形体不统一；回鹘文字母根据所处的位置出现一定的形体变异，但总体形体差距不大。突厥文字母与回鹘文字母，其形体没有必然赓续关系。[1]但是，文字是记录语言的一套书

---

[1] 张铁山：《突厥语族文献学》，第63~64、72页。

写信息符号系统，文字和语言的关系十分密切又不能互相替代。古代突厥语有语音和谐律（元音和谐、圆唇音和谐与辅音和谐）。① 在突厥语族诸语言中，语音和谐是普遍存在的一种现象，回鹘语也存在着语音和谐（元音和谐、辅音和谐和元辅音和谐三种）。② 古代突厥语与回鹘语存在共通现象。所以漠北时期回鹘人使用过古代突厥文来记录回鹘语，西迁之后才逐步放弃使用。牛汝极指出，突厥汗国、回鹘汗国、高昌回鹘王国都曾使用过古代突厥文。回鹘曾受突厥统治长达二百年（546~745 年），不能不使用这种文字。③ 下文主要讨论与古代回鹘人相关的古代突厥文文献。

二　古代突厥文文献

古代突厥文文献以碑铭、写本和刻记为主，④ 大致分为三类。

第一类：古代突厥文碑铭。"古代突厥文碑铭"文献是指公元 6~9 世纪突厥汗国（552~745 年）和回鹘汗国（745~840 年）时期用如尼体刻写的碑铭文献。碑铭形成要经过一系列工序，即碑石的开采与打制、刻写碑文（首先用墨水之类的东西书写碑文，再接着是根据笔迹刻写碑文）等工序。耿世民先生在其论著中还对《暾欲谷碑》《翁金碑》《磨延啜碑》《铁尔痕碑》《苏吉碑》《阙特勤碑》《毗伽可汗碑》等作了专题研究。⑤

第二类：古代突厥文写本。现今存世的古代突厥文纸质文献都是写本。其中《占卜书》在古代突厥文写本中具有特别重要的地位。新疆出土的《古代突厥文—摩尼文对照字母表》残叶是 1905 年在新疆吐鲁番吐峪沟发现的一件两种文字对照字母表。残存一叶两面：正面写汉文《大般涅槃经·憍陈如品》，背面分三栏，每栏上写古代突厥文字母，下写摩尼文读音或字母名称。

---

① 耿世民:《古代突厥文碑铭研究》，第 67~68 页。
② 张铁山:《回鹘文献语言的结构与特点》，第 70 页。
③ 牛汝极:《维吾尔古文字与古文献导论》，第 87~88、267~269 页。
④ 张铁山:《突厥语族文献学》，第 119~134 页。
⑤ 耿世民:《古代突厥文碑铭研究》，第 45~56、92~228 页。

《古代突厥文—摩尼文对照字母表》残叶 [①]

此外，还有新疆米兰古城出土的军事文书残叶、吐鲁番出土的几件写本残卷等。

古代突厥文写本以斯坦因（Aurel Stein）在敦煌洞窟发现的《占卜书》为代表。现藏伦敦大英图书馆，编号为 8212（161）（旧编号 Ch.0033）。此外，《古突厥格言残片》原件现存伦敦大英图书馆，编号为 Or.8212-78、Or.8212-79，共 6 片，书于废弃的汉文文书之背。[②]

第三类：古代突厥文题记和铭刻。题记是用金属将文字直接刻于天然崖壁、岩石以及墙壁等载体之上，无须加工雕饰。20 世纪初发现于叶尼塞河入口处崖壁上的三行古代突厥文题记，刻写精细，保存完整。此外，人们发现一些钱币、铜镜、器皿等刻有古代突厥文铭文。

叶尼塞河入口处崖壁上的三行古代突厥文题记

俄罗斯米努辛斯克地方志博物馆收藏有两枚中国方孔圆钱，一面铸

---

① 张铁山：《突厥语族文献学》，第 131 页。
② 张公瑾主编《民族古文献概览》，第 361 页。

有汉字"顺天元宝",另一面刻有古代突厥文。

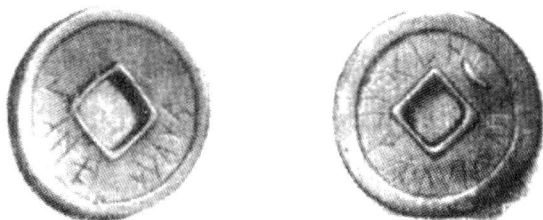

米努辛斯克所藏中国圆钱

在叶尼塞河流域曾发现刻有古代突厥文的铜镜残片,收藏于米努辛斯克地方志博物馆,编号为 5194 与 5195。

编号 5194 铜镜残片   **编号 5195 铜镜残片**

另,考古工作者在叶尼塞河流域发掘出刻有古代突厥铭文的各种器皿,如现存莫斯科历史博物馆的一个细颈金罐,金罐底部刻有古代突厥文铭文。[①]

莫斯科历史博物馆藏金罐及底部铭文

----

① 以上转引自张铁山《突厥语族文献学》,第 133~134 页。

第二节 古代突厥文碑铭与写本汉语借词

一 古代突厥文碑铭研究概况

1692 年，荷兰人魏津（N.Widzen）在其《北部和东部鞑靼里亚》（*Noord and Ost Tartarye, Amsterdam*）中第一次提到西伯利亚存在刻有古代突厥文的碑铭。1696~1697 年，俄国人雷米佐夫（Semen Remezov）在其《西伯利亚图录》（*Chertezhnaya Kniga Sibiri*）一书中提到七河流域也发现了古代突厥文碑铭。这种刻在碑铭上的神秘文字（后来称为古代突厥文）自被发现以来便引起人们的注意，不断有学者探索解"谜"。直到 1884 年，芬兰人阿斯培林（J.R.Aspelin）提出这种文字由 39~40 个符号组成，从右到左书写，但仍无法确定这种文字符号的音值。

1893 年 12 月 15 日，丹麦学者汤姆森（V.Thomsen）在丹麦皇家科学院会议上，报告了他成功解读古代突厥文的过程。1894 年，该里程碑式的法文报告《鄂尔浑和叶尼塞碑文的解读——初步成果》（*Dechiffrement des inscriptions de I'Orkhon et de I'Ienissei, Notice preliminaire*）在丹麦哥本哈根出版。至此这种神秘文字符号"谜语"终于被解开了。

以下学者曾对古代突厥文碑铭作过研究。从国别来看，有俄国的雅德林采夫（N.M.Yadrintsev）、克里亚施托尔内（S.G.Klyashtorny）、拉德洛夫（W.Radloff）、马洛夫（S.E.Malov）等；德国的冯·加班（A.Von.Gabain）、缪勒（F.W.K.Müller）、威里·邦格（W.Bang）、马夸特（J.Marquart）等；法国的路易·巴赞（Louis Bazin）、哈密顿①（J.Hamilton）、吉饶（R. Giraud）等；日本的吉田丰（Yoshida Yutaka）、森安孝夫（Moriyaso,Takao）、护雅夫（Mori,Maosao）、小野川秀美（Onogawa Hidemi）等；土耳其的奥尔昆（H.N.Orkun）、塔拉特·特肯（Talat Tekin）等；芬兰的兰司铁（G.J.Ramstedt）、阿勒陶（P.Aalto）等。此外，英国的克劳森（S.G.Clauson）、波兰的阔特维奇（W.Kotwicz）、

---

① 哈密顿，又译哈密尔顿、哈密屯、哈密勒屯。

匈牙利的万贝里（H.Vambery）、蒙古国的 Ц·巴图土拉格、意大利的邦巴西（A.Bombaci）、挪威的浩夫道根（E.Hovdhaugen）、丹麦的梅业尔夫人（I. Meyer）等学者也对突厥文文献研究作出了贡献。

中国早期的研究者有韩儒林、岑仲勉、耿世民等学者；后来张铁山、白玉冬等学者也曾对突厥文碑铭文献作过研究。

二　古代突厥文碑铭中的汉语借词

1.《暾欲谷碑》

1897 年,《暾欲谷碑》为俄国人克莱门茨夫妇（D.A. & E.Klements）所发现，发现地为距离今天蒙古国首都乌兰巴托 60 公里的巴颜楚克图（Bayin-tsokto）。1958 年，芬兰阿尔泰学家兰司铁、格兰脑（Granö）、阿勒陶三人合作出版了《蒙古古代突厥碑铭材料》（*Materiallien zu den alttürkischen Inschriften der Mongolei*）一书，该书连同照片以客观的形式刊布了这些碑铭的材料，第一分册包括《暾欲谷碑》等碑。法国吉饶作博士论文《巴颜楚克图碑铭研究》[1]，重新深入研究了《暾欲谷碑》。我国耿世民、芮传明等学者曾对《暾欲谷碑》作过研究。《暾欲谷碑》立于 716~725 年，共存 62 行碑文。根据《暾欲谷碑》拉丁字母转写，筛选汉语借词[2]：

tabɣach<Chin. 桃花石 1/1[3]

qïtan<Chin. 契丹 7/1

simäg<Chin. 司马 9/1

qordan<Chin. 和田 14/1

šantung<Chin. 山东 18/1

taluy<Chin. 大流 18/1

yinčü<Chin. 珍珠 44/2

tinsï<Chin. 天子 47/2

2.《阙特勤碑》

1889 年,《阙特勤碑》被发现。发现地在今蒙古国境内的鄂尔浑河支

---

① A.R. Giraud, *L'inscryption de Bayin-Tsokto*, Edition Critique, Paris,1961.

② 耿世民:《古代突厥文碑铭研究》, 第 94~107 页。

③ 指中国唐朝,"/"前数字表示行, 后表第一石或第二石。

流（Kokshin-Orkhon）。《阙特勤碑》立于 732 年，正文 66 行，刻在大、小两块石碑上。碑上刻有汉文与古代突厥文，碑文纪念第二突厥汗国阙特勤（685~731 年）。根据《阙特勤碑》拉丁字母转写，筛选汉语借词[1]：

šanduŋ<Chin. 山东 3/S[2]

tüpüt<Chin. 吐蕃 3/S

quncčuy<Chin. 公主 20/E

oŋ-tutuq<Chin. 王都督 32/E

išiyi<Chin. 拾遗 12/N

čaŋ-säŋün<Chin. 张将军 13/N

3.《毗伽可汗碑》

1889 年，《毗伽可汗碑》在今蒙古国境内的鄂尔浑河支流的和硕柴达木（Koshotsaidam）地方被发现。《毗伽可汗碑》立于 735 年，碑文用古代突厥文和汉文写成，现存 80 行。《毗伽可汗碑》与《阙特勤碑》主要记述第二突厥汗国颉跌利施可汗长子毗伽可汗（684~734 年）和次子阙特勤（685~731 年）的生平事迹。根据《毗伽可汗碑》拉丁字母转写，筛选汉语借词[3]：

tabɣač<Chin. 桃花石 5/E

tüpüt<Chin. 吐蕃 5/E

šanduŋ<Chin. 山东 15/E

qunčuy<Chin. 公主 17/E

oŋ tutuq<Chin. 王都督 17/E

quɣ-säŋün<Chin. 郭将军 9/ S

lisün-tay-säŋün<Chin. 李佺大将军 11/S

taluy<Chin. 大流 2/N

4.《阙利啜碑》

1912 年，《阙利啜碑》被波兰学者阔特维奇发现，该碑发现地在今

---

① 耿世民：《古代突厥文碑铭研究》，第 116~137 页。

② "/"前数字表示行，后字母表示方位。S 表示南面，E 表示东面，N 表示北面，W 表示西面。

③ 耿世民：《古代突厥文碑铭研究》，第 149~173 页。

蒙古国境内的依赫霍硕特（Ikhe-Khoshootu）。《阙利啜碑》立于 723~725
年，碑文内容记述阙利啜一生的武功。根据《阙利啜碑》拉丁字母转
写，筛选汉语借词 ①：

čïqan<Chin. 旗官 1/W

5.《磨延啜碑》

1900 年，芬兰学者兰司铁在今蒙古国北部色楞格河与希乃乌苏湖
附近发现了《磨延啜碑》，但资料丢失。1909 年，兰司铁受芬兰 – 乌戈
尔语学会的派遣，重访此碑。《磨延啜碑》立于公元 759 年，存文字 50
行。碑文内容主要记述回鹘汗国磨延啜的生平事迹。根据《磨延啜碑》
拉丁字母转写，筛选汉语借词 ②：

tay-tutuq<Chin. 大都督 17/E

6.《铁尔痕碑》

《铁尔痕碑》，又称《塔里亚特碑》或《磨延啜第二碑》。1957 年，
蒙古国考古学家道尔吉苏荣（C.Dorzhsuren）在杭爱山脉西北铁尔痕
（Terkhin）河谷地查干淖湖附近发现此碑。《铁尔痕碑》碑文记载磨延啜
可汗统治初期的事迹。据耿世民先生研究，《铁尔痕碑》树立的时间不
会晚于 756 年。根据《铁尔痕碑》拉丁字母转写，筛选汉语借词 ③：

tay-sägün-tutuq<Chin. 大将军都督 6/W

čigsi<Chin. 刺史 10/N

šaŋüt<Chin. 将军 11/N

7.《苏吉碑》

1900 年，芬兰学者兰司铁在今天蒙古国北部苏吉大坂附近发现了
《苏吉碑》，1909 年重访此碑。碑文共存文字 11 行。据学者研究，《苏
吉碑》立于公元 840 年。碑文主人公自称黠戛斯人之子。根据《苏吉
碑》拉丁字母转写，④ 无汉语借词。

《苏吉碑》最可能立于摩尼教传入回鹘的 763 年之后，且摩尼教鲁

---

① 耿世民：《古代突厥文碑铭研究》，第 178~182 页。
② 耿世民：《古代突厥文碑铭研究》，第 194~204 页。
③ 耿世民：《古代突厥文碑铭研究》，第 207~215 页。
④ 耿世民：《古代突厥文碑铭研究》，第 226~227 页。

尼文字体尚未在回鹘得到广泛流传的时期，即在 8 世纪 60 年代中期至 9 世纪初。①

8.《哈喇巴勒嘎逊碑》(Ⅰ)(Ⅱ)

《哈喇巴勒嘎逊碑》又称《九姓回鹘可汗碑》，全称原作《九姓回鹘爱登里罗旧没蜜施合毗伽可汗圣文神碑》。1889 年，俄国考古学家雅德林采夫（N.M.Yadrintsev）在哈喇巴勒嘎逊附近发现了该碑。另据吉田丰与森安孝夫调查，日本京都大学图书馆也藏有《九姓回鹘可汗碑》拓本。中国所藏拓本集中在天津博物馆和北京的中央民族大学图书馆、北京大学图书馆和中国国家图书馆。② 该碑文是用古代突厥文、汉文、粟特文三种文字写成。《哈喇巴勒嘎逊碑》是回鹘汗国第八代可汗保义可汗（808~821 年在位）的记功碑，碑文特别详细地记述了摩尼教传入回鹘的情况，是研究回鹘汗国历史的重要文献。根据《哈喇巴勒嘎逊碑》(Ⅰ)(Ⅱ) 拉丁字母转写，筛选汉语借词：

kunçu[y:]<Chin. 公主 ③

9.《翁金碑》

1891 年，雅德林采夫发现了《翁金碑》，发现地在今蒙古国和硕柴达木南 180 公里翁金（Ongin）河畔的地方。据学者研究，《翁金碑》树立于 731 年前后。根据《翁金碑》拉丁字母转写，筛选汉语借词 ④：

tabɣač<Chin. 桃花石

10.《铁兹碑》

《铁兹碑》又称《牟羽可汗碑》。1976 年，俄国突厥学家克里亚施托尔内发现了《铁兹碑》，发现地在今蒙古国境内的诺贡托勒盖（Nogoon Tolgoi）。《铁兹碑》为磨延啜之子牟羽可汗（759~780 年在位，回鹘汗国第三代可汗）的记功碑。根据《铁兹碑》拉丁字母转写，筛选汉语借词 ⑤：

---

① 白玉冬:《〈苏吉碑〉纪年及其记录的"十姓回鹘"》,《西域研究》2013 年第 3 期。
② 林梅村、陈凌、王海城:《九姓回鹘可汗碑校释》,《欧亚学刊》(第 1 辑),中华书局,1999,第 70~82 页。
③ 米热古丽·黑力力:《回鹘汗国时期突厥文碑铭词汇考释》,博士学位论文,中央民族大学,2015,第 24 页。
④ 耿世民:《古代突厥文碑铭研究》,第 186~190 页。
⑤ 耿世民:《古代突厥文碑铭研究》,第 220~224 页。

tabγač-qa<Chin.（桃花石）

11.《葛啜王子墓志》

2013 年 2 月,《葛啜王子墓志》发现于西安市唐长安城明德门附近的一处唐代墓地。现藏于西安大唐西市博物馆。《葛啜王子墓志》上存17 行古突厥文。墓主葛啜是贞元十一年（795 年）死于长安的回鹘王子。碑文内容系悼念葛啜王子。根据森安孝夫与米热古丽·黑力力拉丁字母转写,筛选汉语借词[①]:

totok/totoq<Chin. 都督

tavgaç/tavγač <Chin. 桃花石

pimenh<Chin. 碑铭

12.《塞维列碑》

1948 年,《塞维列碑》由苏联科学院学者发现。1969 年,俄国学者克里亚施托尔内得到此碑文资料。据学者研究,此碑是用突厥文和粟特文写成的记功碑。碑文文字破坏严重,只能辨认其中个别字句。根据《塞维列碑》拉丁字母转写,无汉语借词。[②]

三 古代突厥文写本《占卜书》中的汉语借词

《占卜书》(irq bitig) 藏于伦敦大英图书馆,编号 Or.8212 (161),旧编号 Ch.0033。《占卜书》共 58 叶,册子式。纸幅 13.6 厘米（高）×8厘米（宽）。《占卜书》写本由 65 段（卦）占卜文组成,每卦中描述一种情况,然后以"此为吉"或"此为凶"来占卜。《占卜书》书写时间应为9~10 世纪,其所用语言一般认为属于古代突厥语 n 方言,与 8~9 世纪突厥汗国和回鹘汗国的碑铭语言接近。[③]《占卜书》是研究古代突厥语文、社会生活、宗教信仰、风俗习惯等方面的宝贵第一手资料。

---

① 米热古丽·黑力力:《回鹘汗国时期突厥文碑铭词汇考释》,博士学位论文,中央民族大学,2015,第 59~60 页。

② 〔日〕森安孝夫:《漠北回鹘汗国葛啜王子墓志新研究》,白玉冬译,《胡风西来——西域史语译文集》,上海古籍出版社,2021,第 1010~126 页;米热古丽·黑力力:《回鹘汗国时期突厥文碑铭词汇考释》,博士学位论文,中央民族大学,2015,第 25~26 页。

③ 张铁山:《突厥语族文献学》,第 130 页。

古代突厥文写本《占卜书》[①]

据《占卜书》拉丁字母转写，筛选汉语借词[②]：

tänsi<Chin. 天子

taygüntan<Chin. 大公堂[③]

四 本节所述汉语借语汇总

čaŋ-säŋün<Chin. 张将军

čigsi<Chin. 刺史

čïqan<Chin. 旗官

išiyi<Chin. 拾遗

lisün-tay-säŋün<Chin. 李佺大将军

oŋ-tutuq<Chin. 王都督

pimenh<Chin. 碑铭

qïtan<Chin. 契丹

qordan<Chin. 和田

---

① 张铁山：《突厥语族文献学》，第 130 页。

② 耿世民：《古代突厥文碑铭研究》，第 287~302 页。

③ 张铁山、赵永红：《古代突厥文〈占卜书〉译释》，《喀什师范学院学报》（哲学社会科学版）1993 年第 2 期。

quɣ-säŋün<Chin. 郭将军

qunčuy<Chin. 公主

šanduŋ<Chin. 山东

šaŋüt<Chin. 将军

simäg<Chin. 司马

tabɣač<Chin. 桃花石

taluy<Chin. 大流

tänsi<Chin. 天子

taygüntan<Chin. 大公堂

tay-sägün-tutuq<Chin. 大将军都督

tay-tutuq<Chin. 大都督

totok<Chin. 都督

tüpüt<Chin. 吐蕃

yinčü<Chin. 珍珠

第三章　回鹘文碑铭与题记铭刻
文献汉语借词

第一节　回鹘文碑铭文献汉语借词

一　中古回鹘文文献

流传至今的回鹘文文献从文献载体来看，大致可分为回鹘文碑铭（Uighur Inscription）、回鹘文题记铭刻（Uighur Cave Inscribed Texts and Inscription）和回鹘文纸质文献（Uighur Paper Literature）三类。[①] 从内容来看，碑铭、题记铭刻文献与社会经济文书同属于历史类文献。

二　回鹘文碑铭文献汉语借词

现今存世的回鹘文碑铭不多，下面就已刊布回鹘文碑铭文献筛选汉语借词。

1. 乌兰浩木碑

《乌兰浩木碑》又称《多罗郭德碑》，1955年于今天的蒙古国乌布苏省乌兰浩木的地方被发现。碑文存回鹘文8行，该碑应立于公元840年前，是迄今发现最早的回鹘文碑铭文献。根据《乌兰浩木碑》拉丁字母转写，筛选汉语借词[②]：

lu< Chin. 龙

---

① 张铁山：《突厥语族文献学》，第135~151页。

② 卡哈尔·巴拉提：《多罗郭德回鹘文碑的初步研究》，《新疆大学学报》（哲学社会科学版）1982年第4期。

这里就回鹘语 lu 与汉语"龙"一词的语音对应关系作一个简要的考证。根据汉语语音史可知,中古语音中汉语"龙"属于半舌音次浊来母字,通摄锺韵合口三等字,各家对"龙"中古音的构拟:lǐwoŋ(王力)、lioŋ(李荣)、lioŋ(郑张尚芳)。[①]汉语借词"龙"进入回鹘语时鼻韵尾 -ŋ 脱落,回鹘语用零韵尾与之对译。值得注意的是,中古汉语的 -ŋ 在回鹘语译音时,其通摄锺韵基本上也是 -ŋ 对译,如:鐘 cuŋ/ʧuŋ、封 fuŋ、捧 fuŋ、锋 fuŋ、拱 gyŋ、恭 kyŋ、龙 lyŋ、用 juŋ 等。[②]

2. 居庸关碑

《居庸关碑》又称《造塔功德记》。碑上刻有六种文字,即梵文、藏文、八思巴文、回鹘文、汉文、西夏文。我国用这六种文字铭刻的古代大型文献仅此一处,它是研究古代民族文字的重要资料。[③]《居庸关碑》回鹘文受到国内外学者的研究,如俄国的拉德洛夫[④]、日本的藤枝晃[⑤]、匈牙利的李盖提(L.Ligeti)[⑥]等。1980 年,德国克劳斯·若尔本(K.Röhrborn)和土耳其塞尔特卡亚(O.Sertkaya)合作,对原文进行了换写与转写,并用德文翻译和注释。[⑦]中国的杨富学[⑧]、张铁山等学者亦曾作过研究。根据张铁山的拉丁字母转写,筛选汉语借词[⑨]:

---

① 参见查询网站:上海师范大学语言研究所·上海高校比较语言学 E- 研究院,http://www.eastling.org/sgycx.php。

② 林巽培:《回鹘文慈恩传转写与汉字音研究》,博士学位论文,上海师范大学,2012,第75~76 页。

③ 张铁山:《回鹘文〈居庸关碑〉研究》,《中国少数民族碑铭研究》,民族出版社,2019,第 60~62 页。

④ W.Radloff, Note préliminare sur I'inscription de Kiu-yong-koan, Troisiéme partie. Les Inscriptions ouigoures, *Journal Asiatique* 9/4, 1894, pp.546~550.

⑤ 藤枝晃「ウイグル小字刻文」村田治郎編『居庸関』Ⅰ、京都大学工学部、1957、27-278 頁。

⑥ L.Ligeti, Le Mérite d'ériger un stupa et l'histoire de l'éléphant d'or, *Proceedings of the Csoma de Körös Memorial Symposium*, held at Matrafüred, Hungary24-30 September 1976, Budapest, 1978, pp.223-284.

⑦ K.Röhrbom & Osman Sertkaya, Die alttürkische Iinschrift am Tor-Stūpa von Chü-yung-kuan, *Zeitschrift der Deutschen Morgenländischen Gesellschaft* 130, 1980, S.304-339.

⑧ 杨富学:《居庸关回鹘文功德记 uday 考》,《民族语文》2003 年第 2 期。

⑨ 张铁山:《回鹘文〈居庸关碑〉研究》,《中国少数民族碑铭研究》,第 62~74 页。

uday<Chin. 五台

guwšı<Chin. 国师 1/117

taykiŋ<Chin. 太卿 1/121

3. 大元肃州路也可达鲁花赤世袭碑

《大元肃州路也可达鲁花赤世袭碑》用汉文和回鹘文书写。汉文存23 行，保存较好。回鹘文存 32 行，但磨损严重，字迹难辨。立碑人是党项人善居，立碑时间是元顺帝至正二十一年（1361 年）。此碑记录了一个党项家族自西夏灭亡后，至元朝末年一百五十多年间六代十三人的官职世袭及仕事元朝的情况。根据《大元肃州路也可达鲁花赤世袭碑》拉丁字母转写，筛选汉语借词[①]：

sügcü<Chin. 肃州

qamcu<Chin. 甘州

taytu<Chin. 大都

jamun<Chin. 衙门

ubuisi<Chin. 武备寺[②]

tongpun<Chin. 同判

qamcu-sing<Chin. 甘州省

cangsi-langcung<Chin. 长史郎中

jungcanglu<Chin. 永昌路

4. 有元重修文殊寺碑

《有元重修文殊寺碑》正面共存汉文 26 行，每行 52 字；背面共存回鹘文 26 行。立碑人为喃答失太子，该碑立于 1326 年。碑现保存于甘肃省酒泉市西南约 15 公里处的文殊山石窟。根据《有元重修文殊寺碑》拉丁字母转写，筛选汉语借词[③]：

cing-<Chin. 请（第 21 行）

congluɣ<Chin. 钟楼（第 21 行）

① 耿世民：《维吾尔古代文献研究》，中央民族大学出版社，2006，第 412~418 页。

② 即元官署名，掌制造、修理兵器。

③ 耿世民、张宝玺：《元回鹘文〈重修文殊寺碑〉初释》，《考古学报》1986 年第 2 期。

5. 土都木萨里修寺碑

出土于新疆吐鲁番吐峪沟的《土都木萨里修寺碑》，存回鹘文 22 行，反映了高昌地区佛教寺院经济状况。此碑树立的年代在 10~12 世纪。根据《土都木萨里修寺碑》拉丁字母转写，筛选汉语借词 [①]：

liy<Chin. 李

syq<Chin. 石

6. 回鹘文亦都护高昌王世勋碑

1933 年，甘肃省武威县北 30 里石碑沟出土了《回鹘文亦都护高昌王世勋碑》，碑现藏于甘肃省武威市文庙。碑文用汉文和回鹘文书写。汉文存 36 行，每行 90 字（现存下半截约 40 字）；回鹘文分栏书写（原碑似分为十栏），每栏 51 行或 52 行，现存该碑后半部分的四栏半。该碑立于元顺帝元统二年（1334 年）。根据《回鹘文亦都护高昌王世勋碑》拉丁字母转写，筛选汉语借词 [②]：

qocu<Chin. 火州 16/I

cao<Chin. 钞 45/II

kao-cang<Chin. 高昌 50/III

lingci/lingži<Chin. 令旨 2/IV

sampin<Chin. 三品 6/IV

ongfu<Chin. 王府 9/IV

yamun<Chin. 衙门 9/IV

taypinu<Chin. 太平奴 17/IV

taytu<Chin. 大都 42/IV

sing<Chin. 省 45/IV

binlang<Chin. 汴梁 3/V

cingsang<Chin. 丞相 3/V

cümüi-ün<Chin. 枢密院 10/V

bao<Chin. 宝 12/V

---

① 耿世民：《回鹘文〈土都木萨里修寺碑〉考释》，《世界宗教研究》1981 年第 1 期；耿世民：《回鹘文〈土都木萨里修寺碑〉考释》，《维吾尔古代文献研究》，第 421~430 页。

② 耿世民：《回鹘文亦都护高昌王世勋碑研究》，《考古学报》1980 年第 4 期。

ong<Chin. 王 18/V

ün-tong<Chin. 元统 48/V

sïpqan<Chin. 十干 48/V

liusiu-s(i)<Chin. 留守司 51/V

kiki<Chin. 巉巉 51/V

yang-tiling<Chin. 杨提领 52/V

7. 敦煌莫高窟六体文字碑

敦煌莫高窟六体文字碑现存敦煌研究院陈列中心。该碑由功德主西宁王速来蛮偕妃子屈术、太子养阿沙等立于元顺帝至正八年（1348年）。碑上刻有"唵嘛呢叭咪吽"六字真言（又称六字箴言、六字大明陀罗尼、六字大明咒、嘛呢咒，是观世音菩萨心咒六字真言），用梵文、藏文、汉文、西夏文、八思巴文、回鹘文六种文字镌刻。

莫高窟六体文字碑拓片

第二节　回鹘文题记铭刻文献汉语借词

一　回鹘文题记铭刻文献

回鹘文题记主要发现于甘肃敦煌、新疆吐鲁番等地佛教洞窟之中。回鹘文铭刻文献还保存于钱币、木杵等之上。

二　回鹘文题记铭刻文献汉语借词

1. 敦煌石窟回鹘文题记总体调查

敦煌研究院考古研究所和内蒙古师范大学考察组于 1987 年 5 月 20 日至 6 月 20 日，对敦煌石窟进行学术考察，发现了一些题记文字，有汉文、藏文、回鹘文、粟特文、西夏文、蒙文（回鹘式蒙古文和八思巴蒙古文）以及梵文（六字真言）等。从题记内容来看，这些题记可分为三大类，即开窟功德记、供养人题名和游人题款。根据《敦煌石窟回鹘蒙文题记考察报告》中的拉丁字母转写，筛选汉语借词[1]：

ji jing<Chin. 至正（07）

baγšĭ<Chin. 法师（08）

sügjü<Chin. 肃州（09）

ji ji<Chin. 至治（09）

si-ning-ong<Chin. 西宁王（11）

γa ju<Chin. 瓜州（22）

yöng-cang-füg<Chin. 永昌府（23）

ša jü<Chin. 沙州（23）

uei-vu<Chin. 威武[2]

wuu-ui<Chin. 府尉[3]

---

[1]　敦煌研究院考古研究所、内蒙古师范大学蒙文系:《敦煌石窟回鹘蒙文题记考察报告》，《敦煌研究》1990 年第 4 期。

[2]　杨富学、张海娟:《从蒙古豳王到裕固族大头目》，第 141 页。

[3]　杨富学、张海娟:《从蒙古豳王到裕固族大头目》，第 141 页。

sun-g günsi<Chin. 宋春熙 [1]

2. 敦煌莫高窟北区 B464 窟回鹘文题记

敦煌莫高窟北区 B464 窟位于敦煌北区崖面 E 段，属于该区崖面从上至下的第四层，B464 窟是绘有壁画的多室禅窟。经彭金章、王建军等专家发掘得知，B464 窟经历过西夏前、西夏和元代三个不同时期。[2]根据《敦煌莫高窟北区 B464 窟回鹘文题记研究报告》所收题记拉丁字母转写，筛选汉语借词 [3]：

hua<Chin. 花（后室甬道题记）

3. 榆林窟回鹘文题记

榆林窟是敦煌石窟群中保存回鹘文题记最多的一处。榆林窟 41 个窟中有 25 个洞窟的墙壁存有回鹘文题记。回鹘文题记有 190 余条，590多行。这些回鹘文题记内容一般是以敬佛为主，字体多为草书，经学者研究，这些回鹘文题记写于元代至明初这一时间段。榆林窟中回鹘文题记最多的石窟为第 12 窟。回鹘文题记或写于石窟甬道上，用墨书或朱书书写，或用硬物刻画于其上，有的回鹘文字迹清晰可读，有的回鹘文字迹模糊不清。回鹘文题记多为游人、香客所书，以敬佛为主。回鹘文题记时代多为元代。

（1）哈密顿、杨富学、牛汝极最先对榆林窟回鹘文题记加以研究，涉及第 12、19、25 窟。根据《榆林窟回鹘文题记译释》中的拉丁字母转写，筛选汉语借词 [4]：

qumbu <Chin. 官布 5/A

xu-a<Chin. 花 3/B

xošaŋ<Chin. 和尚 2/D

βušin<Chin. 夫人 2/D

šiuza<Chin. 首座 2/D

---

① 杨富学、张海娟：《从蒙古豳王到裕固族大头目》，第 141 页。

② 彭金章、王建军：《敦煌莫高窟北区石窟》（第三卷），文物出版社，2004，第 54~69 页。

③ 张铁山、彭金章、〔德〕皮特·次默：《敦煌莫高窟北区 B464 窟回鹘文题记研究报告》，《敦煌研究》2018 年第 3 期。

④ 〔法〕哈密顿、杨富学、牛汝极：《榆林窟回鹘文题记译释》，《敦煌研究》1998 年第 2 期。

šu<Chin. 收 ① 2/F

sügčü<Chin. 肃州 1/I

šutza<Chin. 首座 1/I

šaču<Chin. 沙州 3/K

（2）牛汝极后来又对榆林窟第 12、19、28、36 窟回鹘文题记进行了释读。根据《敦煌榆林千佛洞第 12 窟回鹘文题记》中的拉丁字母转写，筛选汉语借词②：

qamču<Chin. 甘州 3/A

sükčü<Chin. 肃州 4/B

šipqan<Chin. 十干 ③1/C

liw-sirbu<Chin. 刘思布 1/E

qumdu<Chin. 官布 5/E

sügčü<Chin. 肃州 1/F

χw-a<Chin. 花 3/F

šaču<Chin. 沙州 1H/

xošaŋ<Chin. 和尚 2/H

βušin<Chin. 夫人 2/H

šiuza<Chin. 首座 3/H

qočo<Chin. 高昌 5/H

šu<Chin. 收 2/I

kim<Chin. 建

čun<Chin. 除

man<Chin. 满

pi<Chin. 平

ti<Chin. 定

---

① 中国古代十二"建除满"历法体系之用词。

② 牛汝极：《敦煌榆林千佛洞第 12 窟回鹘文题记》，《新疆大学学报》（哲学社会科学版）2002 年第 1 期。

③ 回鹘文十干即 kap 甲、ir 乙、pi 丙、ti 丁、buu 戊、ki 己、qï 庚、sin 辛、azin 壬、ki 癸。牛汝极：《回鹘佛教文献——佛典总论及巴黎所藏敦煌回鹘文佛教文献》，新疆大学出版社，2000，第 356~357 页。

čip<Chin. 执

pa<Chin. 破

kuu<Chin. 危

či<Chin. 成

šiu<Chin. 收

qai<Chin. 开

pii<Chin. 闭

sügčü<Chin. 肃州

šuḍza<Chin. 首座

tu-(tung) <Chin. 都统

ti<Chin. 丁

（3）榆林窟第 25 窟前室东壁南侧存题记文字 9 行，25 厘米高，26 厘米宽，半草体回鹘文，用墨笔书写，字迹清晰，除少数几个字母不能辨认，其余均保存完整。根据《安西榆林窟 25 窟前室东壁回鹘文题记译释》中的拉丁字母转写，筛选汉语借词[①]：

sung<Chin. 宋

sačü<Chin. 沙州

süyn-in<Chin. 罪人

（4）榆林窟第 16 窟题记是敦煌地区第一份景教徒所书突厥语文献。该题记是由来自瓜州的回鹘景教徒朝圣者于元代书写的。《榆林窟第 16 窟叙利亚字回鹘文景教徒题记》是敦煌地区的第一份景教徒回鹘文文献。根据《榆林窟第 16 窟叙利亚字回鹘文景教徒题记》中的拉丁字母转写，筛选汉语借词[②]：

xačü<Chin. 瓜州

yung-čang-vuu<Chin. 永昌府

šačü<Chin. 沙州

---

① 杨富学、牛汝极：《安西榆林窟 25 窟前室东壁回鹘文题记译释》，《中国民族古文字研究》（第三辑），天津古籍出版社，1991，第 118~127 页。

② 〔日〕松井太：《榆林窟第 16 窟叙利亚字回鹘文景教徒题记》，王平先译，《敦煌研究》2018 年第 2 期。

4. 文殊山万佛洞回鹘文题记

文殊山石窟是一处规模较大的佛教石窟群，位于甘肃省肃南裕固族自治县祈丰镇。文殊山石窟始建于北凉时期，北朝、隋、唐时期也曾开凿。文殊山石窟是佛教传播的一个重要中心，素有"小西天"之称。根据《文殊山万佛洞回鹘文题记》中的拉丁字母转写，筛选汉语借词 [1]：

ka sing<Chin. 嘉靖

kang ši<Chin. 康熙

wän li<Chin. 万历

šün či<Chin. 顺治

tay-čin<Chin. 大清

toyïn<Chin. 道人

5. 柏孜克里克石窟第 20 窟的供养图与榜题

柏孜克里克石窟第 20 窟里的榜题，从左到右有汉文题记："法惠都统之像"、"进惠都统之像"和"智通都统之像"。回鹘文题记内容与汉文基本对应。根据《柏孜克里克石窟第 20 窟的供养图与榜题》中的拉丁字母转写，筛选汉语借词 [2]：

vaphui<Chin. 法惠

sinhui <Chin. 进惠

čitung<Chin. 智通

tutung<Chin. 都统

6. 吐鲁番出土回鹘文木杵铭文

1902~1903 年，格留威德尔（A.Griuwedele）所率德国吐鲁番考察队在高昌故城 X 遗址寺院废墟中发现一木杵，木杵长 84 厘米，上端直径 10.5 厘米，编号为 IB4672，现不明藏于何处。木杵上有 20 行回鹘文铭文。根据《吐鲁番出土回鹘文木杵铭文初释》中的拉丁字母转写，筛选汉语借词 [3]：

---

[1]　伊斯拉菲尔·玉素甫、张宝玺：《文殊山万佛洞回鹘文题记》，新疆吐鲁番学研究院编《语言背后的历史——西域古典语言学高峰论坛论文集》，第 94~106 页；杨富学、张海娟：《从蒙古豳王到裕固族大头目》，甘肃文化出版社，2017，第 108~109 页。

[2]　杨富学：《柏孜克里克石窟第 20 窟的供养图与榜题》，《新疆艺术》1992 年第 6 期。

[3]　杨进智主编《裕固族研究论文集》，兰州大学出版社，1996，第 129~148 页。

sačus<Chin. 沙州

sangun<Chin. 将军

baxši<Chin. 博士

qunčui<Chin. 公主

qav<Chin. 合

tutuq<Chin. 都督

tang<Chin. 唐

xočo<Chin. 高昌

qungxau<Chin. 箜篌

第三节　本章汉语借词统计

bao<Chin. 宝

baxši<Chin. 博士

baγšï<Chin. 法师

binlang<Chin. 汴梁

cangsi-langcung<Chin. 长史郎中

cao<Chin. 钞

či<Chin. 成

cing-<Chin. 请

cingsang<Chin. 丞相

čip<Chin. 执

čitung< 智通

congluγ<Chin. 钟楼

cümüi-ün<Chin. 枢密院

čun<Chin. 除

guwši<Chin. 国师

hua<Chin. 花

jamun<Chin. 衙门

ji ji<Chin. 至治

ji jing<Chin. 至正

jungcanglu<Chin. 永昌路

kang ši<Chin. 康熙

ka sing<Chin. 嘉靖

kiki<Chin. 巉巉

kim<Chin. 建

kuu<Chin. 危

lingci/lingži<Chin. 令旨

liusiu-s(i)<Chin. 留守司

liw-sirbu<Chin. 刘思布

liy<Chin. 李

lu<Chin. 龙

man<Chin. 满

ong<Chin. 王

ongfu<Chin. 王府

pa<Chin. 破

pi<Chin. 平

pii<Chin. 闭

qai<Chin. 开

qamču<Chin. 甘州

qamcu-sing<Chin. 甘州省

qav<Chin. 合

qočo<Chin. 高昌

qocu<Chin. 火州

qumdu<Chin. 官布

qunčui<Chin. 公主

qungxau<Chin. 篢篌

šaču<Chin. 沙州

sampin<Chin. 三品

sangun<Chin. 将军

sing<Chin. 省

sinhui <Chin. 进惠

si-ning-ong<Chin. 西宁王

sïpqan<Chin. 十干

šu<Chin. 收

šiuza<Chin. 首座

sügcü<Chin. 肃州

šün či<Chin. 顺治

sung<Chin. 宋

sun-g günsi<Chin. 宋春熙

süyn-in<Chin. 罪人

syq<Chin. 石

tang<Chin. 唐

tay-čin<Chin. 大清

taykiŋ<Chin. 太卿

taypinu<Chin. 太平奴

taytu<Chin. 大都

ti<Chin. 丁

ti<Chin. 定

tongpun<Chin. 同判

toyïn<Chin. 道人

tutung<Chin. 都统

tutuq<Chin. 都督

ubuisi<Chin. 武备寺

uday<Chin. 五台

uei-vu<Chin. 威武

ün-tong<Chin. 元统

vaphui<Chin. 法惠

wän li<Chin. 万历

wuu-ui<Chin. 府尉

xaču<Chin. 瓜州

xošaŋ<Chin. 和尚

yamun<Chin. 衙门

yang-tiling<Chin. 杨提领

yöng-cang-füg/vuu<Chin. 永昌府

βušin<Chin. 夫人

γa ju<Chin. 瓜州

第四章 回鹘文佛教文献汉语借词

第一节 回鹘文佛教文献概况

一 回鹘文佛教文献的形成与数量

1. 佛教在新疆地区的传布

古代新疆地区曾信仰佛教达千年之久，大量佛教文献曾被翻译成古代回鹘文文献。历史上由于宗教偏见，回鹘文佛经绝大多数已不复存在。耿世民先生认为，目前我们尚无确切材料来证明佛教何时传入新疆。据一些材料推测，佛教传入新疆和田的时间应在公元前 1 世纪。和田是塔里木盆地南缘佛教中心，龟兹（今库车）和吐鲁番（古称车师、高昌）是塔里木盆地北缘的佛教中心。根据汉文和伊斯兰教历史材料，15 世纪下半期，吐鲁番地区居民仍然信奉佛教。[①]

2. 回鹘文佛教文献数量

回鹘文佛教文献是由经（Sūtra）、律（Vinaya）、论（Abhidharma）三部分组成，总称为《大藏经》（Tripitaka）。艾宏展（Johan Elerskog）认为，回鹘文佛教文献有三个来源：粟特佛教、吐火罗佛教和汉地佛教。[②]牛汝极教授认为有四个来源，即汉地佛教、藏传佛教、粟特佛教、吐火罗佛教。根据学者们研究，回鹘文佛教文献翻译自汉文的为

---

① 耿世民：《维吾尔古代文献研究》，第 47、76 页。

② Johan Elerskog, *Silk Road Studies I: Uygur Buddhist Literature*, Brepols, 1997, Turnhout, p.8.

最多。^①还有学者研究认为，回鹘文佛教文献已经刊布逾千件，其中超过 80% 来自汉文。^②

二　回鹘文佛教文献介绍^③

1. 非大乘文献

（1）经藏。《阿含经》为小乘佛教文献的总名，包括《长阿含经》《中阿含经》《杂阿含经》《别译杂阿含经》《增一阿含经》等。

（2）戒律。戒律有《羯磨言》《钵和罗经》《分别论毗奈耶》等。

（3）论藏。存世的回鹘文佛教写本中未发现论藏文献，但发现有晚期译自汉文的对论部之注疏。

（4）佛祖传记（本生故事）。其主要有《阿烂弥王本生故事》、《佛陀传》（1）（2）、《佛本行集经》、《善恶两王子故事》、《圣勇本生鬘》、《摩诃菩提本生故事》、《陶工故事》、《毗般达罗本生故事》以及譬喻故事等。

2. 大乘经部文献

大乘经部文献主要有《观无量寿经》、《药师琉璃光如来本愿功德经》、《大方广佛华严经》、《地藏王菩萨本愿经》、《大般涅槃经》、《般若波罗蜜多心经》、《妙法莲花经》、《普贤菩萨行愿赞》、《无量寿经》、《维摩诘所说经》、《孔雀明王经》、《大般若波罗蜜多经》以及《金光明最胜王经》等。回鹘文《金光明最胜王经》是其中篇幅最大、保存较完整的重要文献之一，另辟专门章节研究。

3. 大乘论藏文献

论藏文献主要有《入阿毗达磨论》《阿毗达磨俱舍论》《阿毗达磨俱舍论安慧实义疏》《阿毗达磨俱舍论本颂》《入菩提行疏》《诸种缘起》

---

① "译自汉文大约是 81 部 41 种佛经，16 种文献译自藏语梵语，至少 3 种译自吐火罗语。有 9 种译自梵文，2 种为回鹘人自己创作的作品。此外，至少 9 种回鹘语佛教文献还无法判定其来源。" 牛汝极：《敦煌吐鲁番回鹘佛教文献与回鹘语大藏经》，《西域研究》2002 年第 2 期。

② 高士荣、杨富学：《汉传佛教对回鹘的影响》，《民族研究》2000 年第 5 期。

③ 耿世民：《维吾尔古代文献研究》，第 61~76 页；牛汝极：《回鹘佛教文献——佛典总论及巴黎所藏敦煌回鹘文佛教文献》，第 12~24 页。

《妙法莲花经玄赞》《龙树菩萨劝诫王颂》《唯识三十论颂疏》等。回鹘文《金花抄》主要是对《阿毗达磨俱舍论》的注释。

4. 汉文疑伪佛经

汉文疑伪佛经主要有《阿弥陀经》《大方广圆觉修多罗了义经》《佛顶心大陀罗尼》《佛说北斗七星延命经》《佛说天地八阳神咒经》《佛说温室洗浴众僧经》《梁朝傅大士金刚经并序》《十王生七经》《慈悲道场忏法》等。回鹘文《慈悲道场忏法》篇幅较大,另辟专门章节研究。

5. 藏传密教文献

藏传密教文献主要有《大乘无量寿经》《胜军王问经》《法华经观音成就法》《瑜伽师地论》《身轮因明经》《佛说大白伞盖总持陀罗尼经》《文殊所说最圣名义经》《文殊师利成就法》《死亡书》《吉祥轮律曼陀罗》《圣救度佛母二十一种礼赞经》《金刚手菩萨赞》《大乘大悲南无圣观音陀罗尼聚颂经》《千手千眼观世音菩萨广大圆满无碍大悲心陀罗尼经》《佛顶尊胜陀罗尼经》等。

6. 其他佛教文献

其他佛教文献主要有《佛教诗歌集》《菩提行经》《佛教教理问答》《因萨蒂经》《说心性经》《父母恩重经》《忏悔文》《愿文》《佛教部派残卷》《慧远传》《大唐西域记》《大唐大慈恩寺三藏法师传》《弥勒会见记》等。后二种由于篇幅较大,另辟专门章节研究。

第二节 回鹘文佛教文献《金光明经》汉语借词

一 回鹘文《金光明经》

《金光明经》,全称《金光明最胜王经》(回鹘文 altun önglüg yaruq yaltrïqlïγqopta tötrülmiš nom atlïγ nom bitig。存世的回鹘文《金光明经》主要有两种:一种藏于俄罗斯东方学研究所圣彼得堡分所,该文献为俄国马洛夫于 1910 年于甘肃酒泉文殊沟所得;另一种(吐鲁番本)藏于德国柏林,该文献是德国吐鲁番考察队第三次探险时获得,1908

年德国学者缪勒（F.W.K.Müller）刊发研究成果。[①]

　　回鹘文《金光明经》译者是生活于 10~11 世纪的胜光法师（šïngqo šäli Tutung）。亦译作僧古萨里都统。胜光法师约生活于我国北宋时期（960~1127 年）的高昌王国初期，他的出生地是别失八里（唐称北庭，遗址在今乌鲁木齐北吉木萨尔县境内）。但从现存回鹘文文献来看，胜光法师翻译过《大唐大慈恩寺三藏法师传》（简称《玄奘传》）、《金光明经》、《千手千眼观世音菩萨广大圆满无碍大悲心陀罗尼经》、《观身心经》、《大唐西域记》、《佛说天地八阳神咒经》等。胜光法师是高昌回鹘汗国时期有影响的翻译家和学者，他有两部代表性译作流传到今天：一部是佛教大乘经典《金光明经》；另一部是《玄奘传》。从胜光法师的译著中可以看出，他不仅是一位精通本族语回鹘文的大师，也是一位精通汉语、熟悉中国历史和佛教典籍的翻译巨匠。

　　国内外对回鹘文《金光明经》研究的学者主要是：德国的缪勒、威里·邦格、冯·加班、彼特·茨默（P.Zieme）；俄国的拉德洛夫、马洛夫等；中国学者耿世民、阿不都热依木、阿力肯、张铁山等。

二　回鹘文《金光明经》汉语借词筛查

　　我们以土耳其学者恰瓦尔·卡亚整理刊布的土耳其文版《回鹘文〈金光明经〉》为底本，该版本系阿塔图尔克文化高等语言和历史学院土耳其语言机构出版，借词数量如下：汉语借词 81 个（由于多次用不同回鹘文拼写同一汉语借词，因此汉语借词实际只有 66 个，另 4 个汉语借词词义不明），梵语借词 513 个，阿拉伯语借词 2 个，希腊语借词 3 个，中古波斯语借词 6 个，粟特语借词 23 个，藏语借词 6 个，吐火罗语借词 2 个。[②]

　　an<Chin. 案　a.8/7[③]

　　anko<Chin. 案固 a.17/18[=1]

---

① F.W.K.Müller, *Uigarca I, Abhandlungen der Preussischen Akademie der Wissenschaften*, Berlin, 1908, pp.36, 24-35.

② Ceval Kaya, *Uygurca Altun Yaruk, Giriş, Metin ve Dizin*, p.57.

③ "/" 前数字表示原文页码，其后数字表示行数，下同。

bahşı<Chin. 法师 b.30/4

ban<Chin. 板 b.477/15

bursang<Chin. 佛僧 b.32/12

buşı<Chin. 布施 b.21/18

çambuy/čam-xui<Chin. 忏悔 ç.25/22

çang（1）<Chin. 钲 ç.27/18

çang/čang（2）<Chin. 长 ç.4/7

çi<Chin. 乙 i.686/16

çi<Chin. 执 ç.343/22

çıg<Chin.ch'ih 尺 ç.41/12

çımıçamı/čïmïčmï<Chin. 苦弭 ç.476/11

çın ju<Chin. 真如 ç.34r/18

çın<Chin. 真 ç.24/22

çuug/čuuɣ<Chin. 浊 ç.74/22

gıtsısamatso<Chin. 义净三藏 g.343/5

guhua<Chin. 玉花 g.685/14

guuɣıhua<Chin. 玉花宫 g.34/18

hua<Chin.hua 花 h.83/11

ınçıu<Chin. 温州 ı.4/6

kamasun<Chin. 甘松 k.476/9

kamatsı<Chin. 榼子 k.454/3

kangsı<Chin. 康熙 k.34/17

kav（2）<Chin. 合 k.135/9

ki<Chin. 己 k.403/25

kıɣ<Chin. 街 k.17/18

konşıım<Chin. 观世音 k.679/9

kubık/qubïq<Chin. 琥珀 k.476/14

kuın<Chin. 卷 k.404/4

kunçuy<Chin. 公主 k.85/10

kuotau<Chin. 居道 k.4/7

kuu<Chin. 癸 k.34/17

labay<Chin. 螺贝 l.658/9

lınhua<Chin. 莲花 l.27/19

luu<Chin. 龙 l.28/10

mır<Chin. 蜜 m.477/5

paoşın/baosïn<Chin. 报身 p.34p/16

pınsun/pïn sun<Chin. 本尊 p.403/26

poo<Chin. 魄 p.400/24

şabı/šabï<Chin. 沙弥 ş.34/19

sang<Chin. 仓 s.519/2

savşıng<Chin. 小乘 s.270/14

şı<Chin. 湿 ş.529/1

sim<Chin. 辛 s.343/22

sin<Chin. 苏 s.623/5

şıng<Chin. 升 ş.135/9

şıngkoşelitutung<Chin. 胜光声梨都统 ş.343/10

şırıpıvısı<Chin 室利薜瑟得迦 ş.343/10

sisi<Chin. 祭祀 s.29/21

sü<Chin. 序 s.499/14

sutsı/suʦï<Chin. 水精 s.680/23

tayçıng/tayčïng<Chin. 大清 t.34/17

tayluy<Chin. 大流 t.28/6

tıtsı<Chin. 弟子 t.669/20

tog/tuɣ<Chin. 纛 t.34t/12

toyın<Chin. 道人 t.2/12

tsı/ʦï<Chin. 细 t.587/16

tsun< Chin. 寸 t.41/12

tsuy<Chin. 罪 t.24/1

tung huvan<Chin. 敦煌 t.34/19

tutça<Chin. 咄者 t.24/1

üjik<Chin. 字 u.27/2

uu<Chin. 戊 u.686/4

yang<Chin. 样 y.95/3

yinçü<Chin. 珍珠 y.70/5

amju<Chin.？ [1] a.24/12

kuo tau<Chin.？ k.64/5

kün Ching<Chin.？ k.17/19

tayçu<Chin.ta？ t.341/21

对同一个词不同汉译现象，这里以 bahšɪ/bahşɪ<Chin. 博士 / 法师为例来分析。从回鹘文转写来看，该词有不同转写形式，如 bahşɪ/baxši/baɣšī/bahšɪ 等。从语音对应来看，该词汉译为"博士"或"法师"是没有问题的。其理据如下：第一个回鹘语音节末尾为 -h/ɣ/x，小舌擦音。从汉字中古音看，"博"中古音为帮母铎韵开口一等入声字，王力与潘悟云先生分别构拟为 pak、paag。"法"中古音为非母乏韵合口韵三等入声字，王力与潘悟云先生分别构拟为 pi̯wɒp、pi̯ap。"博""法"皆为入声字，与回鹘语小舌擦音对应。"士"中古音为崇母之韵开口三等入声字，王力与潘悟云先生分别构拟为 dʒhĭə、dẓɨ。"师"中古音为生母脂韵开口三等入声字，王力与潘悟云先生分别构拟为 ʃi、şi。"士""师"与回鹘语 şɪ/ši/šī/šɪ 对应。但考虑到回鹘文《金光明经》是一部佛教文献，从 bahşɪ 所处的语言环境看，译为"法师"更为妥帖。另外，《玄奘传》是由别失八里人胜光法师所译，这里称呼他为"法师"。

第三节　回鹘文佛教文献《玄奘传》汉语借词筛查

一　回鹘文《玄奘传》概况

《玄奘传》，又称《慈恩传》，全称《大唐大慈恩寺三藏法师传》，共十卷。回鹘文《玄奘传》译自汉文的时间为 10~11 世纪，译者也是胜光

---

① ？表示不能确定的汉语借词。

法师。①

1930 年前后，回鹘文《玄奘传》于新疆出土，但具体出土地点不明。回鹘文《玄奘传》写本落入一商人之手，后被拆散出售。回鹘文《玄奘传》文献现藏于中国国家图书馆（242 叶）、法国巴黎吉美（Musée Guimet）博物馆（123 叶）、俄罗斯东方学研究所圣彼得堡分所（94 叶）、德国柏林（德国吐鲁番考察队第一、二、三次探险所获回鹘文《玄奘传》残片）等地。②

二 回鹘文《玄奘传》汉语借词

回鹘文《玄奘传》借词主要材料主要包括：《回鹘文慈恩传转写与汉字音研究》③，卡哈尔·巴拉提（Kahar Barat）的《玄奘传》（第 9、10 章）④，冯家昇《回鹘文写本〈菩萨大唐三在藏法师传〉研究报告》⑤。笔者在与张铁山教授合著的《回鹘文佛教文献中的汉语借词研究》中进行过统计和新的研究。⑥

an fuq min<Chin. 安福门 Ⅸ 11b14

bägčeü<Chin. 博州 HtPar185（36a）/8

bahšǐ<Chin. 法师 HtPek191a/5

ban<Chin. 版 Ⅸ 5b19

bančao<Chin. 班超 Ⅹ 28a5

bažagi<Chin. 般若经 Ⅹ 3a15

bex-i<Chin. 伯英 Ⅸ 16a3

bi<Chin. 碑 Ⅸ 1a9

---

① 吐送江·依明：《回鹘文〈玄奘传〉国内外研究情况综述》，《敦煌学辑刊》2017 年第 2 期。
② 林巫培：《回鹘文〈慈恩传〉收藏与研究》，《民族语文》2013 年第 1 期。
③ 林巫培：《回鹘文慈恩传转写与汉字音研究》，博士学位论文，上海师范大学，2012，第 95~557 页。
④ Kahar Barat, *XUANZANG--Ninth and Tenth Chapters*, Indiana University Research Institute for Inner Asian Studies Bloomington, Indiana, 2000. 此处所收汉语借词专指音译的汉语借词，意译汉语借词集中在第十一章讨论。
⑤ 冯家昇：《冯家昇论著辑粹》，第 373~413 页。
⑥ 朱国祥、张铁山：《回鹘文佛教文献中的汉语借词研究》，甘肃文化出版社，2018，第 102~137 页。

bi<Chin. 丙 Ⅸ 7a16

bïrmäk<Chin. 笔墨 Ⅸ 36a13

bodïručï<Chin. 菩提留志 H7b/8

bou<Chin. 戊 HtPek 1b/4

bursang<Chin. 佛僧 Ⅸ 3a24

buši<Chin. 布施 HtPar195（41a）/12

buu<Chin. 部 HtStP Si Uig3 18b/2

čai<Chin. 斋 HtPar195（41a）/11

čangsun-vuki<Chin. 长孙无忌 HtStP Si Uig3 21a/24

čaoquɤ<Chin. 赵国 HtStP Si Uig3 21a/23

čaotsay<Chin. 晁错 Si Uig3 12a/2

čaož-insï<Chin. 昭仁寺 HtStP Si Uig3 26b/18

čau qung<Chin. 赵公 4a/27

čäu-če<Chin. 赵政 HtPar197（42a）/8

čayšï<Chin. 斋事 HtPek 8b（Paginierung zerstört Ⅶ）/2

čekuan<Chin. 贞观 HtarP145（17a）/3

če-lüin<Chin.（杜）正伦 HtPar198（42b）/3

ceu tsink<Chin. 寂照 Ⅹ 8a6

čeüčeü<Chin. 周朝 HtPar197（42a）/20

čïg<Chin. 尺 HtPek14a /2

cïgem<Chin. 智严 Ⅹ 28a3

čihuin<Chin. 智玄（马玄智）Si Uig3 11/25

čik<Chin. 帙 HtStP Si Uig3 28b/15

čimkuy<Chin. 笙歌 HtarP 149（20a）/16

činghuusï<Chin. 振响寺 HtStP Si Uig3 26a/24

činšu<Chin. 史书 Ⅸ 15b21

čintan<Chin. 真檀 Si Uig3 52b/22

činžo<Chin. 真如 Ht Par211（49a）/20

čïnžu<Chin. 梓树 Ⅸ 34a2

čïteufung<Chin. 程桃捧 Ⅹ 19a13

čiuwang<Chin. 周王 HtStP Si Uig3 36b/21-22

co-tik cï<Chin. 张德志 X 19a13

čoo an<Chin. 长安 106a/4

coo-qung<Chin. 张弘 X 16a1

coo wang<Chin. （？）王 IX 5a20

čou<Chin. 邵 IX 16a1

coxay<Chin. 章亥 X 28a6

cuen hün<Chin. 颛顼 IX 9a3

cuen<Chin. 专 IX 17a9

čün-tsi(n)<Chin. 春（秋）HtStP Si Uig3 20b/5

cung-lo<Chin. 中郎 IX 16a5

čung<Chin. （李）忠 HtPar195（41a）/1

čung<Chin. 钟 HtPek8b（Paginierung zerstört: VII）/3

čung-lun<Chin. 中论 HtPar78（78b）/24

čungnamšan<Chin. 终南山 HtStP Si Uig3 26b/10

čüösüilo<Chin. 褚遂良 HtPek 14a /17

čuu-li<Chin. 褚令 5b/1

čuuyig<Chin. 张掖 HtStP Si Uig3 30a/19

cuyqun<Chin. 中宫 IX 24a13

čuža<Chin. 朱砂 HtPek 1b 987/VII

čuža<Chin. 朱赭 HtPar206（48b）/9

dien<Chin. 年 HtPek 8a /1

dsin ti<Chin. 晋帝 IX 25a9

dsiunhav<Chin. 晋后 HtarP 154（1b）/2

e<n>quɣ<Chin. 燕国（公）HtPar199（43a）/19

e-kung/i-qung<Chin. 英公 HtPek 5a/27

faphen<Chin. 法显 X 28a2

farcïlun<Chin. 发智论 IX 31a13

fayeu<Chin. 符姚 HtPar197（42a）/1

fenkin<Chin. 衯襟 HtPar201（44a）/17

fooküe[n]li[ng]<Chin. 房玄龄 HtPar197（42a）/26

fo-teng<Chin. 方等 HtPar177（32a）/4

fotu-čeng<Chin. 佛图澄 HtStP Si Uig3 73b/25

fugi<Chin. 傅毅 Ⅸ 14a19

fugki<Chin. 伏羲 Verschollenes Blatt（9b）/17

fungšen<Chin. 封禅 Ⅸ 13a10

fužen<Chin. 夫人 HtPar202（44b）/25

gentsung<Chin. 彦悰 Ⅸ 41b3

gešo<Chin. 嘉尚 Ⅹ 6a8

geu wang<Chin. 尧王 Ⅸ 12b1

gi tso-<Chin. 经藏 Ⅹ 18b13

gi xiu<Chin. 姬后 Ⅸ 2b13gint

soy gün<Chin. 神鬼 Ⅹ 17a10

γïu<Chin. 缑（氏）Ⅸ 34a21

gök<Chin.（柱）国 HtPar199（43a）/7

guen<Chin. 卷 Ⅸ 31a12

güğhuaküng/güx xuagüng<Chin. 玉华宫 Verschollenes Blatt（9b）/11

güidi/huï<Chin. 魏帝 HtPar197（42a）/13

gung<Chin. 弓 Ⅸ 8b10

güngtsï<Chin. 拱子 Ⅸ 15a6

γuqux<Chin. 吴主 Ⅸ 14a 20

güx-xua-si<Chin. 玉华寺 Ⅹ 6a6

guy<Chin. 癸 Ⅸ 1b19

guybux<Chin. 姬穆 Ⅸ 5a15

guylim<Chin. 桂林 Ⅸ 40a16

guyvu<Chin. 魏武 Ⅸ 15b22

guyxiu<Chin. 魏后 Ⅸ 13a11

haγlim-si<Chin. 鹤林寺 HtPar203（45a）/5

hanmegüidi<Chin. 汉明魏帝 HtPar196（41b）/24

hanvudi<Chin. 汉武帝 HtStP Si Uig3 33a/22

hatung<Chin. 河东（郡）HtPar202（44b）/24

henki<Chin. 显庆 Ⅸ 1a 6

henlun<Chin. 显论 Ⅸ 5b15

hen-uen<Chin. 轩辕 Ⅸ 9a2

hičǐ<Chin. 行友 HtStP Si Uig3 26b/15

hïnam<Chin. 河南 HtPek 14a /16

hinxua<Chin. 义和 Ⅸ 6a 7

hiu-gen<Chin. 休见 Ⅸ 16a10

hiuhuenbi<Chin. 许玄备 Ⅹ 19a3

hiušu<Chin. 尧舜 HtStP Si Uig3 36b/13

hodi<Chin. 皇帝 HtPar202（44b）/4

hoizin<Chin. 怀仁 HtarP 150（19b）/8

hotaisi<Chin. 皇太子 HtarP 150（19b）/14

hü gintsüng<Chin. 许敬宗 Ⅸ 1b23

huašan<Chin. 华山 HtarP 142（15b）/26

huï-ün<Chin. 慧远 H8a/9

huiguy<Chin. 慧贵 HtStP Si Uig3 26a/11

huikim<Chin. 慧严 HtStP Si Uig3 28a/10

huilip<Chin. 慧立 HtStP Si Uig3 26b/18

huin<Chin. 玄（应）HtStP Si Uig3 26b/25

huin li<Chin.（房）玄龄 Ht StP Si Uig3 17a/17①

huin-buu<Chin. 玄谟 HtStP Si Uig3 27a/3

huinčung<Chin. 玄忠 HtStP Si Uig3 26a/21

huintsi<Chin. 玄则 HtStP Si Uig3 26b/20

huintso<Chin. 玄奘 HtPar108（71b）

huito<Chin. 禹汤 HtStP Si Uig3 36b/14

huiz-vang<Chin. 虞王 HtStp Si Uig 3 33b（1165）/ Ⅵ

hungčeü<Chin. 恒州 HtPek 9b /6-7

---

① 与 fooküe[n]li[ng] < Chin. 房玄龄 HtPar197（42a）/26，是不同学者的转写差异。

hung-fuqtsi/qungvuγsï<Chin. 弘福寺 HtarP 149（19a）/28

huytik<Chin. 慧德 X 6a7

i-cïu<Chin. 瀛州 IX 31b16

ig<Chin. 疫 HtPek 17b /18

igyuu<Chin. 伊尧 HtStp Si Uig 3 29b（669）/ VI

in ti<Chin. 殷帝 IX 25b20

inčiu<Chin. 雍州 HtStP Si Uig3 17a/17

in-me-lun<Chin. 因明论 HtPar3（111a）/15

ir<Chin. 乙 HtStP Si Uig3 29a/22

kap<Chin. 夹 HtPek21b（Paginierung zerstört: VII）/22

katun-šïg<Chin. 贾敦颐 HtPek9b/2

kaučïfu<Chin. 高季辅 HtarP 150（19b）/24

kaušambi<Chin. 憍赏弥 Si Uig3 14b/

kautaitsi<Chin. 高太子 Verschollenes Blatt（9b）/13

kautsusi<Chin. 高储子 Verschollenes Blatt（9b）/3

kavvisi<Chin. 纲维寺 HtPek 2a/6

kenwen<Chin. 龟文 Verschollenes Blatt（9b）/21

kenyo-lun<Chin. 显扬论 HtPek146a/24

kï<Chin. 庚 HtPek7b /18

ki<Chin. 己 HtStP Si Uig3 77b/3

kičiu<Chin. 京州 Si Uig3 15b/5

kïlu<Chin. 器炉 HtPek 4b/12

kï-luu<Chin. 龙忌 HtarP 150（19b）/20

kimhoki<Chin. 金刚经 HtarP 166（7b）/21

kimi<Chin. 敬明 HtStP Si Uig3 26a/25

kiuqe<Chin. 旧情 HtPar202（44b）/16

kog<Chin. 觉 HtarP 146（17b）/13

kong-ha-wang<Chin. 江夏王 HtPek 3b/16

kug-čeü<Chin. 穀州 HtPek 9b /5

küi-tsüen<Chin. 慧宣 HtarP 158（3b）/22

küx<Chin. 曲 Ⅸ 5b25

kuy gi<Chin. 窥基 Ⅹ 8b13

l[ai]<Chin. 来（济）HtPar199（43a）/9

la<Chin.（绫）罗 HtPek 4a 1117/ Ⅶ

laɣčiu<Chin. 洛州 HtStP Si Uig3 26b/19

lagki<Chin. 洛京 HtarP 165（7a）/16

lau<Chin. 楼 Ⅸ 12a 7

lenhua<Chin. 莲花 HtPek 11b /22

lev<Chin.（光）禄（大夫）HtPar199（43a）/2

li-giiwu<Chin. 李义甫 13b/17

li<Chin. 梨 Ⅸ 41b5

libay<Chin. 螺贝 HtStP Si Uig3 30a/7

ligünsin<Chin. 李君信 Ⅸ 41a17

lihauqüng<Chin. 李孝恭 HtPar198（42b）/2

liken-yuu<Chin. 李乾裕 HtPek 5a/11[①]

lim<Chin. 檩 Ⅹ 2a3

limenlun<Chin. 理门论 HtPek186a/4

lin-tik<Chin. 麟德 Ⅹ 1a12

lisuɣšin<Chin. 李叔慎 HtStP Si Uig3 17a/17

li-šüin-fung<Chin. 李淳风 HtStP Si Uig3 71b/25

litau-yuu<Chin. 李道裕 HtPek 9b /4-5

liuša<Chin. 流沙 Ht Par213（49a）/10

liusüenpahši<Chin. 柳宣法师 HtStP Si Uig3 74a/3

liž-uin<Chin. 灵润 HtStP Si Uig3 26a/9

löčeü<Chin. 梁朝 HtPar197（42a）/20

lohansï<Chin. 罗汉寺 HtStP Si Uig3 26a/10

löü-wang< 梁王，HtPar195（41a）/5

---

① 此词，冯家昇先生还有其他转写形式：lï-gin -yụu< Chin. 李乾裕（《冯家昇论著辑粹》，第405页）；lï kin yụu< Chin. 李乾裕（冯家昇:《回鹘文写本"菩萨大唐三藏法师传"研究报告》（丙种第1号），中国科学院考古研究所编辑，中国科学院，1953，第30页）。

lovudi<Chin. 梁武帝，Ⅹ 2a11

lu(n)gčuin<Chin. 弄砖 HtPek 16b /4

lüng šoq<Chin. 龙朔 Ⅹ 7b5

lungčiu<Chin. 隆周 HtStP Si Uig3 36b/15

lüngquɣ-si<Chin. 隆国寺 HtPar206（46b）/2

lungtsi<Chin. 笼子 HtPek 16b /4

lušan<Chin. 庐山 Ⅸ 2a4

lütsai<Chin. 吕才 HtStP Si Uig3 80a/3

luu<Chin. 龙 HtarP 154（1b）/27

luɣgung<Chin. 弩弓 Ⅸ 8b10

menküg-či<Chin. 面曲池 Verschollenes Blatt（9a）/1

mesüin<Chin. 明濬 HtStP Si Uig3 69b/15

minčiu<Chin. 绵州 HtStP Si Uig3 26a/23

mišïkco<Chin. 铭石章 Ⅸ 15b13

mitsošenšï<Chin. 明藏禅师 Ⅹ 14a7

namšan<Chin. 南山 Ⅸ 28a9

ongwinghün<Chin. 王文训 5a/5

pagbasi<Chin. 白马寺 HtPek 16a /4

pan-šui<Chin. 班倕 Verschollenes Blatt（9a）/9

paočosï<Chin. 宝昌寺 HtStP Si Uig3 26a/13

paušing<Chin. 宝乘 HtPar202（44b）/3

pinčiu<Chin. 汴州 HtStP Si Uig3 26a/19

pinki<Chin. 辩机 HtStP Si Uig3 26b/9

pučiu<Chin. 蒲州 HtStP Si Uig3 26a/21

puhin<Chin. 明琰 HtStP Si Uig3 26a/12

puhin<Chin. 普贤 HtStP Si Uig3 26a/15

pukyusï<Chin. 普救寺 HtStP Si Uig3 26a/22

pulang<Chin. 庑廊 HtPek 6a /24

puqosï<Chin. 普光寺 HtStP Si Uig3 26b/4

pušia<Chin. 仆射 HtPek 14a /16

qa<Chin. 家 Ⅸ 6b12

qaikenlüši<Chin. 戒贤律师 HtPek129b/21

qam čax<Chin. 阚泽 Ⅸ 14a22

qančiu<Chin. 简州 HtStP Si Uig3 26b/12

qao-šir-lun<Chin. 教实论 1058（23）/ Ⅳ

qap<Chin. 甲 HtStP Si Uig3 27a/26

qaptsi<Chin. 榼子 Ⅸ 30b4

qatsi<Chin. 架子 Ⅸ 30b3

qay<Chin. 街 HtStP Si Uig3 18b/26

qaytsï<Chin. 槐子 Ⅹ 1b20

qaytsï<Chin. 芥子 Ⅸ 35a12

qïn-pun<Chin. 根本 1054-1055（19/20）/ Ⅳ

qoɣčiu<Chin. 穀州 9a/7

qoo<Chin.（大乘）光 H3a/6

quay-uen-lür-ši<Chin. 怀远律师 Ⅹ 30a4

quɣčiu<Chin. 廓州 HtStP Si Uig3 26a/17

quɣčosï<Chin. 会昌寺 HtStP Si Uig3 26b/8

quncuy<Chin. 公主 Ⅸ 24a14

qung-lusi<Chin. 鸿胪寺 Ⅸ 2a4

qungvutsi<Chin. 孔夫子 HtStp Si Uig3 23a（350）/ Ⅵ

š(i)-čung<Chin. 侍中 HtPar197（42a）/16

šä<Chin.（詹）事 HtPar198（42b）/3

šačiu<Chin. 沙州 Si Uig3 14a/5

samtso<Chin. 三藏 HtPek185a/5

san<Chin. 伞 Ⅸ 11b6

šaolimsï<Chin. 少林寺 HtStP Si Uig3 24b/24

šaošir-šan<Chin. 少室山 HtStP Si Uig3 24b/23

sape<Chin. 生平 HtStP Si Uig3 80a/3

šävtsung<Chin. 绍宗 HtPek 5a/3-4

sawšing<Chin. 小乘 HtPar110（60b）

šeme-lun<Chin. 声明论 HtPar3（111a）/16

šentai<Chin. 神泰 HtStP Si Uig3 81b/23

serči<Chin. 薛氏 HtPar203（45a）/19

sergüenčäu<Chin. 薛元超 HtPar195（41a）/15-16

sertauhï<Chin. 薛道蘅 HtPar202（44b）/7-8

seu-ke<Chin. 萧璟 HtPar198（42b）/5

seu-wi/sïu-wi<Chin. 萧锐（因）HtPek 9b /8

ši<Chin.（刺）史 HtPek 9b /7

šï<Chin. 湿 Ⅸ 33a18

sičeü<Chin. 苏州 HtarP 158（3b）/20

sicu<Chin. 寺主 11a16

sihuin<Chin. 栖玄 HtStP Si Uig3 26b/5

šïm<Chin. 剡 Ⅸ 39b23

simisi<Chin. 西明寺 1a22

šin-šin<Chin. 鄯善 HtStP Si Uig3 14a/7

sïn<Chin. 秦 HtStP Si Uig3 30a/21

sin<Chin. 辛 tPek 5b/18

šinggeuhodi<Chin. 神尧皇帝 HtPar202（44b）/4

šïngqošäli<Chin. 胜光阇梨 Ⅸ 41b5

šïngquy<Chin. 荆楚 HtStp Si Uig3 27b（587）/Ⅵ

šïngquy<Chin. 僧会 HtStP Si Uig3 27b/25

sinto<Chin. 信度 Si Uig3 60b/24

šin-vu<Chin. 神肪 HtStP Si Uig3 26a/17

sinyin<Chin. 禅院 HtStp SI Uig3 25a（450）/ Ⅵ

šip-čI-vap-lun<Chin. 摄正法论 1056（21）/ Ⅳ

šiu<Chin. 守（中书侍郎）HtPar200（43b）/5

siu-baɣ-činsih<Chin. 侯莫陈实 HtStp Si Uig3 17a（17）/ Ⅵ

siungcuen<Chin.（上官）琮专 Ⅸ 17a9

sočeü<Chin. 襄州 HtPar202（44b）/6

sola-<Chin. 锁 Verschollenes Blatt（9b）/2

šong<Chin. 双 HtPek 18a /8

soo<Chin. 像 HtPek 8b（Paginierung zerstört: Ⅶ）/19

šooyeu<Chin. 赏瑶 Ⅸ 5a17

šotsua<Chin. 上座 Ⅹ 17a8

šou-čeü<Chin. 常州 HtarP 158（3b）/22

sü<Chin. 序 Ⅸ 10b4

süčeü<Chin. 隋朝 HtPar197（42a）/20

suidi<Chin. 隋帝 HtarP 165（7a）/21

šüinwang<Chin. 舜王 HtarP 143（16a）/21

sungšan<Chin. 嵩山 HtarP 142（15b）/26

sunki<Chin. 树基 HtStP Si Uig3 76a/14

süösi<Chin. 述圣（记）HtPar 139（14a）（21）Ⅶ

suqsu<Chin. 俗事 HtStP Si Uig3 75a/16

šutsi<Chin. 水精 HtPek 23a /17

suyti<Chin. 纤莛 Ⅸ 8b14

taï-ging-tin<Chin. 太极殿 7b/23

taifuke<Chin. 太府卿 HtPar198（42b）/4

taïpaziki<Chin. 大般若经 26a/4

taišing-seušing<Chin. 大乘小乘 HtStP Si Uig3 68a/20-21

taito<Chin. 大唐 HtStP Si Uig3 76a/14

taitsi<Chin. 太子，HtPar200（43b）/2

tai-tsi-ïnsi<Chin. 大慈恩寺 HtStP Si Uig3 76a/12

taloy/taluy<Chin. 大流 HtarP 145（17a）/12

täng<Chin. 等 HtStP Si Uig3 35b/5

tao lim<Chin. 道琳 H8a/12

tao-an taiši<Chin. 道安大师 HtStP Si Uig3 73b/22

taočang<Chin. 道场 HtStP Si Uig3 17b/8

taočay<Chin. 道卓 HtStP Si Uig3 26b/17

taočiu<Chin. 齹州 HtStP Si Uig3 26b/17

tao-šim<Chin. 道深 HtStP Si Uig3 26a/19

taosuenlürši<Chin. 道宣律师 Ⅹ 17a8

taoyuqĭčang<Chin. 道宇祈场 HtStP Si Uig3 17b/5

tasoiqau<Chin. 崔光 HtPar197（42a）/16

tau-küngfabši<Chin. 道恭法师 HtarP 158（3b）/21

tausung<Chin. 道宗 HtPek 3b/17

tav<Chin. 沓 HtPek 1b 987 Ⅶ

tay gip<Chin. 大业 Ⅸ 34a13

tay<Chin. 太（微）Ⅹ 16a19

taybibažalun<Chin. 大毗婆沙论 Ⅸ 31a15

tayhingsï<Chin. 大兴（善）寺 HtStP Si Uig3 27a/2

taypu？ <Chin. 大（飨）Ⅸ 13a13

taysiquon<Chin. 太子观 Ⅹ 1b10

tay-tsüng či-sï<Chin. 大总持寺 HtStP Si Uig3 26b/24

tenšï<Chin. 天使 Ⅸ 18b9

teufung<Chin. 天峰 Ⅹ 19a14

teušïlün<Chin. 窦师伦 Ⅹ 19a20

ti<Chin. 丁 HtStP Si Uig3 27a/9

tiggebsi<Chin. 德业寺 HtPar205（46a）/5

tigungsï<Chin. 天宫寺 HtStP Si Uig3 26b/19-20

tïngla-<Chin. 听 Ⅸ 40a15

titsi<Chin. 弟子 HtPar96（66b）/10

tiu-čihu<Chin. 条支巨 HtStP Si Uig 3 66b（1383）/ Ⅴ

towang<Chin. 汤王 HtarP 143（16a）/19

toyïn<Chin. 道人 HtStP Si Uig3 69a/3

tsaɣ<Chin. 崔（殷礼）HtPar199（43a）/9

tsaošu<Chin. 草书 39b/10

tsaubun<Chin. 抄本 HtStP Si Uig3 27a/4

tsautosi<Chin. 草堂寺 HtPek 16a /5

tsebaifabši<Chin. 靖迈法师 HtStP Si Uig3 81b/24

tse-kogsi<Chin. 净觉寺 Verschollenes Blatt（9a）/2

tsi-in-cuen<Chin. 慈恩传 IX 1a3-4

tsičeü<Chin. 齐朝 HtPar 197（42a）/19

tsïɣamasï<Chin. 棲岩寺 HtStP Si Uig3 26b/16

tsïgüx<Chin. 子玉 IX 16a3

tsi-ïn-si<Chin. 慈恩寺 HtPek 1b/5

tsin-čoli<Chin. 晋昌里 HtarP 152（20b）/27

tsïng<Chin. 层 HtPek 14a /8

tsing<Chin. 升 HtPek 134b/17

tsink ceu<Chin. 寂照 6-8a X

tsinwang<Chin. 秦王 IX 25a 5

tsinxoo<Chin. 秦皇 IX 13a7

tsïsï<Chin.（实）际寺 HtStP Si Uig3 26a/12

tsoaiqau<Chin. 崔光　HtPar197（42a）/16

tsoqaco<Chin. 蒋孝璋 IX 17a6

tsun<Chin. 寸 HtPar11（102a）/24

tsun<Chin. 朱 HtStP Si Uig3 78a/1

tsun<Chin. 尊 HtStP Si Uig3 18a/4

tsuy<Chin. 罪 IX 32b23

tuɣpan<Chin. 纛旛 X 20a15

tungtaysi<Chin. 同泰寺 X 2a12

tuočelüin<Chin. 杜正伦 HtPar200（43b）/13

tutung<Chin. 都统 23b/22

ü huy<Chin. 永徽 IX 10b2

uen<Chin. 院 IX 33b16

üni<Chin. 永宁 X 2a13

ünür<Chin. 颜郁 IX 16a18

ürči<Chin. 尉迟 5a/3

ütsi<Chin. 舉子 X 10b17

üuči- ne<Chin. 于志宁 HtPar199（43a）/20

vam<Chin. 梵（呗）HtPek 4b/11

vamtsan<Chin. 梵赞 X 21b11

vantsai<Chin. 曼倩 HtPar181（34a）/1

vaphaysï<Chin. 法海寺 HtStP Si Uig3 26a/16

vaphuaki<Chin. 法华经 HtStP Si Uig3 18a/16

vapsï<Chin.（静）法寺 HtStP Si Uig3 26a/15

vapsingsï<Chin. 法讲寺 HtStP Si Uig3 26a/18

vapsiu<Chin. 法祥 HtStP Si Uig3 26a/14

vatsi<Chin. 王思（慕）HtStP Si Uig3 18a/10

ven-te<Chin. 圆定 HtarP 150（19b）/1

vir qoo wang< Chin. 佛光王 IX 28a3

vinbi<Chin. 文备 HtStP Si Uig3 26a/10

vingtisï<Chin. 丰德寺 HtStP Si Uig3 26b/10

vintsuyliubin<Chin. 问罪辽滨 HtStP Si Uig3 15b/11-12

vocïu<Chin. 房州 X 19a19

vuryiglib<Chin. 物弋猎 HtPar180（33b）/2

vuɣtsusï<Chin. 福聚寺 HtStP Si Uig3 26b/12

vu-hïu<Chin. 武侯（相）HtPek 5a/11

vunggitsuen<Chin. 冯义宣 X 8b20

wang-ki<Chin. 王羲（之）HtarP150（19b）/11

wangküin-tig/wanggün-tik<Chin. 王君德 HtPar200（43b）/22-23

wangvinkün<Chin. 王文训 HtPek5a/5

wibaki<Chin. 维摩经 HtPar107（71a）

wiwang<Chin. 韦王 IX 16a10

xan huïn<Chin. 汉玄 39b/6

xanguen<Chin. 汉元 IX 15b 20

yäg<Chin. 易 HtPar185（36a）/8

yang<Chin. 样 IX 15b 12

yeüsüng<Chin. 姚嵩 HtPar197（42a）/12

yeuwang<Chin. 姚王 HtStP Si Uig3 73b/7

yigdi<Chin. 掖庭 HtPek 13b1634 Ⅶ

yimhan<Chin. 炎汉 HtStP Si Uig3 36b/15

yinčü<Chin. 瀛州 9b/2

yinquɣsï<Chin. 演觉寺 HtStP Si Uig3 26a/20

yoxki<Chin. 牙旷 Ⅸ 6a 6

yungla-<Chin. 用 Ⅹ 19b 21

yüü<Chin. 于 HtStp Si Uig 3 17a（17）/ Ⅵ

yuu<Chin. 右 Si Uig3 15b/7

žim< 壬 HtPek 5b/15

žimluu<Chin. 壬龙 HtPar 199（43a）/2

žing čax šan<Chin. 仍择山 Ⅹ 9a22

žu<Chin. Ⅸ 树 2-34a

žünkim<Chin. 轩槛 HtPek 4a 1108 Ⅶ

žünkim<Chin. 绒锦 HtPar 204（45b）/10

第四节　回鹘文佛教文献《慈悲道场忏法》汉语借词筛查

一　回鹘文《慈悲道场忏法》概况

回鹘文《慈悲道场忏法》（*Kšanti Qılğuluq Nom Bitig*）是一部重要的忏悔文文献。德国的克劳斯·若尔本（K.Röhrborn）、英格丽德·瓦陵克（Ingirt.Warnke）、彦斯·威尔金斯（Jens.Wilkens），日本的庄垣内正弘以及中国张铁山[①]、阿依达尔·米尔卡马力与迪拉娜·伊斯拉非尔[②]等学者对回鹘文《慈悲道场忏法》有过不少研究。回鹘文《慈悲道场忏法》主要收藏于俄罗斯、德国与中国等国家。

下文所摘录汉语借词主要是采用 2007 年彦斯·威尔金斯的本子，

---

①　张铁山:《莫高窟北区 B128 窟出土回鹘文〈慈悲道场忏法〉残叶研究》,《民族语文》2008 年第 1 期；张铁山:《吐鲁番柏孜克里克出土两叶回鹘文〈慈悲道场忏法〉残叶研究》,《民族语文》2011 年第 4 期。

②　阿依达尔·米尔卡马力、迪拉娜·伊斯拉非尔:《吐鲁番博物馆藏回鹘文〈慈悲道场忏法〉残叶研究》,《敦煌研究》2011 年第 4 期。

该版本是基于克劳斯·若尔本 [①]、英格丽德·瓦陵克 [②]、庄垣内正弘 [③] 以及其他学者成果的集大成之作。该著作分为两卷，共收 4443 行回鹘文，其内容包括 Vorwort（前言）、Einleitung（序言）、Edition（编辑）、Glossar（词汇表）、Transliterationen（转写）、Tafeln（图版）等。

二　回鹘文《慈悲道场忏法》汉语借词

下面根据彦斯·威尔金斯 [④] 的回鹘文《慈悲道场忏法》为底本筛选汉语借词。

bay<Chin. 珮 3586

bi-hw-aki<Chin. 悲华经 0390

bušɪ<Chin. 布施 0439

but<Chin. 佛 0165

čay<Chin. 斋 0921

čikoŋ<Chin. 志公 0101

čintan<Chin. 旃檀 3649

čiŋlä/činglä<Chin. 蒸 3632

čir<Chin. 帙 0139

čiu<Chin. 杻 3058

čiži<Chin. 郗氏 0028

čuŋ<Chin. 鐘 3583

guk<Chin. 玉 [3]586

haw<Chin. 花 1218

①　Röhrborn, Klaus, *Eine üigürische Totenmesse*, Berliner Turfantexte II, Berlin: Akademie Verlag, Facsimiles: plate I-LXIV, 1971.

②　Warnke, Ingrid, *Eine buddhistische Lehrschnft überdas Bekennen der Sünden-Fragmente der uigurischen Version des Cibei-daochang-chanfa*. (Dissertation), Berlin:Akademie der Wissenschaften der DDR,1978. Warnke,Ingrid, Fragmente des 25. und 26. Kapitels des Kšanti qïlγuluq nom bitig. *Altorientalische Forschungen*, 10, 2:243-258. Fascimiles: pp.259-268,1983.

③　庄垣内正弘『ロシア所藏ウィゲル语文献の研究』155~179 頁。

④　Jens.Wilkens, *Das Buch Von Der Sündentilgung, Edition des alttürkisch buddhistischen Kšanti Kıılguluk Nom Bitig*, Brepols Publisher n. v., Turnhout, Belgium, 2007.

huŋk（a）w<Chin. 箜篌 3585

hwa-luu-na<Chin. 和楼那 1980

kap<Chin. 柙 3635

ki lug<Chin. 经录 0130

kim<Chin. 琴 3584

kım-ko-kı<Chin. 金刚经 0544

kın/kıy（ı）n<Chin. 刑 3635

kuanši<Chin. 观世 1813

ku-kıu-ki/ku-kïu-ki<Chin. 护口经 0751

kün<Chin. 卷 0135

kunčuy<Chin. 公主 0028

kuvatsı/kuvatsï<Chin. 扣子 0050

labay<Chin. 螺贝 [3]584

lenhw<Chin. 莲花 1250

lim<Chin. 琳 3585

loo<Chin. 瑯 3585

lovudi<Chin. 梁武帝 0027

luu<Chin. 龙 0258

puiken<Chin. 普贤 3200

šäli<Chin. 阇梨 1523

sam-bai-ki<Chin. 三昧经 0405

san<Chin. 山 0856

seušeŋ<Chin. 小乘 1342

šinši<Chin. 禅师 0101

šipki<Chin. 习气 0623

sır<Chin. 瑟 584

šu<Chin. 输 0609

sü/süü<Chin. 序 0172

taišeŋ<Chin. 大乘 1342

taitsoki<Chin. 大藏经 0101

tavčo<Chin. 道场 1672

tetsi<Chin. 弟子 07[83]

tirpanki<Chin. 涅槃经 2950

totok<Chin. 都督 0228

toyın<Chin. 道人 0104

tsɪ<Chin. 姿 [0]769

tsun<Chin. 寸 0583

tsuy<Chin. 罪 0551

tutuŋ<Chin. 都统 0340

vaphwaki<Chin. 法华经 0824

yaŋ<Chin. 样 0026

第五节　回鹘文佛教文献《阿含经》汉语借词筛查

一　回鹘文《阿含经》概况

"阿含"梵文 āgama;《阿含经》经题梵文 Āgamasūtra，意为"传承的教说"或"集结教说的经典"。《阿含经》为佛教早期基本经典的汇集，论述了佛教的基本教义，如无常、生死轮回、四谛、十二因缘等。现存《阿含经》有巴利文经藏五部（《长部》《中部》《相应部》《增支部》《小部》）与中文本四阿含（《长阿含》《中阿含》《杂阿含》《增一阿含》）。四阿含的中文译本是从东晋末年到南北朝初陆续译出的。[①]

回鹘文《阿含经》皆译自汉文，翻译年代多为元代。现已刊布回鹘文《阿含经》残片 100 余件。国内外收藏地主要是：中国国家图书馆、北京大学图书馆与敦煌研究院等；瑞典斯德哥尔摩民族学博物馆、美国普林斯顿大学东亚图书馆、德国柏林勃兰登堡科学与人文科学院吐鲁番学研究中心（简称"柏林科学院吐鲁番文献中心"）、法国国家图书馆、俄罗斯科学院东方学研究所圣彼得堡分所、日本东京书道博物馆、奈良

---

① 蓝吉富:《中华佛教百科全书》(第 2 册、第 6 册)，收藏家艺术有限公司，1994，第411b、3129 页。

天理大学天理图书馆及京都大学、龙谷大学等地。[①]

近年来，张铁山教授曾对回鹘文《阿含经》文献进行了系统而深入的研究，其成果颇丰。[②]

二　回鹘文《阿含经》汉语借词分布

1.《长阿含经》

（1）莫高窟北区第 157 窟，出土有编号为 B157：16 的回鹘文《长阿含经》残片。根据张铁山教授刊布的回鹘文拉丁字母转写[③]，其中无汉语借词。

（2）俄罗斯科学院东方学研究所圣彼得堡分所藏回鹘文《长阿含经》残片一片，根据庄垣内正弘拉丁字母转写，筛选汉语借词[④]：

luu<Chin. 龙

lenχu-a<Chin. 莲花

张铁山教授认为回鹘文《长阿含经》的抄写年代为元代早期或早于元代。[⑤]

2.《中阿含经》

《中阿含经》与其他《阿含经》相比，因每部经篇幅适中，故名《中阿含经》。[⑥]

（1）出土于莫高窟北区第 54 窟（编号 B54：15）的回鹘文《中阿

---

① 阿依达尔·米尔卡马力：《中国国家图书馆藏一叶回鹘文〈增阿含经〉研究》，《敦煌研究》2020 年第 6 期。

② 张铁山：《回鹘文〈增壹阿含经〉残卷研究》，《民族语文》1997 年第 2 期；张铁山：《三叶回鹘文〈中阿含经〉残卷研究》，《民族语文》2000 年第 3 期；张铁山：《敦煌莫高窟北区 B159 窟出土回鹘文〈别译杂阿含经〉残卷研究》，《民族语文》2001 年第 6 期；张铁山：《敦煌莫高窟北区 B159 窟出土回鹘文〈别译杂阿含经〉残卷研究（二）》，《民族语文》2003 年第 1 期；张铁山：《敦煌莫高窟北区出土三件回鹘文佛经残片研究》，《民族语文》2003 年第 6 期；张铁山：《〈阿含经〉在回鹘人中的传译及其社会历史原因》，《西域研究》2003 年第 4 期。

③ 张铁山：《敦煌莫高窟北区出土三件回鹘文佛经残片研究》，《民族语文》2003 年第 6 期。

④ 庄垣内正弘『ロシア所蔵ウィゲル語文献の研究』、254-259 頁。

⑤ 张铁山：《〈阿含经〉在回鹘人中的传译及其社会历史原因》，《西域研究》2003 年第 4 期。

⑥ 任继愈主编《宗教词典》，上海辞书出版社，1981，第 190 页。

含经》残片。根据拉丁字母转写，筛选汉语借词[1]：

toyïn<Chin. 道人

（2）出土于莫高窟北区第 52 窟的回鹘文残片，编号 B52（甲）：18。根据张铁山教授刊布拉丁字母转写，筛选汉语借词[2]：

toyïn<Chin. 道人

bursang<Chin. 佛僧

回鹘文《中阿含经》文献抄写年代大多为元代。[3]

3.《杂阿含经》

与其他《阿含经》相比，每部经篇幅短小且"杂碎"，故称《杂阿含经》。[4]

（1）北京大学图书馆所藏敦煌本回鹘文《杂阿含经》残叶。该文献编号"北大附 C57"和"北大附 C57V"，根据其拉丁字母转写，筛选汉语借词[5]：

bursang<Chin. 佛僧

bušï<Chin. 布施

šrmir<Chin. 沙弥

（2）日本东京台东区书道博物馆藏《杂阿含经》。中村不折旧藏。根据庄垣内正弘拉丁字母转写，筛选汉语借词[6]：

toyïn<Chin. 道人

tsoy<Chin. 罪

baχšï<Chin. 法师

čaiši<Chin. 斋食

bušï<Chin. 布施

① 张铁山：《敦煌莫高窟北区出土三件回鹘文佛经残片研究》，《民族语文》2003 年第 6 期。
② 张铁山：《敦煌莫高窟北区出土回鹘文〈中阿含经〉残叶研究》，《中央民族大学学报》（人文社会科学版）2001 年第 4 期。
③ 张铁山：《〈阿含经〉在回鹘人中的传译及其社会历史原因》，《西域研究》2003 年第 4 期。
④ 任继愈主编《宗教词典》，第 409 页。
⑤ 张铁山：《北京大学图书馆藏敦煌本回鹘文〈杂阿含经〉残叶研究》，《中央民族学学报》（哲学社会科学版）2002 年第 4 期。
⑥ 庄垣内正弘『ロシア所蔵ウィゲル语文献の研究』、261–309 頁。

tïtsï<Chin. 弟子

čïn<Chin. 真

bursoŋ<Chin. 佛僧

张铁山教授认为回鹘文《杂阿含经》的抄写年代定为元代似为妥当。①

4.《增一阿含经》

东晋瞿昙僧伽提婆译，共五十一卷，收四百七十四种经。经文按法数顺序从一法增到十法、十一法，相次编纂，故称《增一阿含经》或《增壹阿含经》。②

（1）中国国家图书馆收藏回鹘文《增一阿含经》。根据张铁山教授刊布的回鹘文《增一阿含经》拉丁字母转写，筛选汉语借词③：

bursang<Chin. 佛僧

bušï<Chin. 布施

čïn<Chin. 真

tïtsï<Chin. 弟子

hu-a<Chin. 花

baxšï<Chin. 法师

（2）出土于敦煌莫高窟北区 B125 窟的回鹘文《增一阿含经》残卷。根据拉丁字母转写，筛选汉语借词④：

tïtsi<Chin. 弟子

qay<Chin. 街

luu<Chin. 龙

张铁山教授认为《增一阿含经》抄写年代可定在元代。⑤

---

① 张铁山：《〈阿含经〉在回鹘人中的传译及其社会历史原因》，《西域研究》2003 年第 4 期。
② 任继愈主编《宗教词典》，第 593 页。
③ 张铁山：《回鹘文〈增壹阿含经〉残卷研究》，《民族语文》1997 年第 2 期。
④ 张铁山：《莫高窟北区 B125 窟出土回鹘文〈增壹阿含经〉残卷研究》，《敦煌学辑刊》2005 年第 3 期。
⑤ 张铁山：《〈阿含经〉在回鹘人中的传译及其社会历史原因》，《西域研究》2003 年第 4 期。

5.《别译杂阿含经》

《别译杂阿含经》是由《杂阿含经》五十卷取其要者简缩为二十卷而成。[①]

莫高窟北区 B159 窟出土，张铁山教授先对 B159：3—1（背）回鹘文残叶进行研究，根据其拉丁字母转写，筛选汉语借词[②]：

toyïn<Chin. 道人

burxan<Chin. 佛

张铁山教授又对 B159：3-2（背）、B159：3-3（背）、B159：3-4（背）三叶进行研究，根据拉丁字母转写，筛选汉语借词[③]：

tsuy<Chin. 罪

张铁山教授认为《别译杂阿含经》抄写年代可定为宋元时期。[④]

6. 回鹘文《阿含经》汉语借词统计

baxšï<Chin. 法师

bursang<Chin. 佛僧

burxan<Chin. 佛

bušï<Chin. 布施

čaiši<Chin. 斋食

čïn<Chin. 真

hu-a<Chin. 花

lenχu-a<Chin. 莲花

luu<Chin. 龙

qay<Chin. 街

qunčuy<Chin. 公主

šrmir<Chin. 沙弥

① 丁福保编《佛学大辞典》，文物出版社，1984，第 617 页。
② 张铁山：《敦煌莫高窟北区 B159 窟出土回鹘文〈别译杂阿含经〉残卷研究》，《民族语文》2001 年第 6 期。
③ 张铁山：《敦煌莫高窟北区 B159 窟出土回鹘文〈别译杂阿含经〉残卷研究（二）》，《民族语文》2003 年第 1 期。
④ 张铁山：《〈阿含经〉在回鹘人中的传译及其社会历史原因》，《西域研究》2003 年第 4 期。

tïtsi<Chin. 弟子

toyïn<Chin. 道人

tsuy<Chin. 罪

第六节　回鹘文大乘佛教文献汉语借词筛查

一　回鹘文大乘经部文献汉语借词

大乘佛教精神是利益众生，将众生从苦难中解救出来。大乘佛经有
《般若经》类、《维摩诘经》类、《宝积经》类、《华严经》类、《法华经》
类、《大般涅槃经》类、《大乘阿毗达磨经》等。[①]

1. 回鹘文《华严经》汉语借词

《大方广佛华严经》简称《华严经》，其意为"用诸如花装饰之经"。

中国藏有回鹘文木刻本《八十华严经》残卷，在甘肃省博物馆与敦
煌研究院。回鹘文《八十华严经》译自汉文。耿世民先生曾研究回鹘文
《八十华严经》，根据其第一次拉丁字母转写，筛选汉语借词[②]：

bur<Chin. 佛

cir<Chin. 帙

cin<Chin. 真

toyin<Chin. 道人

耿世民先生曾刊布《甘肃省博物馆藏回鹘文〈八十华严〉残经研究
（二）》，根据其拉丁字母转写，筛选汉语借词[③]：

bur<Chin. 佛

linxualïy<Chin. 莲花

张铁山教授曾研究《华严经·光明觉品》写本残卷。根据其拉丁字

---

① 弘学编《佛学概论》（第三版），四川人民出版社，2012，第153~154页。
② 耿世民：《耿世民新疆文史论集》，中央民族大学出版社，2001，第450~461页。
③ 耿世民：《甘肃省博物馆藏回鹘文〈八十华严〉残经研究（二）》，《中央民族学院学报》
1986年第2期。

母转写①，筛选汉语借词：

linxu-a<Chin. 莲花

bur<Chin. 佛

阿依达尔·米尔卡马力教授曾研究回鹘文《华严经·毗卢遮那品》残叶，根据其拉丁字母转写，筛选汉语借词②：

cir<Chin. 帙

linχu-a<Chin. 莲花

bur<Chin. 佛

baχšï-sï<Chin. 法师

2. 回鹘文《大白莲社经》汉语借词

耿世民先生曾前后三次研究回鹘文《大白莲社经》残卷（共五叶），根据第一次其拉丁字母转写③，无汉语借词。

根据其第二次拉丁字母转写，筛选汉语借词④：

pukin<Chin. 普贤

chinzhu<Chin. 真如

bodi<Chin. 菩提

根据第三次其拉丁字母转写，筛选汉语借词⑤：

qan lu su<Chin. 甘露序

3. 回鹘文《妙法莲华经》汉语借词

《妙法莲华经》简称《法华经》），是印度大乘佛教的一部重要经典。回鹘文《妙法莲华经》系译自汉文本。

张铁山教授曾研究回鹘文《妙法莲华经·普门品》，根据其拉丁字

① 张铁山、〔德〕彼特·茨默：《两页回鹘文〈华严经·光明觉品〉写本残卷研究》，《民族语文》2012年第4期。
② 阿依达尔·米尔卡马力：《从敦煌出土回鹘文佛教文献看汉语对回鹘文佛典语言的影响》，博士学位论文，新疆大学，2007，第120~130页。
③ 耿世民：《回鹘文〈大白莲社经〉残卷（二叶）研究》，《民族语文》2003年第5期。
④ 耿世民：《回鹘文〈大白莲社经〉残卷（另二叶）研究》，《中央民族大学学报》2005年第1期。
⑤ 耿世民：《回鹘文〈大白莲社经〉一叶残卷研究》，《新疆师范大学学报》（哲学社会科学版）2007年第4期。

母转写，筛选汉语借词①：

quan ši im pusar<Chin. 观世音菩萨

tsun<Chin. 寸

buši<Chin. 布施

bur<Chin. 佛

tay sängün<Chin. 大将军

bïsamn<Chin. 毗沙门

toyïn<Chin. 道人

taluy<Chin. 大流

tsuy<Chin. 罪

张铁山教授曾研究吐鲁番柏孜克里克石窟出土回鹘文《妙法莲华经》残叶，根据其拉丁字母转写，筛选汉语借词②：

bu<Chin. 佛

toyïn<Chin. 道人

sa<Chin. 沙

4. 回鹘文《大乘无量寿经》无汉语借词

回鹘文本《大乘无量寿经》主要藏于德国柏林科学院吐鲁番文献中心。

张铁山教授研究刊布回鹘文《大乘无量寿经》残叶，根据其拉丁字母转写③，无汉语借词。

5. 回鹘文《维摩诘所说经》汉语借词

《维摩诘所说经》是重要的大乘佛教典籍之一。《维摩诘所说经》之"维摩"有"净名"或"无垢"之义，故又名《净名经》。

德国柏林科学院吐鲁番文献中心藏回鹘文《维摩诘所说经》残叶，德国彼特·茨默曾对之有过研究。

---

① 张铁山：《回鹘文〈妙法莲华经·普门品〉校勘与研究》，《喀什师范学院学报》1990年第3期。

② 张铁山：《吐鲁番柏孜克里克出土回鹘文〈妙法莲花经〉残叶研究》，《首届中国少数民族古籍文献国际学术研讨会论文集》，民族出版社，2012，第356~363页。

③ 张铁山：《敦煌出土回鹘文〈大乘无量寿经〉残叶研究》，《民族语文》2005年第5期。

张铁山教授曾研究两叶回鹘文《维摩诘所说经》，根据其拉丁字母转写，筛选汉语借词[①]：

bur<Chin. 佛

linhua<Chin. 莲花

6. 回鹘文《大般涅槃经》汉语借词

《大般涅槃经》简称《涅槃经》。伊斯拉菲尔·玉素甫认为回鹘文本《大般涅槃经》很可能译自昙无忏所译本，或为抄录本。根据伊斯拉菲尔·玉素甫的拉丁字母转写，筛选汉语借词[②]：

tavɣač<Chin. 桃花石

tayšing<Chin. 大乘

sivšing<Chin. 小乘

luu<Chin. 龙

7. 回鹘文《文殊师利所说不思议佛境界经》汉语借词

回鹘文《文殊师利所说不思议佛境界经》底本是汉文本，回鹘文译者为 čïsang tutung。

张铁山教授曾研究莫高窟所出编号 B140：5《文殊师利所说不思议佛境界经》残片，根据拉丁字母转写，筛选汉语借词[③]：

lükčüng<Chin.（三）柳城

tutung<Chin. 都统

二 回鹘文大乘论藏文献汉语借词

耿世民先生曾列举回鹘文论藏文献，如《成唯识三十论注》《金花抄》《俱舍论》《入菩提行疏》《俱舍论实义疏》《俱舍论本颂》《妙法莲华经玄赞》《入阿毗达磨论注》《缘起论》等。[④] 牛汝极教授在其著作中

① 张铁山：《两叶回鹘文〈维摩诘所说经〉译注——兼谈回鹘文佛经的翻译方式》，《新疆大学学报》（哲学·人文社会科学版）2012 年第 6 期。

② 伊斯拉菲尔·玉素甫：《回鹘文文献二种》，《中国民族古文字研究》（第四辑），天津古籍出版社，1994，第 110~119 页。

③ 张铁山：《莫高窟北区出土三件珍贵的回鹘文佛经残片研究》，《敦煌研究》2004 年第 1 期。

④ 耿世民：《维吾尔古代文献研究》，第 71~73 页。

列举了 10 部论藏文献。①

1. 回鹘文《妙法莲华经玄赞》汉语借词

《妙法莲华经玄赞》又称《法华玄赞》，玄奘法师弟子窥基撰述的一部阐说《妙法莲华经》教义的专著。目前所知有 35 件回鹘文《妙法莲华经玄赞》残件。②

其中藏于法国吉美博物馆的，编号为 Manuscrit OuïgeurNo.63322，共 7 叶（分编为 A、B、C、D、E、F、G）。牛汝极研究了该写本，根据其拉丁字母转写，筛选汉语借词③：

čïn<Chin. 真

burxan<Chin. 佛

toyïn<Chin. 道人

šuu king<Chin. 疏经（经疏）

2. 回鹘文《阿毗达磨俱舍论》汉语借词

《阿毗达磨俱舍论》（简称《俱舍论》）系世亲菩萨所造。其内容基本反映了迦湿弥罗之有部关于世界观、人生观及修行等的观点。回鹘文《阿毗达磨俱舍论》收藏地主要有四处，即瑞典首都斯德哥尔摩民族学博物馆（16 叶）、日本京都有邻馆（1 叶）、甘肃博物馆（1 叶）、中国国家图书馆（1 叶）。

耿世民教授曾研究回鹘文《阿毗达磨俱舍论》残卷，根据其拉丁字母转写，筛选汉语借词④：

baγsï<Chin. 博士

张铁山与王梅堂曾研究中国国家图书馆藏回鹘文《阿毗达磨俱舍论》残卷，根据其拉丁字母转写，筛选汉语借词⑤：

---

① 牛汝极：《回鹘佛教文献——佛典总论及巴黎所藏敦煌回鹘文佛教文献》，第 142~158 页。

② 牛汝极：《回鹘佛教文献——佛典总论及巴黎所藏敦煌回鹘文佛教文献》，第 152~155 页。

③ 牛汝极：《回鹘佛教文献——佛典总论及巴黎所藏敦煌回鹘文佛教文献》，第 340~348 页。

④ 耿世民：《回鹘文〈阿毗达磨俱舍论〉残卷研究》，《中央民族学院学报》1987 年第 4 期。

⑤ 张铁山、王梅堂：《北京图书馆藏回鹘文〈阿毗达磨俱舍论〉残卷研究》，《民族语文》1994 年第 2 期。

toyïn<Chin. 道人

täng<Chin. 等

baγsï<Chin. 博士

čïn<Chin. 真

3. 回鹘文《阿毗达磨俱舍论实义疏》汉语借词

安慧所作《阿毗达磨俱舍论实义疏》是对《阿毗达磨俱舍论》的注释。回鹘文《阿毗达磨俱舍论实义疏》是由无念（Asmrta）译自汉文的。

根据庄垣内正弘的拉丁字母转写，筛选汉语借词[①]：

čaγtsï<Chin. 册子（4）

čïn<Chin. 真（913）

čo a γam<Chin. 长阿含（2237）

čung<Chin. 鐘（B1324）

küün<Chin. 卷（3）

lenxua<Chin. 莲花（520）

luγ-li-qab-šeg<Chin. 六离合释（4353）

luu<Chin. 龙（3336）

pun<Chin. 本（3039）

sab-a-γam<Chin. 杂阿含（2252）

sïčï<Chin. 四至（2563）

se lu<Chin. 静虑（2455）

ši-i<Chin. 湿衣（2806）

tïngsim<Chin. 灯心（B1541）

tïtsï<Chin. 弟子（385）

tai lig du<Chin. 大力奴（K433）

ti<Chin. 地（1722）

toyïn<Chin. 道人（2486）

---

① 庄垣内正弘『ウイグル文 アビグルマ論書の文献学的研究』（*Uighur Abhidharma Texts: A Philological Study by Masahiro SōHGAITO*）、中西印刷株式会社出版社（松香堂）、2008、467~745 頁。

tsopïn<Chin. 造本（藏本？ 8）

uu dem<Chin. 无念（8）

var-čün-še<Chin. 八转声（4354）

vi<Chin. 为（3036）

xua<Chin. 花（1161）

yïɣ<Chin. 域（B1404）

žimpa<Chin. 赁婆（H35R20）

据学者研究，从回鹘文题记看，抄写时代应是元末。[1]

4. 回鹘文《俱舍论颂疏》汉语借词

张铁山教授曾研究大英博物馆藏 Or.8212–108 回鹘文《俱舍论颂疏》残叶，根据其拉丁字母转写[2]，《俱舍论颂疏》出现大量汉字，但无汉语借词。

张铁山教授曾研究北京大学图书馆藏两叶敦煌本回鹘文残片（北大 D012V），根据其拉丁字母转写，筛选汉语借词[3]：

bursang<Chin. 佛僧

burqan<Chin. 佛

三　本节汉语借词统计

baɣsï/baχšï-sï<Chin. 博士 / 法师

bïsamn<Chin. 毗沙门

bodi<Chin. 菩提

bur<Chin. 佛

bursang<Chin. 佛僧

burqan/burxan<Chin. 佛

bušï<Chin. 布施

① 萨仁高娃、杨富学：《敦煌本回鹘文〈阿毗达磨俱舍论实义疏〉研究》，《敦煌研究》2010 年第 1 期。

② 张铁山：《从回鹘文〈俱舍论颂疏〉残叶看汉语对回鹘语的影响》，《西北民族研究》1996 年第 2 期。

③ 张铁山：《北京大学图书馆藏两叶敦煌本回鹘文残片研究》，《西北民族研究》2001 年第 3 期。

čaɣtsï<Chin. 册子

chinzhu<Chin. 真如

cin<Chin. 真

cir<Chin. 帙

čo a ɣam<Chin. 长阿含

čung<Chin. 鐘

küün<Chin. 卷

lükčüng<Chin.（三）柳城

linhua<Chin. 莲花

luɣ-li-qab-šeg<Chin. 六离合释

luu<Chin. 龙

pukin<Chin. 普贤

pun<Chin. 本

qan lu su<Chin. 甘露序

quan šï im pusar<Chin. 观世音菩萨

sa<Chin. 沙

sab-a-ɣam<Chin. 杂阿含

se lu<Chin. 静虑

sïčï<Chin. 四至

ši-i<Chin. 湿衣

sivšing<Chin. 小乘

šuu king<Chin. 疏经（经疏）

tai lig du<Chin. 大力奴

taluɣ<Chin. 大流

täng<Chin. 等

tavɣač<Chin. 桃花石

tay sängün<Chin. 大将军

tayšing<Chin. 大乘

ti<Chin. 地

tïngsim<Chin. 灯心

tïtsï<Chin. 弟子

toyïn<Chin. 道人

tsopïn<Chin. 造本（藏本？）

tsun<Chin. 寸

tsuy<Chin. 罪

tutung<Chin. 都统

uu dem<Chin. 无念

var-čün-še<Chin. 八转声

vi<Chin. 为

xua<Chin. 花

yïɣ<Chin. 域

žimpa<Chin. 赁婆

第七节　回鹘文密教文献与疑伪经汉语借词

一　回鹘文密教文献汉语借词

元代，回鹘佛教一些佛经译自藏文。牛汝极教授在其论著中列举的一些回鹘文文献属于藏传密教文献。[①]下面选取回鹘文密教文献《吉祥轮律曼陀罗》《圣救度佛母二十一种礼赞经》《文殊所说最圣名义经》《观世音本尊修法》等文献作汉语借词研究。

1. 回鹘文《吉祥轮律曼陀罗》汉语借词

回鹘文《吉祥轮律曼陀罗》是由元朝八思巴弟子本雅失里译自藏文，该文献又译《转轮王曼陀罗》等名。

回鹘文《吉祥轮律曼陀罗》是 20 世纪初德国吐鲁番考察队第一次探险时（1902~1903 年）所得，现藏于德国国家图书馆（收藏号 U557）。

青年学者王红梅曾研究回鹘文《吉祥轮律曼陀罗》（前 10 页），根

---

① 牛汝极：《回鹘佛教文献——佛典总论及巴黎所藏敦煌回鹘文佛教文献》，第 112~141 页。

据其拉丁字母转写，筛选汉语借词[①]：

baxšĭ<Chin. 法师（上师）

burxan<Chin. 佛

之后，王红梅又研究了该文献第 20~30 页。根据其拉丁字母转写，筛选汉语借词[②]：

usik<Chin. 字

taluy<Chin. 大流

čang<Chin. 钟

baxšĭ<Chin. 法师（上师）

tipsi<Chin. 碟子

tĭtsĭ<Chin. 弟子

burxan<Chin. 佛

bušĭ<Chin. 布施

xu-a<Chin. 花

王红梅与杨富学又刊发《回鹘文〈吉祥轮律曼陀罗〉所见十六金刚天女研究》一文[③]，根据其拉丁字母转写，筛选汉语借词：

biba<Chin. 琵琶

lixu-a<Chin. 莲花

bilir<Chin. 筚篥

čang<Chin. 钟

2. 回鹘文《圣救度佛母二十一种礼赞经》汉语借词

回鹘文《圣救度佛母二十一种礼赞经》译自藏文，译者可能是安藏。该文献残卷系德国吐鲁番考察队所得，收藏于德国柏林科学院吐鲁番文献中心。

耿世民教授曾研究回鹘文《圣救度佛母二十一种礼赞经》残卷，根

---

① 王红梅、杨富学：《回鹘文〈吉祥轮律曼陀罗〉前十页译释》，《西北民族研究》2003 年第 4 期。

② 王红梅：《回鹘藏传密宗文献〈转轮王曼陀罗〉第二十至三十页译释》，《敦煌学辑刊》2000 年第 1 期。

③ 王红梅、杨富学：《回鹘文〈吉祥轮律曼陀罗〉所见十六金刚天女研究》，《敦煌研究》2005 年第 2 期。

据其拉丁字母转写，筛选汉语借词①：

užik<Chin. 字

德国学者彼特·茨默对回鹘文《圣救度佛母二十一种礼赞经》做了进一步研究，根据其拉丁字母转写，筛选汉语借词②：

užik<Chin. 字

burhan<Chin. 佛

3. 回鹘文《文殊所说最圣名义经》汉语借词

回鹘文本《文殊所说最圣名义经》是元朝的迦鲁纳答思所译。该回鹘文本现存于德国柏林。卡拉（G.Kara）和彼特·茨默曾刊布研究其中的 35 件文献。根据杨富学的拉丁字母转写，筛选汉语借词③：

sidu<Chin. 司徒

taydu<Chin. 大都

šim<Chin. 壬

šipqan<Chin. 十干

4. 回鹘文《观世音本尊修法》汉语借词

回鹘文《观世音本尊修法》残卷系德国吐鲁番考察队第三次探险时所发现，现藏于德国国家图书馆。据回鹘文《观世音本尊修法》题跋可知，元代本雅失里依据藏文本而译。

王红梅曾研究《观世音本尊修法》，根据其拉丁字母转写，筛选汉语借词④：

bing<Chin. 丙

šipqan<Chin. 十干

kui<Chin. 癸

pukingsï<Chin. 普庆寺

---

① 耿世民：《回鹘文〈圣救度佛母二十一种礼赞经〉残卷研究》，《民族语文》1990 年第 3 期。
② 〔德〕彼特·茨默：《回鹘文刻本〈圣救度佛母二十一种礼赞经〉进一步研究》，李雪译，《民族古籍研究》（第一辑），中国社会科学出版社，2012，第 31~33 页。
③ 杨富学：《回鹘之佛教》，新疆人民出版社，1998，第 125~127 页。
④ 王红梅：《元代回鹘文刻本文献断代考论——以藏密经典〈观世音本尊修法〉为例》，《社会科学论坛》2013 年第 6 期。

二　回鹘文佛教疑伪经汉语借词

一些回鹘佛教文献被学界定为疑伪文献。牛汝极曾列举汉文疑伪佛经文献，即《阿弥陀经》《梁朝傅大士颂金刚经》《佛说天地八阳神咒经》《佛说北斗七星延命经》《佛顶心大陀罗尼》《十王生七经》等。[①] 下面选取这些回鹘文疑伪佛经文献作汉语借词研究。

1. 回鹘文《阿弥陀经》汉语借词

回鹘文《阿弥陀经》残片（编号 B53：18）应出自回鹘文佛经 Abitake，其译为《阿弥陀经》。耿世民教授认为，带有回鹘文标题的 Abitake 文献应属于《大白莲社经》。[②]

阿不都热西提·亚库甫曾发文研究汉文疑伪经《阿弥陀经》，根据其拉丁字母转写，筛选汉语借词[③]：

paklenšike<Chin. 白莲社经

burhan<Chin. 佛

2. 回鹘文《梁朝傅大士颂金刚经》汉语借词

《金刚经》在汉地流传甚广，西域回鹘人中间也广泛流传《金刚经》。《梁朝傅大士颂金刚经》是一种伪经。

张铁山曾研究出土于敦煌莫高窟北区的回鹘文《梁朝傅大士颂金刚经》残叶，根据其拉丁字母转写，筛选汉语借词[④]：

lovudi<Chin. 梁武帝

vu tayšï<Chin. 傅大士

kimqoki<Chin. 金刚经

阿依达尔·米尔卡马力也曾研究该文献残叶，根据其拉丁字母转写，筛选汉语借词[⑤]：

---

① 牛汝极：《回鹘佛教文献——佛典总论及巴黎所藏敦煌回鹘文佛教文献》，第 159~189 页。

② 耿世民：《回鹘文〈大白莲社经〉一叶残卷研究（4）》，《语言与翻译》2007 年第 4 期。

③ 阿不都热西提·亚库甫：《敦煌北区石窟出土回鹘文佛教文献概述》，彭金章主编《敦煌莫高窟北区石窟研究》，甘肃教育出版社，2011，第 490~492 页。

④ 张铁山：《莫高窟北区出土三件珍贵的回鹘文佛经残片研究》，《敦煌研究》2004 年第 1 期。

⑤ 阿依达尔·米尔卡马力：《敦煌莫高窟北区石窟出土回鹘文〈梁朝傅大士颂金刚经〉残叶研究》，《新疆大学学报》（哲学社会科学版）2006 年第 3 期。

ki-čio<Chin. 荆州

kimqoki<Chin. 金刚经

王菲曾研究回鹘文《梁朝傅大士颂金刚经》，根据其拉丁字母转写，筛选汉语借词[①]：

čiqoŋ<Chin. 志公

šinši<Chin. 信士

qay/qai<Chin. 街

košoo<Chin. 鱼商

lovudi<Chin. 梁武帝

tavɣač<Chin. 桃花石

vu tayši <Chin. 傅大士

kimqoki<Chin. 金刚经

ki-čio<Chin. 荆州

3. 回鹘文《佛说天地八阳神咒经》汉语借词

回鹘文《佛说天地八阳神咒经》简称《八阳经》，是目前所知回鹘文佛经残卷中体量最大的一部经典。回鹘文《佛说天地八阳神咒经》尚无一种完整的本子。冯家昇先生曾研究《佛说天地八阳神咒经》，根据其拉丁字母转写，筛选汉语借词[②]：

bud<Chin. 佛

sang<Chin. 僧

其中的天文学借词，第十章再详细列举。

4. 回鹘文《佛说北斗七星延命经》汉语借词

《佛说北斗七星延命经》简称《七星经》，回鹘文 Tängri tängrisi burxan yrlïqamïš yitikän üzä öz yaš uzun qïlmaq atlïq sudur nom bitig。元代畏兀儿佛教徒认为念诵《佛说北斗七星延命经》可获得北斗星君庇护，可获得消灾转运、延命致福的福德，因此大量抄写并刻印《七星经》。

---

① 王菲：《回鹘文〈梁朝傅大士颂金刚经〉的版本及翻译特色》，《西南民族大学学报》（人文社科版）2010 年第 4 期。

② 冯家昇：《刻本回鹘文〈佛说天地八阳神咒经〉研究——兼论回鹘人对于〈大藏经〉的贡献》，《考古学报》1955 年第 1 期；《冯家昇论著辑粹》，第 433~444 页。

汉文伪经《佛说北斗七星延命经》曾被译成回鹘文、蒙古文、藏文等文字。[①] 回鹘文《七星经》译本是由阿邻铁木儿（Alïn tämür）翻译的。

王红梅曾研究回鹘文《佛说北斗七星延命经》，根据其文拉丁字母转写，筛选语借词[②]：

kui<Chin. 癸

šipqan<Chin. 十干

xung tay xiui<Chin. 皇太后

xung xiui<Chin. 皇后

杨富学与邓浩曾发表《吐鲁番出土回鹘文〈七星经〉回向文研究——兼论回鹘佛教之功德思想》，根据其拉丁字母转写，筛选语借词[③]：

toyïn<Chin. 道人

kui<Chin. 癸

šipqan<Chin. 十干

李盖提与冯·加班认为回鹘文《佛说北斗七星延命经》翻译时间是1373年，彼特·茨默则认为其翻译时间是1313年。

5. 回鹘文《佛顶心大陀罗尼》汉语借词

德国柏林收藏回鹘文《佛顶心大陀罗尼》残片多件，学者卡拉和彼特·茨默曾研究发表论文。

敦煌北区石窟曾出土3件回鹘文《佛顶心大陀罗尼》残片。阿不都热西提·亚库甫曾加以研究，根据其拉丁字母转写，筛选语借词[④]：

kon-ši-im<Chin. 观世音

küen<Chin. 卷

---

① 〔日〕松川节：《蒙古语译〈佛说北斗七星延命经〉中残存的回鹘语要素》，杨富学译，《回鹘学译文集》，第304~316页。

② 王红梅：《元代畏兀儿倍斗信仰探析——以回鹘文〈佛说北斗七星延命经〉为例》，《民族论坛》2013年第5期。

③ 杨富学、邓浩：《吐鲁番出土回鹘文〈七星经〉回向文研究——兼论回鹘佛教之功德思想》，《敦煌研究》1997年第1期。

④ 阿不都热西提·亚库甫：《敦煌北区石窟出土〈佛顶心大陀罗尼〉回鹘文文献的综合研究》，杨富学译，《回鹘学译文集》，第454~458页。

ka ču<Chin. 怀州

yung<Chin. 用

6. 回鹘文《十王生七经》汉语借词

《十王生七经》又称《佛说十王经》。《十王生七经》讲述阎罗王受记成佛及十王七斋预修功德等内容。汉文《十王生七经》主要用于十种度亡仪式中。

柏林印度艺术博物馆藏有回鹘文《十王生七经》残片 35 件，日本天理大学天理图书馆藏有 40 余件。日本学者百济康义（Kudara,Kogi）认为回鹘文《十王生七经》文献抄写年代应为 13~14 世纪。

回鹘文《十王生七经》多为残片。现在很难得知回鹘文的具体写法，如一殿秦广王、六殿卞城王和七殿泰山王，五殿阎罗王译自梵语，八殿平正王是意译，其他五殿均采用汉语对音。根据杨富学拉丁字母转写，筛选语借词[1]：

čo qong wang<Chin. 初江王（二殿）

tsung ti wang<Chin. 宋帝王（三殿）

qo qan wang<Chin. 五官王（四殿）

tu ši wang<Chin. 都市王（九殿）

[ ]luin wang<Chin. 转轮王（十殿）

三　本节汉语借语统计

[ ]luin wang<Chin. 转轮王（十殿）

baxši<Chin. 法师（上师）

biba<Chin. 琵琶

bilir<Chin. 筚篥

bing<Chin. 丙

bud<Chin. 佛

burhan<Chin. 佛

buši<Chin. 布施

---

[1]　杨富学：《回鹘文献与回鹘文化》，第 385~386 页。

čang<Chin. 钟

čiqoŋ<Chin. 志公

čo qong wang<Chin. 初江王（二殿）

ka ču<Chin. 怀州

ki-čio<Chin. 荆州

kimqoki<Chin. 金刚经

kon-ši-im<Chin. 观世音

košoo<Chin. 鱼商

küen<Chin. 卷

kui<Chin. 癸

lixu-a<Chin. 莲花

lovudi<Chin. 梁武帝

paklenšike<Chin. 白莲社经

pukingsï<Chin. 普庆寺

qay/qai<Chin. 街

qo qan wang<Chin. 五官王（四殿）

sang<Chin. 僧

sidu<Chin. 司徒

šim<Chin. 壬

šïnšï<Chin. 信士

šipqan<Chin. 十干

taluy<Chin. 大流（海）

tavɣač<Chin. 桃花石

taydu<Chin. 大都

tipsi<Chin. 碟子

tïtsï<Chin. 弟子

toyïn<Chin. 道人

tsung ti wang<Chin. 宋帝王（三殿）

tu ši wang<Chin. 都市王（九殿）

užik<Chin. 字

vu tayšï <Chin. 傅大士

xu-a<Chin. 花

xung tay xiui<Chin. 皇太后

xung xiui<Chin. 皇后

yung<Chin. 用

第五章 回鹘文摩尼教文献汉语借词

第一节 回鹘文摩尼教文献概况

摩尼教经典曾由叙利亚文先后译为拉丁文、希腊文、回鹘文、阿拉伯文等十余种文字。[①] 吐鲁番出土摩尼教文献，主要是用回鹘语和中古波斯语写成的，所用文字主要是回鹘文和福音体摩尼文。除吐鲁番，敦煌也有一定数量的摩尼教文献出土，分别用汉文、回鹘文和摩尼文书写。这些文献大多已由斯坦因、伯希和携至伦敦和巴黎等地，仅有少数藏于中国国家图书馆等。[②]

回鹘文摩尼教文献主要有《摩尼教徒忏悔词》、《二宗经》(ïki Yiltïz Nom) 残片、《摩尼教大赞美诗》、摩尼教徒忏悔文书、摩尼教历史文书、《牟羽可汗入教记》及施主题跋等。这些文献有的是用回鹘文书写的，也有的是用古突厥鲁尼文书写的。回鹘文摩尼教文献内容非常丰富，极大地充实了古代回鹘摩尼教的文化内涵。[③]

国内外学者曾研究回鹘文摩尼教文献。中国学者主要有耿世民[④]、

---

① 林悟殊：《本世纪来摩尼教资料的新发现及其研究概况》，《世界宗教文化》1984 年第 1 期。
② 杨富学：《回鹘摩尼教研究》，中国社会科学出版社，2016，第 4 页。
③ L.V.Clark, The Turkic Manichaean Literature, P. Mirecki-J. Beduhn (eds.), *Emerging from Darkness. Studies in the Recovery of Manichaean Sources*, Leiden-NewYork-Köln, 1997, pp.89-141；Hans-J.Klimkeit, *The Significance of the Manichaean Texts in Turkish*,《耿世民先生 70 寿辰纪念文集》，民族出版社，1999，第 225~245 页；杨富学：《回鹘摩尼教研究》，第 4 页；〔德〕克林凯特：《突厥语摩尼教写本的重要性》，杨富学、樊丽沙译，《回鹘学译文集》，第 137~154 页。
④ 耿世民：《回鹘文摩尼教寺院文书初释》，《考古学报》1978 年第 4 期。

李经纬[①]、芮传明[②]、林悟殊[③]、荣新江[④]、牛汝极[⑤]、阿不都热西提·亚库甫[⑥]、晁华山[⑦]、杨富学[⑧]、王菲[⑨]等。国外学者主要有：缪勒、勒柯克（A.von Le Coq）、威里·邦格、冯·加班、彼特·茨默、拉德洛夫、马洛夫、阿斯姆森（J.P.Asmussen）、哈密顿、克林凯特（Hans-J. Klimkeit）、克拉克（L.V.Clark）、森安孝夫等。

第二节　回鹘语摩尼教文献汉语借词采集

一　回鹘语《摩尼教徒忏悔词》汉语借词

据李经纬研究，《摩尼教徒忏悔词》（*Hustuanft*）可能先是用古波斯语编写的，后来译为回鹘语。回鹘语译本现有三个抄本，分藏于柏林、伦敦和圣彼得堡的博物馆。[⑩]

1907 年，英国探险家斯坦因于敦煌藏经洞发现《摩尼教徒忏悔词》，现藏于英国国家图书馆（编号 Or.8212-178），称伦敦抄本，共有

① 李经纬：《古代维吾尔文献〈摩尼教徒忏悔词〉译释》，《世界宗教研究》1982 年第 3 期；桂林：《回鹘摩尼教研究》，博士学位论文，兰州大学，2006，第 68 页。

② 芮传明：《摩尼教突厥语〈忏悔词〉新译和简释》，《史林》2009 年第 6 期。

③ 林悟殊：《从考古发现看摩尼教在高昌回鹘的封建化》，《西北史地》1984 年第 4 期；林悟殊：《摩尼教及其东渐》（增订本），中华书局，1987。

④ 荣新江：《摩尼教在高昌初传》，新疆吐鲁番地区文物局编《吐鲁番新出土摩尼教文献研究》，文物出版社，2000。

⑤ 牛汝极：《回鹘文〈牟羽可汗入教记〉残片释记》，《语言与翻译》1987 年第 2 期；牛汝极、杨富学：《五件回鹘文摩尼教文献考释》，《新疆大学学报》（哲学社会科学版）1993 年第 4 期。

⑥ 阿不都热西提·亚库甫：《古代维吾尔语赞美诗和描写性韵文的语文学研究》，上海古籍出版社，2015，第 65~180 页。

⑦ 晁华山：《火焰山下无名的摩尼古寺》，《文物天地》1992 年第 5 期；晁华山：《初寻高昌摩尼教寺的踪迹》，《考古与文物》，1993 年第 1 期；晁华山：《寻觅湮灭千年的东方摩尼寺》，《中国文化》1993 年第 8 期。

⑧ 杨富学：《回鹘摩尼教研究》，中国社会科学出版社，2016。

⑨ 王菲：《四件回鹘文摩尼教祈愿文书译释》，《西北民族研究》1999 年第 2 期；王菲：《〈回鹘文摩尼教寺院文书〉再考释》，余太山主编《欧亚学刊》（第 2 辑）。

⑩ 李经纬：《古代维吾尔文献〈摩尼教徒忏悔词〉译释》，《世界宗教研究》1982 年第 3 期。

338行，用摩尼文回鹘语写成。1911年，勒柯克刊布于世。[1] 1907年，于吐鲁番发现并被格留威德尔携往德国的，称为柏林抄本，超过20件，有的用回鹘文书写，也有的用摩尼文书写。1911年，勒柯克曾发表研究。[2] 1908年，俄国探险家迪亚科夫（A.A.D'yakov）于吐鲁番阿斯塔那发现的文本，称为列宁格勒抄本，现存于俄罗斯科学院东方学研究所圣彼得堡分所，写本存160行，用回鹘文写成，该文献曾由拉德洛夫刊布。[3] 威里·邦格[4]和谢德尔（H.H.Schaeder.）[5]也对该文献进行了研究。丹麦学者阿斯姆森发表了《摩尼教徒忏悔词：摩尼教研究》[6]。

1.《古代维吾尔文献〈摩尼教徒忏悔词〉译释》刊布的汉语借词

根据李经纬《古代维吾尔文献〈摩尼教徒忏悔词〉译释》拉丁字母转写，筛选汉语借词[7]：

sui<Chin. 罪 1/9

busï<Chin. 布施 1/124

2. 彼特·茨默转写的《摩尼教徒忏悔词》汉语借词

根据彼特·茨默《摩尼文字书写的回鹘语文献》里的 *Xvāstvānīft*（《摩尼教徒忏悔词》）拉丁字母转写，筛选汉语借词[8]：

qanpo<Chin. 官布　739

---

① A.Von Le Coq, Dr Stein's Turkicsh Khuastuanift from Tun-huang, Being a Confession-Prayer of the Manichaean Auditores, *Journal of the Royal Asiatic Society* , 1911，pp.277-314.

② A.von Le Coq, *Chuastuanift, ein Sündenbekenntnis derMmanichäischen Auditores. Gefunden in Turfan (Chineischen Turkistan), APAW*, Berlin, 1911, p.4.

③ W.Radloff, *Chuastuanift, Das Bussgebet der Manichäer*, Sankt Petersburg, 1909, 6, p.51；W.Radloff, Nachträge zum chuastuanift. (cémhuastuanvt), dem Bussgebete der Manichäer(Hörer), *Bulletin de l' Académie Impériale des sciences de St.-Pérsbourg*, 1911, S.867-896.

④ W.Bang, Maniche Laien-Beichtspiegel, *Le Museon* 35, 1923, S.137-242.

⑤ H.H.Schaeder, Der Manichäismus nach neuen Funden Forschungen, *Morgenland 28*, Lepzig, 1936, S.80-109.

⑥ J.P.Asmussen, *Xuāstvānīft-Stidies in Manichaeism(Acta Theol.Danica.7)*, Kopenhagen, 1965.

⑦ 李经纬：《古代维吾尔文献〈摩尼教徒忏悔词〉译释》,《世界宗教研究》1982年第3期。

⑧ P.Zieme, *Manichäisch-türkische texte*, Berliner Turfan Texte V, Berlin, 1975, S. 2-30.

二　回鹘语摩尼教赞美诗汉语借词收集

1. 回鹘语《摩尼教大赞美诗》汉语借词

回鹘语《摩尼教大赞美诗》简称《摩尼大赞》，是一本用摩尼文书写的贝叶书的一部分。1906 年 11 月，德国吐鲁番考察队第三次探险时在木头沟（Muruq）所获。回鹘语《摩尼大赞》原书多达 50 叶，但现在残叶仅存 38 叶。该文献完整的尺寸一般长 21.5 厘米，宽 6 厘米，除了有细密画的一叶和 MIK Ⅲ189 编号的残片藏于柏林亚洲博物馆，其余残叶藏于德国柏林科学院吐鲁番文献中心。《摩尼大赞》是目前为止发现的篇幅最长的回鹘语摩尼教文献之一[①]。根据《摩尼大赞》拉丁字母转写，筛选筛选汉语借词[②]：

bahšɪ<Chin. 博士（法师）169

2. 回鹘语《公正梅禄》无汉语借词

德国吐鲁番考察队第二次探险时在高昌故城 K 遗址发现回鹘文献《公正梅禄》，其编号为 U34（TⅡ178D），现藏柏林科学院吐鲁番文献中心。该文献是用摩尼文书写的摩尼教诗歌残片。回鹘文献《公正梅禄》残片是两面书写的，正面与反面各书写 12 行摩尼文，纸张规格长 14.1 厘米，宽 13.9 厘米。

根据《公正梅禄》拉丁字母转写[③]，无汉语借词。

3.《胡威达曼》回鹘语残片汉语借词

《胡威达曼》是摩尼教流传最为广泛的赞美诗之一。《胡威达曼》残片，编号为 U71（TM278/TI），最初由勒柯克研究刊布。

根据《胡威达曼》（TM278/TI）拉丁字母转写，筛选汉语借词[④]：

bušin<Chin. 布施 17（195）

[①] 阿不都热西提·亚库甫：《古代维吾尔语赞美诗和描写性韵文的语文学研究》，第 97 页。

[②] 阿不都热西提·亚库甫：《古代维吾尔语赞美诗和描写性韵文的语文学研究》，第 109~151 页。

[③] 阿不都热西提·亚库甫：《古代维吾尔语赞美诗和描写性韵文的语文学研究》，第 85~91 页。

[④] 阿不都热西提·亚库甫：《古代维吾尔语赞美诗和描写性韵文的语文学研究》，第 162~176 页。

4.《对四神的祈求》无汉语借词

勒柯克最早对《对四神的祈求》这一赞诗进行转写、刊布。之后，威里·邦格、冯·加班、热合马提、克林凯特、彦斯·威尔金斯等学者对该文献做过研究。

根据阿不都热西提·亚库甫研究《对四神的祈求》所作拉丁字母转写[①]，无汉语借词。

三　回鹘文摩尼教皈依和传说故事汉语借词筛查

1. 回鹘文《牟羽可汗入教记》残卷汉语借词

回鹘文《牟羽可汗入教记》残卷是德国吐鲁番考察队第一次探险时于新疆吐鲁番高昌故城发现的。回鹘文《牟羽可汗入教记》残卷2叶，编号 U73（TM 276a）和 U72（TM 276b），现藏于柏林德国国家图书馆，残卷存文字96行。

回鹘文《牟羽可汗入教记》记述了牟羽可汗皈依摩尼教之事。最早对回鹘文《牟羽可汗入教记》研究的是德国学者威里·邦格与冯·加班[②]。后来，土耳其学者恰合台（S.Çagatay）曾将该文献转录于自己著作当中。[③]此外，研究该文献的国外学者还有阿斯姆森[④]、克林凯特[⑤]和克拉克等[⑥]，中国学者主要有杨富学[⑦]、牛汝极[⑧]等。

根据杨富学所作拉丁字母转写，筛选汉语借词[⑨]：

tawɣač(ï)<Chin. 桃花石 3/13

① 阿不都热西提·亚库甫:《古代维吾尔语赞美诗和描写性韵文的语文学研究》，第71~73页。

② W.Bang & A.von Gabain, *Türkische Turfan Texte II*, 1929, P.411.

③ Saadet S. Çagatay, *Türk Lehçeleri Örnekleri I*, Ankara,1950,S.11-15.

④ J.P.Asmussen, *Xuāstvānīft-Stidies in Manichaeism (Acta Theol.Danica.7)*, Kopenhagen, 1965, pp.147-148.

⑤ H.J.Klimkeit, *Gnosis on the Silk Road .Gnosis Texts from Central Asia*, San Francisco, 1993, pp.364-368.

⑥ L.V.Clark, *The Conversion of Bügü Khan to Manichaeism, Studia Manichaica. IV, Internationaler Kongreß zum Manichäismus*, Berlin 14.-18.Juli 1997, Berlin, 2000, pp.84, 90, 99, 101-106.

⑦ 杨富学、牛汝极:《牟羽可汗与摩尼教》，《敦煌学辑刊》1987年第2期。

⑧ 牛汝极:《回鹘文〈牟羽可汗入教记〉残片译释》，《语言与翻译》1987年第2期。

⑨ 杨富学:《回鹘文〈牟羽可汗入教记〉残卷译释》，《回鹘摩尼教研究》，第39~47页。

sui<Chin. 罪 4/35

qunčui<Chin. 公主 2/64

taišǐ<Chin. 太史 3/64

2. 回鹘文摩尼教文献 81TB10：06-3 汉语借词

回鹘文摩尼教文献（编号 81TB10：06-3）含一大一小两个残片，该文献系 1981 年于新疆吐鲁番柏孜克里克石窟出土。回鹘文摩尼教文献 81TB10：06-3 讲述牟羽可汗信奉摩尼教后，恭迎慕阇来到回鹘汗国，之后，摩尼教成为回鹘汗国"国教"。

根据杨富学的拉丁字母转写，筛选汉语借词[①]：

totoq<Chin. 都督 9/2

tavgačï<Chin. 桃花石 6/9

3. 回鹘文摩尼教文献 Mainz345 汉语借词

回鹘文摩尼教文献 Mainz345 现藏于柏林德国国家图书馆，系德国吐鲁番考察队的收集品，无原编号。回鹘文摩尼教文献 Mainz345 为纸质写本，双面书写，正反各存文字 10 行。Mainz345 文献正面大致讲述"安史之乱"爆发后，唐玄宗出逃，向回鹘借兵；背面讲述唐朝平息"安史之乱"之后，牟羽可汗与摩尼僧主教慕阇接触的事情。

根据杨富学所作拉丁字母转写，筛选汉语借词[②]：

tavγač<Chin. 桃花石 1/1（正面）

kičiu<Chin. 京兆[③]4/1（正面）

saŋun<Chin. 将军 1/5（背面）

4. 回鹘文摩尼教《摩尼与王子的比赛》残卷无汉语借词

《摩尼与王子的比赛》是一份回鹘文摩尼教残卷。1980 年，吐鲁番地区文物保护管理所工作人员在清理柏孜克里克石窟时发现该文献。[④]回鹘文摩尼教《摩尼与王子的比赛》残卷曾由耿世民、克林凯特、

---

① 杨富学：《回鹘摩尼教研究》，第 56~58 页。

② 杨富学：《回鹘摩尼教研究》，第 53~56 页。

③ 即唐朝的首都长安。

④ 新疆博物馆编《新疆石窟·吐鲁番柏孜克里克石窟》，上海人民美术出版社，1990。A. Gruenwede, *Altbuddhistische Kultstaetten in Chinesisch-Turkestan.Berlin, 1912,* S.224, 226, 228; A.Stein, *Innermost Asia*. Vol. Ⅳ, repr. New Delhi, plan 30, 1948; F.H.Andrews, Wall Paintings from Ancient Shrines in Central Asia. London, 1948, Plate C.

劳特（Jens PeterLaut）等发表拉丁文转写和汉文译本。①

根据耿世民所作拉丁字母转写，筛选汉语借词②，无汉语借词。

5. 回鹘文摩尼教《三王子故事》残卷汉语借词

编号 80.T.B.I：524 的回鹘文摩尼教《三王子故事》残卷，现收藏于新疆吐鲁番市旅游文物管理局文物管理所。该文献长约 25.5 厘米，宽 11 厘米。回鹘文摩尼教《三王子故事》残卷大概写于公元 10 世纪。

回鹘文摩尼教《三王子故事》残卷曾由耿世民和克林凯特、劳特刊发在德国《东方学会刊》。③

根据耿世民所作拉丁字母转写，筛选汉语借词④：

sapxay<Chin. 靸鞋 2/15

6. 回鹘文摩尼教传教故事残卷汉语借词

此残卷是彼特·茨默《柏林吐鲁番文书》第五卷中第 21 号残卷，是一份传教故事残卷，编号为 U23（TIIKx9）7 和 U296（D）。该文献是回鹘文书写的，尺幅为 12.5 厘米 ×13.5 厘米。

根据彼特·茨默的拉丁字母转写，筛选汉语借词⑤，无汉语借词。

7. 回鹘语摩尼文《贪与嗔》汉语借词

编号为 TIID178b180 的摩尼教文献《贪与嗔》出土于吐鲁番高昌故城，现藏于德国。1929 年，威里·邦格与冯·加班曾研究刊布。⑥回鹘语摩尼文《贪与嗔》尺寸较一般文献大，面积 23 厘米 ×33 厘米。该文献所用文字为摩尼文，双面书写，每一面又分作两栏。从内容上看，摩尼教《贪与嗔》讲述小偷因为贪欲而死亡的故事，陈述贪与嗔对人的危害，告诫人们要禁贪欲，戒怨嗔。

以王菲拉丁字母转写材料为底本⑦筛选汉语借词：

---

① Geng Shimin, Hans-Joachim Klimkeit, Jens Peter Laut, *Manis Wettkampf mit dem Prinzen, Zeitschrift der Deutschen Morgenlaendischen Gesellschaft* 137，1987，pp.44~58。

② 耿世民：《维吾尔古代文献研究》，第 454~455 页。

③ *Zeitschrift der Deutschen Morgenlaendischen Gesellschaft* 139, 1989，pp.328~345。

④ 耿世民：《维吾尔古代文献研究》，第 467~473 页。

⑤ P. Zieme, *Manichäisch-türkische texte*, Berliner Turfan Texte V, S.50-52.

⑥ W. Bang & A. von Gabain, *Türkische Turfan Texte* II, pp.423-429.

⑦ 王菲：《回鹘语摩尼教故事一则》，《西北民族研究》2002 年第 2 期。

yinčü<Chin. 珍珠 3/11（正面第一栏）

四　回鹘文摩尼教教徒书信汉语借词筛查

日本学者森安孝夫所作回鹘文书信考释[①]中未见汉语借词,其包括文献 81TB65：4, 81TB65：5, 81TB65：6, 81TB65：7, 81TB65：8 等。

下面摘录 81TB65：8 如下：

（1）//////// äsängümüz ögümüz tüzün tngrim trxan

……从我们这里发出的信。向我们的母亲都信·登林·达干

（2）/////////（.）oɣlan-lar-qa üküš kŋül aytu

……向您的孩子们谨致问候

（3）ïdur biz yztan astar hirz ögümüz tngrim trxan

诸神啊，宽恕我的罪过。我们的母亲登林·达干

（4）/////N mu ol il qutalmïš kälip tngrim-ning

……那位莫利·库塔蜜施前来，登林的

（5）//////// miš kälmädi·"TXWR qantïmzil·

……蜜施没有来。□□□ 我们满意了。莫利

（6）///////////（..）XM'NK-lar biläk ïdu uma*dï*mïz

……赠送礼物一事，我们没能做到。

（7）////////////////// bitig ïdtïmïz

……（所以），我们寄上了（这封）信。

德国学者彼特·茨默所作回鹘文书信考释[②]，包括文献：TM107（U5281），TⅡ897（U5503），TⅡ122（Ch/U6854），TⅣx505（U5928），U6069，TⅢT338（Ch/U6890）等。未见汉语借词。

五　回鹘文摩尼教寺院文书汉语借词

1.《回鹘文摩尼教寺院文书》汉语借词

《回鹘文摩尼教寺院文书》系黄文弼于新疆考古时所得，原件现存

---

① 柳洪亮主编《吐鲁番新出摩尼教文献研究》，文物出版社，2000，第200~212页。

② P.Zieme, *Manichäisch-türkische texte*, Berliner Turfan Texte V, S.65-72.

于中国国家博物馆（编号总 8782T，82）。《回鹘文摩尼教寺院文书》为卷子形式，现存长 270 厘米、宽 29.5 厘米，前缺，只存 125 行。

根据耿世民所作拉丁字母转写，筛选汉语借词[①]：

totuq<Chin. 都督 8/4

tsang<Chin. 仓 2/7

quanbu<Chin. 官布[②]5/22

sïq<Chin. 石 8/26

liv<Chin. 粒 3/28

xuan<Chin. 饭[③]3/51

min/men<Chin. 面 1/66

songun<Chin. 葱荤[④] 6/83

žünkim<Chin. 绒锦[⑤] 7/99

toyïn<Chin. 道人 3/121

另根据森安孝夫的拉丁字母转写，筛选汉语借词[⑥]：

liv<Chin. 粒 2/28

min<Chin. 面 1/66

totuoq<Chin. 都督 4/95

žünkim<Chin. 绒锦 7/99

2. 吐鲁番出土的一件摩尼教寺院被毁文书汉语借词

编号 M112 摩尼教寺院被毁文书，现保存于德国汉堡大学前亚研究所。该文献反映出摩尼教僧人对摩尼教全盛时期寺院生活的回忆。这位摩尼教僧人致力于寺院的修复，他还对摩尼教寺院装饰被破坏、移走而

---

① 耿世民：《回鹘文摩尼教寺院文书初释》，《考古学报》1978 年第 4 期。

② 耿世民原文转写作 qoqpu，这里采用王菲的转写 quanbu。王菲：《〈回鹘文摩尼教寺院文书〉再考释》，《欧亚学刊》第 2 辑，第 237 页。

③ 森安孝夫认为该词源于中古伊朗语 xw'n。Desmond Durkin-Meisterernst, *Dictionary Manichaean Middle Persian and Parthiant*, Brepols, Publishers, Turnhout, Belgium, 2004, p.365.

④ 王菲：《〈回鹘文摩尼教寺院文书〉再考释》，《欧亚学刊》第 2 辑，第 240 页。

⑤ 王菲：《〈回鹘文摩尼教寺院文书〉再考释》，《欧亚学刊》第 2 辑，第 241 页。

⑥ 〔日〕森安孝夫：《黄文弼发现的〈摩尼教寺院经营令规文书〉》，白玉冬译，《胡风西来——西域史语译文集》，第 126~171 页。

感到痛苦。

下面以耿世民所作拉丁字母转写，筛选汉语借词[①]：

qoču<Chin. 高昌 3/4

3. 高昌 α 寺遗址所出摩尼教寺院回鹘文帐历汉语借词

编号 U9271 文献出土于高昌北庭故城 α 寺（西大寺）遗址，该文献是摩尼寺布施作为流通货币官布的帐历。

下面以日本学者松井太拉丁字母转写，筛选汉语借词[②]：

quanbu<Chin. 官布 5/r1

toyïn<Chin. 道人 4/v9

六　回鹘文摩尼教其他文献汉语借词筛查

回鹘文摩尼教文献还有其他一些值得关注，如歌颂统治者文书、摩尼教徒写给摩尼教教主的书信、诵习文书、布施文书等。

1. 回鹘文摩尼教文献 TID20（U262）

编号 TID20（U262）回鹘文摩尼教残片，页下部缺失，红色标点加注，页边褪色。该文献残片面积为 17.5 厘米 × 22.5 厘米。

根据彼特·茨默所作拉丁字母转写，筛选汉语借词[③]，无汉语借词。

2. 回鹘文摩尼教文献 Ch/U6818v

编号 Ch/U6818v 回鹘文摩尼教文献，其书写形式为回鹘文斜体字，已褪色，无摩尼文标点。该文献残片面积为 12.5 厘米 × 12.5 厘米。

根据彼特·茨默所作拉丁字母转写，筛选汉语借词[④]，无汉语借词。

3. TM154（M364）文献汉语借词

编号 TM154（M364）回鹘语摩尼教文献册页上部残片，有黑色标点符号，似用摩尼文书写的。

---

① 耿世民：《维吾尔古代文献研究》，第 444~449 页。

② 〔日〕松井太：《高昌 α 寺遗址所出摩尼教、佛教寺院回鹘文帐历研究》，《中山大学学报》（社会科学版）2019 年第 2 期。"帐历"广泛存在于唐代高昌一带，记录了典当、经营、佃租等收支情况。

③ P.Zieme, *Manichäisch-türkische texte*, Berliner Turfan Texte V, S.31-33.

④ P.Zieme, *Manichäisch-türkische texte*, Berliner Turfan Texte V, S.33.

根据彼特·茨默所作拉丁字母转写，筛选汉语借词①：

qunčuy<Chin. 公主 1/643

另有摩尼教历法文献，将在第十章集中介绍。

七　本节汉语借词统计

bahšı<Chin. 博士（法师）

busï(n)<Chin. 布施

kičiu<Chin. 京兆

liv<Chin. 粒

min<Chin. 面

qoču<Chin. 高昌

quanbu/qanpo<Chin. 官布

qunčui<Chin. 公主

saŋun<Chin. 将军

sapxay<Chin. 靴鞋

sïq<Chin. 石

songun<Chin. 葱荤

sui<Chin. 罪

taiši<Chin. 太史

tavγač<Chin. 桃花石

totoq<Chin. 都督

toyïn<Chin. 道人

tsang<Chin. 仓

xuan<Chin. 饭

yinčü<Chin. 珍珠

žünkim<Chin. 绒锦

① P.Zieme. *Manichäisch-türkische texte*, Berliner Turfan Texte V, S.62-63.

第六章　回鹘文景教文献汉语借词

第一节　回鹘文景教文献概况

目前，人们对景教何时传入回鹘还不是很清楚。回鹘接受景教当在西迁建立了高昌王国之后。回鹘人除了继续信仰萨满教、摩尼教等原有的宗教，同时也信奉祆教、佛教、景教等。[①]

现知回鹘文景教文献有三四十件，这些回鹘文景教文献出土自新疆吐鲁番东北葡萄沟的一所寺庙遗址。20世纪初叶，德国吐鲁番考察队曾发现一批景教文献，这批文献是用回鹘文、粟特文、叙利亚文、中古波斯文、福音体文等文字书写的，内容相当丰富，不仅有《圣经》、祈祷文、赞美诗、布道书，还有箴言和其他著述。

中国新疆、中亚七河流域等地也发现了不少回鹘景教碑铭。出土的六百余方叙利亚文景教徒墓碑中，至少有13方是用回鹘语写成的，断代时间处于13~14世纪。[②]此外，中国福建泉州、江苏扬州、内蒙古自治区赤峰等地出土了一些用回鹘文书写的景教墓碑。

目前，回鹘文景教写本文献绝大多数收藏于德国国家图书馆。[③]中国部分单位也收藏有回鹘文景教文献，但数量不多。

---

① 杨富学:《回鹘文献与回鹘文化》，第231页。

② 杨富学:《回鹘文献与回鹘文化》，第66~70页。D.Chwolson, Syrische Grabin schriften aus Semirjetsche, *Memoires de I'Académie Imperiale des science de St.Petersbourg*, ser.7,vol,34-4,1886; Syrisch-nestorianische Grabin schriften aus Semirjetsche, *Memoires de I'Académie Imperiale des science de St.Petersbourg*, ser.7,vol,34-8,N.F., 1890,1897.

③ 荣新江:《吐鲁番文书总目（欧美收藏卷）》，武汉大学出版社，2007，第477~691页。

第二节　回鹘文景教文献汉语借词筛查

回鹘文景教文献主要有碑铭、写本和题记三类。下面就回鹘文景教文献汉语借词，依次由"内"（即国内新疆维吾尔自治区、内蒙古自治区、江苏、福建等地）而"外"（即中亚七河流域等地）展开筛查。

一　新疆维吾尔自治区回鹘文景教文献汉语借词

在新疆出土的回鹘文景教写本及碑铭文献共计 13 件。其中写本为 11 件，墓碑 2 通。[①] 目前已刊布的有两件。

1. 回鹘文请求信 U321（TⅢB99c）汉语借词

编号 U321（TⅢB99c）回鹘文献，德国吐鲁番考察队第三次探险时于新疆吐鲁番布拉依克景教寺院遗址获得。目前收藏于德国国家图书馆吐鲁番中心。德国彼特·茨默曾刊布。[②] 根据拉丁字母转写，筛选汉语借词[③]：

kunčuy<Chin. 公主 2/16

2. 回鹘文《圣乔治殉难记》无汉语借词

收藏编号为 U320（TⅡB1）的回鹘文《圣乔治殉难记》残片，是德国吐鲁番考察队于 1905 年在新疆吐鲁番东北葡萄沟发现的，现藏于柏林。研究回鹘文《圣乔治殉难记》残片的学者主要有勒柯克[④]、威里·邦格[⑤]、卡哈尔·巴拉提（Kahar Barat）[⑥] 等。根据回鹘文《圣乔治殉难记》

---

① 何湘君：《回鹘景教文献研究》，博士学位论文，中央民族大学，2016，第 23 页。

② P.Zieme, *Altuigurische Texte der Kirche des Ostens aus Zentralasien,* New Jersey:Gorgias Press, 2015, pp.85-91.

③ 何湘君：《回鹘景教文献研究》，博士学位论文，中央民族大学，2016，第 57~61 页。

④ A.Vonlelog, *Ein christliches und ein manichaichaisches Manuskriptfragment in Türkischer Sprache aus Turfan*, Berlin, Sitzungsberichte der Koniglich Preussischen Akademie der Wissenschaften,1909, pp.1202-1218, pl. Ⅷ - ⅩⅣ.

⑤ W.Bang, *Türkischer Bruchstücke einer nestorianischen Georgspassion*, Le Museon, 1926, 39, pp.41-75.

⑥ 卡哈尔·巴拉提：《新疆日报》1982 年 7 月 17 日；《新疆大学学报》（哲学社会科学维吾尔文版）1986 年第 3 期。

残片拉丁字母转写[1]，无汉语借词。

二　内蒙古自治区回鹘文景教文献汉语借词

内蒙古自治区有五个地区发现有回鹘文景教文献，包括写本 1 份，墓碑 29 通，题记 4 处。包头市的回鹘文景教碑铭总计有 55 行；赤峰市的回鹘文景教墓砖铭有 10 行；额济纳旗的回鹘文景教写本有 121 行；呼和浩特市回鹘文景教题记总计有 10 行；呼和浩特市回鹘文景教碑铭有 2 行；乌兰察布市回鹘文景教碑铭有 8 行。[2] 其中部分文献无汉语借词或残片过于短小，如包头市出土的碑铭不少只有短短的 1 行或 2 行，无汉语借词；赤峰市松山区文管所收藏的碑铭，无汉语借词；呼和浩特市所出土题记 10 行，无汉语借词或只有短短 1 行，墓碑碑铭两处各 1 行；乌兰察布市回鹘文景教碑铭出自 8 处墓碑，皆为短短的 1 行。以下对有汉语借词的材料进行筛选。

1. 包头百灵庙镇古墓碑铭汉语借词

内蒙古包头市百灵庙镇东北方向有一处古墓。古墓之北有一石碑。石碑高 120 厘米，宽 40 厘米。墓碑之旁有一残碑，该残碑高 130 厘米，宽 85 厘米，碑首呈三角状。墓碑底部残缺，十字架和莲花座在碑的上部；十字架和莲花座下为文字部分，碑文自左至右依次为 4 行叙利亚文、6 行回鹘文、4 行汉文。

根据拉丁字母转写，筛选汉语借词[3]：

kingčangpu<Chin. 京兆府 6/1

sünšiula<Chin. 宣后来 3/4

2. 赤峰景教徒墓砖铭文汉语借词

回鹘文景教墓砖高 47.2 厘米、宽 39.5 厘米、厚 6 厘米，现存于赤峰市松山区文管所。正面中上部是个大型十字架图，十字架下是个莲花座。十字架上方两边各有叙利亚文 1 行。十字架下方的两边各有回鹘文

① 何湘君：《回鹘景教文献研究》，博士学位论文，中央民族大学，2016，第 71~73 页。
② 何湘君：《回鹘景教文献研究》，博士学位论文，中央民族大学，2016，第 87 页。
③ 牛汝极：《十字莲花——中国元代叙利亚文景教碑铭文献研究》，上海古籍出版社，2008，第 67~72 页。

4 行。根据拉丁字母转写，筛选汉语借词[1]：

sänggüm<Chin. 相公[2]

3. 额济纳旗写本景教文献汉语借词

额济纳旗景教写本文献现存文字 121 行，内容是马太布道。该文献出土于黑水城。德国彼特·茨默曾刊布研究。[3]根据拉丁字母转写，筛选汉语借词[4]：

čan<Chin. 盏 3/16

三 江苏省扬州市回鹘文景教碑汉语借词

首次报道扬州市回鹘文景教碑的是王勤金，其文称"此碑出土于扬州城西扫垢山南端，为农民挖土时发现"[5]。扬州市回鹘文景教碑高 29.8 厘米，宽 25.8 厘米，厚 4 厘米。扬州市回鹘文景教碑现存于扬州博物馆。根据耿世民所作拉丁字母转写，筛选汉语借词[6]：

lu(šu)s(y)<Chin. 留守 1/5

四 福建泉州市回鹘文景教文献汉语借词

福建泉州曾是东西交通和海上丝绸之路的重要港口。摩尼教、景教等外来宗教曾在此盛极一时，并留下了大量不同语种的碑铭文献等遗物，这些文献成为我们研究东西文化交流的珍贵资料。[7]

1. 泉州仁风门外东教场景教徒墓碑汉语借词

1943 年，在泉州仁风门（东门）外东教场附近出土了一景教徒墓碑，该碑高 36 厘米，宽 30 厘米，碑上刻一个十字架，但没有天使、火焰、莲花、云片等装饰雕刻。墓碑第 1 行是用叙利亚文书写，其余 10

---

[1] 〔法〕James Hamilton、牛汝极:《赤峰出土景教墓砖铭文及族属研究》,《民族研究》1996 年第 3 期。
[2] "相公", 见 Paul Pelliot, Toung Pao, t. XXVII, 1930, pp.45-46, n.3; 一说为汉语"将军"译音, 是 sänggün 的变体, 见 H.A.Giles, Chinese-English Dictionary, London, 1912, I, 212,3,276。
[3] P.Zieme, AltuigurischeTexte der Kirche des Ostens aus Zentralasien, pp.151-164.
[4] 何湘君:《回鹘景教文献研究》, 博士学位论文, 中央民族大学, 2016, 第 108~121 页。
[5] 王勤金:《元延祐四年也里世八墓碑考释》,《考古》1989 年第 6 期。
[6] 耿世民:《古代突厥语扬州景教碑研究》,《民族语文》2003 年第 3 期。
[7] 牛汝极:《泉州叙利亚——回鹘双语景教碑再考释》,《民族语文》1999 年第 3 期。

行是用回鹘文书写。该墓碑现藏泉州海外交通史博物馆。这是泉州所见景教石刻中最特殊的一件。

根据牛汝极所作拉丁字母转写，筛选汉语借词 [1]：

qoču<Chin. 高昌 4/5

2. 泉州市东门城基墓碑汉语借词

1941 年出土于泉州市东门城基的墓碑，是须弥座祭坛式石墓的组件之一。

该墓碑高 29 厘米，宽 66 厘米。碑额刻十字架配莲花座。碑横下阴刻叙利亚文 21 行。石碑两边各阳刻仰视莲花花边。碑上阴刻回鹘文 8 行。1955 年，泉州市东门城基墓碑移至厦门大学人类学博物馆。目前，泉州海外交通史博物馆不存此碑原件，仅存一复制品，原碑现下落不明。法国学者哈密顿和中国著名学者牛汝极曾刊布该碑照片和回鹘文铭文。

根据牛汝极所作拉丁字母转写，筛选汉语借词 [2]：

man<Chin. 满 2/5

五　中亚七河流域回鹘景教碑借词

中亚七河流域是指巴尔喀什湖以南，河中以东，以伊塞克湖、楚河为中心的广大区域。19 世纪末在楚河流域发现了 600 余件景教徒墓志。俄国学者丹尼尔·施沃尔森（D.Chwolson）最早破译了这批墓志。另外，卡哈尔·巴拉提 [3] 等曾研究中亚七河流域的景教墓碑。根据拉丁字母转写，筛选汉语借词 [4] 筛，无汉语借词。

六　本章汉语借词统计

čan<Chin. 盏

① 牛汝极：《泉州叙利亚——回鹘双语景教碑再考释》，《民族语文》1999 年第 3 期。
② 牛汝极：《十字莲花——中国元代叙利亚文景教碑铭文献研究》，第 156~158 页。
③ 卡哈尔·巴拉提：《基督教在新疆的传播及其文物》，《新疆大学学报》（哲学社会科学维吾尔文版）1986 年第 3 期。
④ 何湘君：《回鹘景教文献研究》，博士学位论文，中央民族大学，2016，第 160~162 页。

kingčangpu<Chin. 京兆府

kunčuy<Chin. 公主

lu(šu)s(y)<Chin. 留守

man<Chin. 满

qoču<Chin. 高昌

sänggüm<Chin. 相公

sünšiula<Chin. 宣后来

第七章　回鹘文道教文献汉语借词

第一节　回鹘文道教文献简介

道教向西传播的路径可能有三种：（1）丝绸之路，这条路是汉人西进，胡商东来的主要通道，也应是道教西传的主线；（2）西藏唐蕃道和西藏中亚一道；（3）海上丝绸之路。[①]高昌王国至唐西州时的吐鲁番文献，如出土的随葬衣物疏与地契等，体现了民间信仰具有道教色彩。[②]这些出土文物表明，5世纪初道教在高昌地区已较流行了。[③] 1984年，吐鲁番阿斯塔那336号墓北面一未发掘古墓封土顶部，发现有字木牌一枚，推测其为高昌郡至高昌王国前期遗物。墓文如下：

桃人一枚，可守张龙（缺）如律令。[④]

阿斯塔那出土的高昌和平元年道教符箓上绘天神左手持大刀，天神衣饰似为民族服饰，说明高昌地区已有其他民族信奉道教。[⑤] 9世纪中叶，回鹘由蒙古高原西迁至新疆等地，道教遂对其产生了部分影响。

黄文弼在吐鲁番发现回鹘文《佛说天地八阳神咒经》残片，该残片里有讲八字命运的内容[⑥]，如：

altun qutluɣ（命）kišI yürüngbay

---

① 问永宁：《古回鹘文易经与道教因素之西传》，《世界宗教研究》2011年第1期。
② 王启涛：《道教在丝绸之路上的传播》，《西北民族大学学报》（哲学社会科学版）2019年第4期。
③ 李进新：《丝绸之路宗教研究》，新疆人民出版社，2008，第171页。
④ 柳洪亮：《阿斯塔那未编号墓木楔文书》，《新出土吐鲁番文书及其研究》，新疆人民出版社，1997，第23、159页。
⑤ 问永宁：《古回鹘文易经与道教因素之西传》，《世界宗教研究》2011年第1期。
⑥ 冯家昇：《冯家昇论著辑粹》，第442页。

金命的人白而富

ïqač qutluɣ（命）kišI kök bay

木命的人青而富

suw qutluɣ（命）kišI qara bay

水命的人黑而富

由此可见，古代汉人的五行属命习俗已经影响至古代回鹘人了。

德国探险家勒柯克于 20 世纪初在吐鲁番附近获得一件古代回鹘文道教符箓。这件回鹘文道教符箓已由威里·邦格和冯·加班研究刊布。[①]依现存残片，清楚可见者有 13 卦，如下：

第 7 卦师　　　　编号 TⅡY36.2　　　回鹘文 süü sülämäk（第 17~32 行）

第 9 卦小畜　　　编号 TⅡY36.1　　　回鹘文 kičig igidäk（第 149~161）

第 16 卦豫　　　　编号 TⅡY36.14　　回鹘文 säwinmäk（第 81~92 行）

第 27 卦颐　　　　编号 TⅡY36.16　　回鹘文 igidmäk（第 200~211 行）

第 28 卦大过　　　编号 TⅡY36.4　　　回鹘文 uluɣ（第 212~225 行）

第 30 卦离　　　　编号 TⅡY36.11　　回鹘文 kün（第 161~173 行）

第 41 卦损　　　　编号 TⅡY36.3　　　回鹘文 qoramaq（第 48~63 行）

第 42 卦益　　　　编号 TⅡY36.15　　回鹘文 arqa birmäk（第 64~80 行）

第 44 卦姤　　　　编号 TⅡY36.12　　回鹘文 tušušumaq（第 1~16 行）

第 45 卦萃　　　　编号 TⅡY36.5　　　回鹘文 utru kälmäk（第 108~120 行）

第 48 卦井　　　　编号 TⅡY36.17　　回鹘文 täring quduɣ（第 94~107 行）

第 52 卦艮　　　　编号 TⅡY36.13　　回鹘文 tuɣ（第 33~47 行）

第 53 卦渐　　　　编号 TⅡY36.6　　　回鹘文 inč kälmäk（第 121~134 行）[②]。

卦象和《周易》一样，卦名则是用古回鹘文书写的。这证明道教及《易经》在古代回鹘人中有一定的传播。[③]

---

① 杨富学：《回鹘道教杂考》，《中国道教》2004 年第 4 期。

② W.Bang & A.von Gabain, *Türkische Turfantexte, Sitzungsbrichte der Preußischen Akademie der Wissenschaften*, Berlin,1929. 杨富学：《回鹘文献与回鹘文化》，第 258~260 页。

③ 问永宁：《古回鹘文易经与道教因素之西传》，《世界宗教研究》2011 年第 1 期。

第二节　回鹘文道教文献借词筛查

编号为 TⅡY61 与 TⅡY51 的回鹘文道教文献残片有 4 行回鹘文字，回鹘文字如下：

bu [i]sig igligka yalɣaɣu vu（符）ol

此为解救女病人发烧的符箓

bu ätüz küz-ädgü vu（符）ol

此为护佑人体的符箓

bu vu（符）til taroküš tägmäzün [ti] s[är], qapïɣ altïnta urzun

此符箓可使人免于长舌之累

bu oɣul qïz asmaɣu yalɣaɣu vu（符）ol

此为保护幼童免于迷路的符箓

根据拉丁字母转写，筛选汉语借词[①]：

vu<Chin. 符

道教星占术著作曾被译成回鹘文。根据吐鲁番出土一件回鹘文道教文献的拉丁字母转写，筛选汉语借词[②]：

[t]amlaūng<Chin. 贪狼（TTTⅦ14.4~8）

kumunsi<Chin. 巨门星（TTTⅦ14.13~17）

liusun<Chin. 禄存（TTTⅦ14.24~28）

yunkiu<Chin. 文曲（TTTⅦ14.35~39）

limčin<Chin. 廉贞（TTTⅦ14.45~49）

vukū<Chin. 武曲（TTTⅦ14.55~59）

pakunsi<Chin. 破军星（TTTⅦ14.65~69）

vū<Chin. 符（TTTⅦ14.75~79）

合并统计如下：

[t]amlaūng<Chin. 贪狼

---

① 转引自杨富学《回鹘文献与回鹘文化》，第 260 页。
② 杨富学：《回鹘文献与回鹘文化》，第 260~262 页。

kumunsi<Chin. 巨门星

limčin<Chin. 廉贞

liusun<Chin. 禄存

pakunsi<Chin. 破军星

vū<Chin. 符

vukū<Chin. 武曲

yunkiu<Chin. 文曲

第八章　回鹘文社会经济文书汉语借词

第一节　回鹘文社会经济文书概况

回鹘文社会经济文书是指官府或私人出于一定目的而书写的世俗文书。回鹘文社会经济文书大致可分为：行政文书（如官方敕令、收税摊派令、豁免寺院赋税令、户口登记等），借贷文书（如借贷谷物、家畜、金钱、土地等），奴隶买卖文书（如斌通卖身契三种等），土地买卖文书（如木头沟出土的土地买卖契约等），以及其他文书（如请佛像、遗嘱、杂类、书信、家庭费用支出等）。利用回鹘文社会经济文书资料，我们可以对古代回鹘社会历史、经济文化等方面进行了解或研究。耿世民认为，最早的回鹘文书写于 8 世纪，但现存文书多写于 13~14 世纪。根据回鹘文书研究成果，人们可看出回鹘王国时期，特别是吐鲁番地区居民的日常生活情况。[①]

西域出土的回鹘文社会经济文书有 400 多件。[②] 回鹘文文书引起国内外学者的研究热情。俄国方面，1899 年，拉德洛夫发表了《1898 年俄国科学院吐鲁番考察队报告》[③]；1906 年，拉德洛夫又发表了《1902~1903 年冬天德国考古队在高昌及其附近的考古工作报告》[④]。1928 年，马洛夫（S.E.Malov）将拉德洛夫遗著整理为《回鹘文献汇编》（*Uigurische*

---

① 耿世民：《回鹘文社会经济文书研究》，第 28~35 页。

② 杨富学：《回鹘文献与回鹘文化》，第 81 页。

③ W. Radloff, *Nachrichten über die von der Kais.Ak.d. Wiss.Zu St.Petersburg im Jahre 1898 ausgerüestwte Expedition nach Turfan*, Petersburg, 1899, pp.35-83.

④ W. Radloff, *Bericht über archëologische Arbeiten in Idikutschari und Umgebung im Winter 1902-1903,* Abh.d. Kaiser. Bayer, Ak.d.Wiss.phil.-his.KI.XXIV, Abt.I.1906, pp.181-195.

Sprachdenkmaeler）于列宁格勒出版。

1916 年，日本学者羽田亨博士（Dr. T. Haneda）发表《回鹘文女子卖渡文书》[①]；1960 年，日本护雅夫（Mori,Masao）发表《回鹘文葡萄园卖渡文书》[②]；山田信夫发表《大谷探险队携归回鹘文买卖贷借文书》与《回鹘文买卖契约书书式》[③]。此外，山田信夫出版《回鹘文契约文书集成》[④]。

1918 年，德国学者勒柯克刊布《吐鲁番出土的回鹘文文书》[⑤]；1919 年，勒柯克又发表了《回鹘文导论》[⑥]；1974 年，彼特·茨默发表《木头沟出土的一件土地买卖文书》等论文。

1964 年，土耳其学者热合马提发表《古代突厥法律文书》。[⑦]

1969 年，法国学者哈密顿发表了《交河出土一件回鹘文卖地契》[⑧]。此外，芬兰著名阿尔泰学家兰司铁发表了《四件回鹘文书》。[⑨]

中国学者对回鹘社会经济文书进行研究的主要有：冯家昇教授发表了《元代畏兀儿契约二种》《回鹘文斌通（善斌）卖身契三种附控诉主人书》《回鹘文契约二种》[⑩]等论文；耿世民出版了《回鹘文社会经济文书研究》[⑪]；李经纬出版了《吐鲁番回鹘文社会经济文书研究》《回鹘

---

① 羽田亨「回鶻文女子売渡文書」『東洋学報』第 6 卷第 2 期、1916。

② 護雅夫「ウイグル文葡萄園売渡文書」『東洋学報』第 42 卷第 4 期、1960。

③ 山田信夫「大谷探檢隊将来ウイグル売買貸借文書」『西域文化研究』第 4 卷、京都法蔵館 1961、207~220 頁；山田信夫「ウイグル文売買契約書の書式」『西域文化研究》』第 6 卷、京都法蔵館 1963、29~62 頁。

④ 山田信夫（著），小田壽典·P. Zieme·梅村坦·森安孝夫（編）『ウイグル文契文書集成』2. 大阪大学出版会、1993。

⑤ A.von Lecoq, *Handschriftliche uigurische Urkunden aus Turfan*, Turan, Budapest, 1918.

⑥ A.von Lecoq, *Kurze Einfuehrung in die uig.Schriftkunde*, Meiteilungen d. Seminars fuer Orientalische Sprache, Os. XXII.

⑦ R.Rahmeti Arat, *Eski Turk Hukuk Vesikalari*, Journal de la Societe Finno-Ougrienne,65, Helsinki, 1964.

⑧ J.Hamilton, *Un acte ouigour de vente terrain provenantde Yar-Khoto*, Turcica I,1969.

⑨ G.J.Ramstedt, *Four Uigurian Documents, C.G.Mannerheim, Across Asia from West to East in 1906-1908*, Ⅱ, Helsinki,1940.

⑩ 冯家昇：《元代畏兀儿契约二种》,《历史研究》1954 年第 1 期;《回鹘文斌通（善斌）卖身契三种附控诉主人书》,《考古学报》1958 年第 2 期;《回鹘文契约二种》,《文物》1960 年第 6 期。

⑪ 耿世民：《回鹘文社会经济文书研究》, 中央民族大学出版社, 2006。

文社会经济文书研究》《回鹘文社会经济文书辑解》①等著作。此外，牛汝极②、杨富学③、刘戈④、伊斯拉菲尔·玉素甫⑤等曾对回鹘文社会经济文书作过研究。

由于与景教、摩尼教相关的社会经济文书已在相关章节论述，本章不再赘述。

第二节　回鹘文社会经济文书汉语借词筛查

一　《回鹘文社会经济文书辑解》中的汉语借词

1. "豁免佛教寺院捐税徭役的敕令"文书

根据拉丁字母转写，筛选汉语借词⑥：

tintsuy/tsui<Chin. 田租（14/335）

toyïn<Chin. 道人（16/335）

tsang<Chin. 仓（40/335）

quanbu<Chin. 官布（41/335）

① 李经纬:《吐鲁番回鹘文社会经济文书研究》，新疆人民出版社，1996;《回鹘文社会经济文书研究》，新疆大学出版社，1996;《回鹘文社会经济文书辑解》，甘肃民族出版社，2012。

② 牛汝极、杨富学:《敦煌出土早期回鹘语世俗文献译释》，《敦煌研究》1994年第4期。牛汝极:《四封9~10世纪的回鹘文书信译考》，《新疆大学学报》(哲学社会科学版) 1989年第2期;《四件敦煌回鹘文书信文书》，《敦煌研究》1989年第1期;《六件9~10世纪敦煌回鹘文商务书信研究》，《西北民族研究》1992年第1期。

③ 杨富学:《元代畏兀儿税役考略》，《西北民族研究》1988年第2期; 杨富学:《吐鲁番出土回鹘文借贷文书概论》，《敦煌研究》1990年第1期; 杨富学、牛汝极:《沙州回鹘及其文献》，甘肃文化出版社，1995; 牛汝极、杨富学:《敦煌出土早期回鹘语世俗文献译释》，《敦煌研究》1994年第4期; 杨富学:《一件珍贵的回鹘文寺院经济文书》，《西北民族研究》1992年第1期; 杨富学:《德国新刊布的几件回鹘文租佃契约》，《文史》第39辑，中华书局，1994。

④ 刘戈:《从格式与套语看回鹘文买卖文书的年代》，《西域研究》1998年第2期;《回鹘文买卖文书纪年月日研究》，《民族研究》1998年第5期;《回鹘文契约文书初探》，台湾五南图书出版公司，2000;《回鹘文买卖契约译注》，中华书局，2006。

⑤ 伊斯拉菲尔·玉素甫:《回鹘文文献二种》，《中国民族古文字研究》(第四辑)，天津古籍出版社，1994。

⑥ 李经纬:《回鹘文社会经济文书辑解》(上册)，甘肃民族出版社，2012，第333~340页。

2. "有关佛教寺院的敕令" 文书

根据拉丁字母转写，筛选汉语借词[①]：

tutung<Chin. 都统（2/340）。

3. "庙中取物认定书" 文书

根据拉丁字母转写，筛选汉语借词[②]：

taman<Chin. 榻幔（5/290）

čïmdan<Chin. 衬单（5/290）

tutung<Chin. 都统（7/290）

二 《回鹘文社会经济文书研究》中的汉语借词

"请佛像" 文书，据拉丁字母转写[③]，汉语借词有：

so<Chin. 像

sï<Chin. 色

wu<Chin. 幅

čig<Chin. 执

čuw<Chin. 戳

三 《回鹘文契约文书集成》第二卷中的汉语借词

根据《回鹘文契约文书集成》第二卷中的拉丁字母转写，[④] 筛选汉语借词：

abita<Chin. 阿弥陀 Mi09-4

ačari<Chin. 阿阇梨 WP06-8

ačari/šäli<Chin. 阿阇梨 <Skt.ācārya. 法师 WP06-8/Ex03-9

an<Chin. 安 Sa19-7

ančašï<Chin. 按察使 Em01-3

---

① 李经纬：《回鹘文社会经济文书辑解》（上册），第340~342页。

② 李经纬：《回鹘文社会经济文书辑解》（上册），第290页。

③ 耿世民：《回鹘文社会经济文书研究》，第260~261页。

④ 山田信夫（著），小田壽典・P. Zieme・梅村坦・森安孝夫（编）『ウイグル文契文书集成』2，236-306頁。

baočao<Chin. 宝钞 Mi28-8

čačan<Chin. 茶盏 WP03-10

čao/čo<Chin. 钞 Sa11-2

čïn<Chin. 真 Mi21-3

čungdung<Chin. 中统 Mi28-8

käv<Chin. 教 Em01-4

kävši<Chin. 教师 WP02-5

lan<Chin. 栏 WP04-17

laty/latay<Chin. 罗带 WP05-4

luu<Chin. 龙 Em01-1

paošïn<Chin. 保人 Mi17-19

qa<Chin. 家 Sa23-10

qapan<Chin. 花盘 WP03-7

qay<Chin. 街 Sa18-3

qay<Chin. 鞋 P101-10

quanpu<Chin. 官布 Sa04-7

quping<Chin. 胡瓶 WP04-26

quvar<Chin. 罚金 Sa03-25

sa<Chin. 锁 Sa18-6

šaču<Chin. 沙州 Sa18-1

šäli<Chin. 阇梨 Ex03-9

sangun<Chin. 将军 Sa01-16

šazïn<Chin. 沙津 Em01-3

sïčï<Chin. 四至 Mi27-6

šïɣ<Chin. 石 Sa02-4

siling<Chin. 紫绫 WP03-4

šing<Chin. 升 Lo24-4

sinïn<Chin. 新恩 Em01-11

sïr<Chin. 漆 WP03-6

šuikü<Chin. 水渠 Sa10-3

šuluγ<Chin. 署 Sa23-5

šutza<Chin. 首座 WP01-17

täng<Chin. 等 Ex01-11

taydu<Chin. 大都 Sa12-1

taypao-šïn<Chin. 代保人 Mi17-12

Taysang/Tayḍsang<Chin. 太仓 Mi17-3

tayšï<Chin. 大师 Sa24-4

totoq<Chin. 都督 Mi26-9

toyïn<Chin. 道人 PI02-2

tungsu<Chin. 同取 Mi17-12

tutung<Chin. 都统 Em01-8

vap<Chin. 法 Lo17-8

vučung<Chin. 不中 Mi18-5

wang<Chin. 王 RH02-4

xuačan<Chin. 花毡 WP03-2

yang<Chin. 样 PI02-8

yaqšï<Chin. 钥匙 Sa18-6

yungla<Chin. 用 PI02-1

四 本节汉语借词统计

abita<Chin. 阿弥陀

ačari<Chin. 阿闍梨

an<Chin. 安

ančašï<Chin. 按察使

baočao<Chin. 宝钞

čačan<Chin. 茶盏

čao/čo<Chin. 钞

čig<Chin. 执

čïmdan<Chin 衬单

čïn<Chin. 真

čungdung<Chin. 中统

čuw<Chin 戳

kävši<Chin. 教师

lan<Chin. 栏

laty/latay<Chin. 罗带

luu<Chin. 龙

paošïn<Chin. 保人

qa<Chin. 家

qapan<Chin. 花盘

qay<Chin. 街

qay<Chin. 鞋

quanpu<Chin. 官布

quping<Chin. 胡瓶

quvar<Chin. 罚金

sa<Chin. 锁

šaču<Chin. 沙州

šäli<Chin. 阇梨

sangun<Chin. 将军

šazïn<Chin. 沙津

sï<Chin. 色

sïčï<Chin. 四至

šïɣ<Chin. 石

siling<Chin. 紫绫

šing<Chin. 升

sinïn<Chin. 新恩

sïr<Chin. 漆

so<Chin. 像

šuikü<Chin. 水渠

šuluɣ<Chin. 署

šutza<Chin. 首座

taman<Chin. 榻幔

täng<Chin. 等

taydu<Chin. 大都

taypao-šïn<Chin. 代保人

Taysang/Tayḍsang<Chin. 太仓

tayšï<Chin. 大师

tintsuy/tsui<Chin. 田租

totoq<Chin. 都督

toyïn<Chin. 道人

tsang<Chin. 仓

tungsu<Chin. 同取

tutung<Chin. 都统

vap<Chin. 法

vučung<Chin. 不中

wang<Chin. 王

wu<Chin. 幅

xuačan<Chin. 花毡

yang<Chin. 样

yaqšï<Chin. 钥匙

yungla<Chin. 用

第九章　语言文字与文学类回鹘文文献汉语借词

第一节　回鹘文语言文字文献汉语借词

在回鹘文文献中，专门的语言文字类作品极少，其中《高昌馆杂字》是迄今发现的最为重要的文献。

一　高昌馆相关情况

明洪武十五年（1382年），翰林院侍讲火源洁与编修马抄亦黑奉命编纂《华夷译语》。永乐五年（1407年），明王朝正式开设四夷馆。四夷馆有鞑靼、女真、西番、西天、回回、百夷、高昌、缅甸等馆，后又增设八百、暹罗等馆。四夷馆各馆编出民族语言与汉语对照分类词汇《杂字》，又把上述地区奏折及有关文书写成汉文，并附有民族文字译文，此即"来文"。目前所知高昌馆来文有三种不同的版本：第一种，日本东洋文库藏《高昌馆来文》15篇，中央民族大学图书馆藏有晒蓝本；第二种，匈牙利人李盖提发表了41篇来文；第三种，中国国家图书馆藏《高昌馆课》来文89篇，其中回鹘文译文85篇。①。

每篇来文后都附有回鹘文译文，这对研究当时回鹘语言文字是很宝贵的材料。②

---

① 胡振华、黄润华：《明代高昌馆来文及其历史价值》，《中央民族学院学报》1982年第1期。

② 胡振华、黄润华：《明代高昌馆来文及其历史价值》，《中央民族学院学报》1982年第1期。

二 《高昌馆杂字》

明代编纂的《高昌馆杂字》是一部回鹘文、汉文对照的分类词汇集。每一词条都是由回鹘文、汉文和回鹘文的汉字注音对照构成的。《高昌馆杂字》各个不同版本共收 1002 条最常用的词语，18 个门类。[①]

《高昌馆杂字》版本一般有以下四种，即《高昌馆译书》、《高昌馆杂字》（同文堂本）、《华夷译语·高昌馆杂字》与《高昌馆杂字》（东洋文库本）。[②]

《高昌馆杂字》词条数目虽不多，但基本上涉及当时社会生活的各个方面，有名词、形容词、数词、量词等词类，因而能够反映 15 世纪高昌地区回鹘语言词汇的一般情况。

《高昌馆杂字》中基本上未见阿拉伯语和波斯语词汇，反映了伊斯兰教传播至高昌地区之前的回鹘语原貌，但《高昌馆杂字》里出现了大量的汉语借词，这说明当时新疆地区与内地有着十分密切的联系。

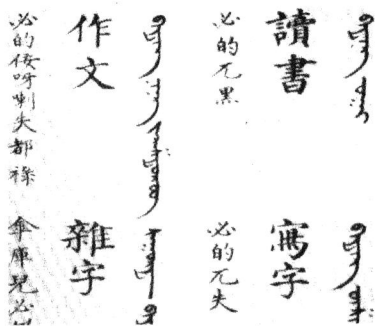

明抄本《华夷译语·高昌馆杂字》前言页

每个单词有三行，从右至左竖写。第一行为回鹘文原文，第二行为汉文词义，第三行为回鹘文汉字译音。

资料来源：胡振华、黄润华整理《高昌馆杂字——明代汉文回鹘文分类词汇》，民族出版社，1984，前言页。

---

① 《高昌馆杂字》的 18 个门类，即天文门 42（表示词条数，下同）、地理门 38、时令门 46、花木门 60、鸟兽门 58、人物门 108、身体门 38、宫室门 20、器用门 44、衣服门 28、珍宝门 20、饮馔门 20、文史门 20、方隅门 16、声色门 18、数目门 32、人事兼通用门 11 个、续增门 83。另，《华夷译语》人事门 36，通用门 108，方物门 62。祈宏涛：《〈高昌馆杂记〉研究》，博士学位论文，中央民族大学，2013，第 11 页。

② 胡振华、黄润华：《明代汉文回鹘文分类词汇集〈高昌馆杂字〉》，《民族语文》1983 年第 3 期。

三　《高昌馆杂字》中的汉语借词

根据胡振华与黄润华整理的《高昌馆杂字》，据其拉丁字母转写筛选汉语借词：

bandïŋ<Chin. 板凳　404

ča<Chin. 茶　501

čamšï<Chin. 佥事　978

čïn<Chin. 真　884

čïn-wou<Chin. 镇抚　983

čïquy<Chin. 指挥　976

čuŋ<Chin. 钟　431

duwdu<Chin. 都督　975

gon maw<Chin. 冠帽　991

guŋlaw<Chin. 功劳　780

išiŋ<Chin. 升　423

linhuwa<Chin. 莲花　180

luu<Chin. 龙　193

mäkä<Chin. 墨　518

maŋluŋ<Chin. 蟒龙　458

qïmbaq<Chin. 金箔　989

qupïŋ <Chin. 壶瓶　427

sa<Chin. 锁　413

samqu<Chin. 千户　982

saŋ<Chin. 仓　385

saŋčïm<Chin. 参政　977

tawmu<Chin. 头目　338

tayšï<Chin. 太师　973

toŋdï<Chin. 同知　981

zäy<Chin. 宰　762

zuŋbïŋ<Chin. 总兵　974

第二节　回鹘文文学作品汉语借词

一　回鹘文文学作品概况

回鹘文文学作品的种类很多。学者们对回鹘文文学作品分类各异。张铁山分为民歌集、诗歌集、传说、故事、剧本等类。[①] 耿世民分为诗歌[②]、格言谚语、剧本和故事等类。阿不都热西提·亚库甫把古代维吾尔诗歌分为 8 种语体类型。[③]

本书结合上述各家对回鹘文学作品的分类，认为回鹘文学作品可分为诗歌[④]、故事、传说（如《乌古斯可汗的传说》）、戏剧（如佛教内容的《弥勒会见记》）以及格言谚语（如《突厥语大词典》收录了 270 余条谚语[⑤]）等。限于篇幅，我们只选择部分回鹘文学作品来筛选汉语借词。

二　诗歌类回鹘文作品汉语借词

1. 吐火罗语 B—回鹘语双语赞美诗汉语借词

1958 年出版的《突厥吐鲁番文献》（*Türkische Turfantexte*）第九卷可以看作关于该诗的最初研究成果。后来，法国吐火罗语专家乔治－让·皮诺（Georges-Jean Pinault）对吐火罗语 B—回鹘语双语赞美诗中的吐火罗语 B 部分重新研究，取得了丰硕成果。[⑥] 根据拉丁字母转写，筛选汉语借词[⑦]：

---

① 张铁山：《突厥语族文献学》，第 180 页。
② 诗歌包括民歌、挽歌、赞美诗、其他宗教诗歌和史诗等。耿世民：《维吾尔古代文献研究》，第 37~38 页。
③ 即口头诗歌、宗教内容诗歌和韵文、其他内容赞美诗、诗体题跋和题记、伊斯兰时期的诗歌、反映宗教间冲突的诗歌、描写历史事件和历史人物的诗歌及世俗韵文等。阿不都热西提·亚库甫：《古代维吾尔语赞美诗和描写性韵文的语文学研究》，第 13~57 页。
④ 这里诗歌语体类型和内容比较宽泛。下文研究只能选择部分有代表性的回鹘文诗歌来研究。
⑤ 邢欣、廖泽余：《维吾尔词汇演变研究》，新疆大学出版社，1997，第 175 页。
⑥ Georges-Jean Pinault, Bilingual hymn to Mani: Analysis of the Tocharian B parts. *SIAL* XXIII, *Papers in honour of Professor Takao Moriyasu on his 60th birthday*, 2008, 93-120.
⑦ 阿不都热西提·亚库甫：《古代维吾尔语赞美诗和描写性韵文的语文学研究》，第 154~161 页。

busï<Chin. 布施　32

2.《圣尊弥勒赞》汉语借词

编号为 Ch/U7570（TⅢM228）的回鹘文《圣尊弥勒赞》，是一部完整的小册子。德国吐鲁番考察队第三次探险时在木头沟所获，该文献现保存于德国柏林科学院吐鲁番文献中心。《圣尊弥勒赞》主要描述弥勒降生前后以及宫殿之美等内容，借此来赞颂弥勒。根据拉丁字母转写，筛选汉语借词[1]：

tsuy<Chin. 罪　045

kïmpaq<Chin. 金箔　119

taqču<Chin. 托柱　122

čünsi<Chin. 椽子　122

sam<Chin. 篅　140

kin<Chin. 琴　140

čang<Chin. 铮　140

pilür<Chin. 筚篥　164

tïɣ<Chin. 笛　181

lenhua<Chin. 莲花　172

labay<Chin. 螺贝　181

tayšïng<Chin. 大乘　197

vamtsan<Chin. 梵赞　181

toyïn<Chin. 道人　218

3. 两首《弥勒赞》中的汉语借词

编号为 Mainz100（TⅢM138）的回鹘文《弥勒赞》残片，系德国吐鲁番考察队第三次探险时于木头沟所获。回鹘文《弥勒赞》用草书体书写，现保存于德国柏林科学院吐鲁番文献中心。该文献应写于 13~14 世纪。另有编号为 Ch/U8170（TⅡ1467，MIK031747）的《弥勒赞》残

---

① 阿不都热西提·亚库甫：《古代维吾尔语赞美诗和描写性韵文的语文学研究》，第190~219 页。

片。根据拉丁字母转写，筛选汉语借词^①：

toyın<Chin. 道人 09

čünsi<Chin. 椽子 09

4.《观音菩萨赞》汉语借词

编号为 U4707（TⅢM187）的印本残片和编号为 Ch/U6321（TⅡS32a，1005）、U5865（TⅢM132,501）、Ch/U6399（TⅡS32a）、U5369（TI578）等回鹘文写本残片，均为德国柏林科学院吐鲁番文献中心收藏。编号为 Ot. Ry.7019 写本残片为日本龙谷大学图书馆所藏。编号为 SIJ Kr.7 写本残片为俄罗斯科学院东方学研究所圣彼得堡分所收藏。根据学者研究，以上编号回鹘文文献的内容可以确定为《观音菩萨赞》。根据拉丁字母转写，筛选汉语借词^②：

bahšı<Chin. 法师 02

bursang<Chin. 佛僧 04

lenhua<Chin. 莲花 07

šünˈtsı<Chin. 诵子 19

amitaaba<Chin. 阿弥陀 22

čın<Chin. 真 37

qonši-im<Chin. 观世音 57

yiučing<Chin. 右丞 59

yinwang-tayzı<Chin. 燕王太子 69

5.《千手千眼观音菩萨赞》汉语借词

《千手千眼观音菩萨赞》4 个回鹘文残片，藏于德国柏林科学院吐鲁番文献中心。德国学者彼特·茨默首次对这些残片进行研究。根据拉丁字母转写，筛选汉语借词^③：

taluy<Chin. 大流 01

---

① 阿不都热西提·亚库甫：《古代维吾尔语赞美诗和描写性韵文的语文学研究》，第 220~225 页。

② 阿不都热西提·亚库甫：《古代维吾尔语赞美诗和描写性韵文的语文学研究》，第 237~247 页。

③ 阿不都热西提·亚库甫：《古代维吾尔语赞美诗和描写性韵文的语文学研究》，第 248~258 页。

qonšɪ-im<Chin. 观世音 26

6. 其他内容赞美诗中的汉语借词

（1）《玉女赞》中的汉语借词

用草体回鹘文写成的《玉女赞》是一部用晚期回鹘语创作的诗歌作品，共有三种：东京藏本和两种柏林藏本。东京藏本共 49 行，长41.5 厘米，宽 9.5 厘米，现藏于东京大学附属图书馆。[①] 柏林藏本均系残片。

《玉女赞》抄本至少由十四段四行诗构成。根据拉丁字母转写，筛选汉语借词[②]：

qočü<Chin. 高昌 15

polaň-hay<Chin. 破烂鞋 15

（2）《元成宗铁穆耳可汗及其家族赞》汉语借词

编号为 U4688（TⅡS63）的回鹘文残片，系德国吐鲁番考察队第二次探险时所获，现藏德国柏林科学院吐鲁番文献中心。另有热合马提保存的一个回鹘文残片，现藏土耳其伊斯坦布尔大学文学部图书馆，编号为 *U9192（TⅢM182），系德国吐鲁番考察队第三次探险时所获取。上述两件回鹘文残片的诗是赞颂元成宗铁穆耳及其家族。根据U4688（TⅡS63）与 *U9192（TⅢM182）拉丁字母转写，筛选汉语借词[③]：

činkim-tayzɪ<Chin. 真金太子 10

hung-tay-hiu<Chin. 皇太后 08

šɪ<Chin. 时 19

（3）《丰收歌》汉语借词

一件编号为 U5337（D131）的回鹘文献，现藏于德国柏林科学院吐鲁番文献中心；另两件编号分别为 Ot.Ry.11052 和 Ot.Ry.7116 的回鹘

---

① 東京大学附属図書館編『東京大学所蔵仏教関係貴重書展―展示資料目録』. 東京大学附属図書館，2002，20～21 頁。

② 阿不都热西提·亚库甫：《古代维吾尔语赞美诗和描写性韵文的语文学研究》，第 280～299 页。

③ 阿不都热西提·亚库甫：《古代维吾尔语赞美诗和描写性韵文的语文学研究》，第 309～318 页。

文献，是同一卷的两个残片，均藏于日本龙谷大学附属图书馆。这三件回鹘语文书属回鹘人晚期原创诗歌作品。其内容反映吐鲁番地区农民的农耕生活。

根据拉丁字母转写，筛选汉语借词[①]：

tın<Chin. 田 010

men<Chin. 面 40

kusar<Chin. 裤衩 87

7. 其他内容韵文诗汉语借词

（1）《千字文》汉语借词

南朝周兴嗣奉皇帝命从王羲之书法中选取 1000 个汉字编撰而成。回鹘使用《千字文》，并将其译成回鹘文已被学术界熟知。日本学者西胁常记研究过柏林吐鲁番藏品中的汉语文献（Ch3716、Ch8152v），报告回鹘人使用《千字文》的情况。[②] 彼特·茨默曾研究刊布在柏林吐鲁番文献研究中心的 9 行回鹘文《千字文》残片。[③] 日本学者庄垣内正弘与中国学者阿不都热西提·亚库甫曾合作研究藏于圣彼得堡的 6 件残片中的 4 片（4bKr.181、4bKr.182、4bKr.185、4bKr.194）[④]，其余 2 片（SI 3Kr.14、SI3Kr.15）由庄垣内正弘单独刊布研究。[⑤] 根据拉丁字母转写，筛选汉语借词[⑥]：

viču-xongxo<Chin. 宇宙洪荒 01-03

ši[r]<Chin. 日 03-06

lu-tev-yo<Chin.（律）吕调阳 09-11

yuntıng-ču yu<Chin. 云腾致雨 11-13

---

① 阿不都热西提·亚库甫：《古代维吾尔语赞美诗和描写性韵文的语文学研究》，第 319~358 页。

② 西胁常記『ベルリン・トルフアン・コレクション漢語文書研究』京都大学総合人間学部国際文化学科、1997。

③ P.Zieme, Das Qianziwen bei den alten Uiguren, *Studia Orientalia* 87, Helsinki, 1999.

④ Shogaito Masahiro & Abdurishid Yakup, Four Uyghur fragments of Qian-zi-wen "Thousand Character Essay", *Turk Languages* 5, 2001, pp.3-28.

⑤ 庄垣内正弘『ロシア所蔵ウイグル語文献の研究』京都大学大学院文学研究科、2003。

⑥ 阿依达尔·米尔卡马力：《回鹘文诗体注疏和新发现敦煌本韵文研究》，上海古籍出版社，2015，第 62~70 页。［日］庄垣内正弘『ロシア所蔵ウイグル語文献の研究』、116~125 頁。

lu ker-vi š[o]<Chin. 露结为霜 11-13

kim [š]a-li šu<Chin. 金生丽水 13-16

gur čur-kung [qo]<Chin. 玉出昆冈 13-16

kam xo-ku kur<Chin. 剑号巨阙 16-18

ču čing- yä qw<Chin. 珠称夜光 16-18

qa čin-li<Chin. 果珍李（柰）18-21

sai čung-qai ko<Chin. 菜重芥姜 18-21

xai xam-xa tam<Chin. 海咸河淡 22-24

len sem-vi se<Chin. 鳞潜羽翔 22-24

lung ši-qa ti<Chin. 龙师火帝 25-26

tew qan-žen χo<Chin. 鸟官人皇 25-26

šu či<Chin. 始制（文字）26-27

dai fuɣ-I šo<Chin. 乃服衣裳 26-27

ču wi-žo<Chin. 推位让（国）27-29

gu-tauto<Chin.（有）虞陶唐 27-29

te vun-var soi<Chin. 吊民伐罪 29-32

čiv<Chin. 桀 29-32

[š]ačev 问道 <Chin. 坐朝问道 33-35

šu kung<Chin. 垂拱（平章）33-35

（2）莫高窟北区发现的韵文长诗 B128：18 汉语借词

编号为 B128：18 回鹘文献是用草书体写成的，存回鹘文 183 行，其中 162 行文字抄在汉文《大般若波罗蜜多经》背面，其余 21 行抄在正面汉文文献行间。① 根据拉丁字母转写，筛选汉语借词②：

čay<Chin. 斋 03

čayšı<Chin. 斋食 46

lükčüng<Chin. 柳中 64

taydu<Chin. 大都 69

---

① 彭金章、王建军:《敦煌莫高窟北区石窟》(第二卷)，第 18 页。

② 阿依达尔·米尔卡马力:《回鹘文诗体注疏和新发现敦煌本韵文研究》，第 174~201 页。

tayčong<Chin. 大众 70

qayemke<Chin. 华严经 121

vinqoɣke<Chin. 圆觉经 121

tayšing<Chin. 大乘 122

abidake<Chin. 阿弥陀经 124

quanimke<Chin. 观音经 125

sir-bar-ke<Chin. 七（有）经 [1]125

varyoke<Chin. 八阳经 126

panžaɣke<Chin. 般若经 127

soišingoke<Chin. 最胜王经 127

kimqoke<Chin. 金刚经 128

vapqake<Chin. 法华经 129

čınqongdu<Chin. 真空奴 141

bušı<Chin. 布施 160

（3）《佛说天地八阳神咒经》等题跋汉语借词

回鹘文《佛说天地八阳神咒经》跋文与其他跋文不同，是用回鹘文草书体书写的，现存回鹘文 24 行。该文献现保存于山西省博物院。

根据拉丁字母转写，筛选汉语借词 [2]：

šuıkin<Chin. 水罐 06

tayšing<Chin. 大乘 07

varyoke<Chin. 八阳经 17

（4）《五蕴的烦恼》汉语借词

《五蕴的烦恼》这首诗主要解释由色、受、想、行、识等构成的人间，即"五蕴假组合"，如何从种种烦恼中摆脱出来达到觉悟的道路，即觉悟空性。[3]根据拉丁字母转写，筛选汉语借词 [4]：

---

① 中间的回鹘文 bar 为"有"之义。

② 阿依达尔·米尔卡马力：《回鹘文诗体注疏和新发现敦煌本韵文研究》，第 202~210 页。

③ 〔日〕武邑尚邦：《佛教思想辞典》，教育新潮社，1982，第 168~169 页。

④ 阿不都热西提·亚库甫：《古代维吾尔语赞美诗和描写性韵文的语文学研究》，第 369~373 页。

toqlı<Chin. 髑髅 01

（5）回鹘文史诗《罗摩衍那》汉语借词

现知有两件回鹘文写本《罗摩衍那》。其一，编号 Mainz734b（TⅡY47），卷子式残片 1 叶，存回鹘文 34 行，面积 30 厘米 × 95 厘米，系德国吐鲁番考察队第二次探险时于吐鲁番西交河故城所获。其二，编号 U1000（TⅢ86-64），写本残片 1 叶，存回鹘文 14 行，系德国吐鲁番考察队第三次探险时于吐鲁番某地所得。二者均藏于柏林德国国家图书馆，均由德国彼特·茨默研究刊布。[①]

根据拉丁字母转写，筛选汉语借词[②]：

qunčuy< 公主 2/3

buši< 布施 5/8

8.《突厥语诗歌选》残片汉语借词

德国吐鲁番考察队第二次探险时在高昌故城 K 遗址发现《突厥语诗歌选》残片，编号 MIKⅢ200，1（TⅡD169，1=So144411）。这些突厥语诗歌文献残片现藏于德国柏林亚洲艺术博物馆。研究这些突厥语诗歌文献残片的学者主要有勒柯克、威里·邦格、冯·加班、彼特·茨默、热合马提、彦斯·威尔金斯、克拉克等。

根据《突厥语诗歌选》残片（MIKⅢ200，1）拉丁字母转写[③]，无汉语借词。

三　故事类回鹘文作品汉语借词

1. 譬喻故事

"譬喻"（梵语 avadāna，有因缘、譬喻、譬语等义），是佛陀说法常用形式之一。譬喻故事多为富于教育意义的童话、笑话与寓言等，其寓意风格深刻、诙谐风趣、优美动人。释迦牟尼用讲故事或打比方来传授佛教教义，以便佛门弟子、善男信女更好地理解。现知回鹘文文献属

---

① P.Zieme, Ein Uigurisches Fragment der Rāma-Erzählung, *Acta Orientalia Academiae Scientiarum Hungaricae 32*,1978,S.23-32.

② 杨富学:《印度宗教文化与回鹘民间文学》，民族出版社，2007，第 252~267 页。

③ 阿不都热西提·亚库甫:《古代维吾尔语赞美诗和描写性韵文的语文学研究》，第 71~73 页。

于佛教譬喻故事的数量不少，归纳起来大致有如下三种，即大型佛教故事集《十业道譬喻鬘》《观音经相应譬喻谭》《折吒王的故事》等①。

（1）回鹘文《十业道譬喻鬘》汉语借词

现知回鹘文《十业道譬喻鬘》文献已达 200 叶（件）以上。这些回鹘文文献出土于新疆吐鲁番等地。德国吐鲁番考察队于吐鲁番获得百余件，现藏于柏林德国国家图书馆和印度艺术博物馆。②俄罗斯探险队于吐鲁番获取 80 叶（件），现藏俄罗斯东方学研究所圣彼得堡分所。③1959 年，在哈密县天山铁木尔图的一个洞窟中，又发现了 16 叶回鹘文《十业道譬喻鬘》④，现藏于乌鲁木齐新疆维吾尔自治区博物馆。⑤根据拉丁字母转写，筛选汉语借词⑥：

linhua< 莲花 3/16（第 8 叶）。

（2）《观音经相应譬喻谭》汉语借词

1907 年，斯坦因于甘肃敦煌发现《观音经相应譬喻谭》，现藏于伦敦大英博物馆，编号为 Or.8212-75A（旧编号 Ch.xix001）。自该写本发现以来，中外研究学者主要有羽田亨⑦、色那西·特肯（Ş.Tekin)⑧、庄垣内

---

① 杨富学:《印度宗教文化与回鹘民间文学》，第 154~159 页。

② F.W.K.Müller, *Uigurica I, Abhandlungen der Preussischen Akademie der Wissenschaften*, Berlin, 1908,Nr.2, S.36-45; F.W.K.Müller, *Uigurica II, Abhandlungen der Preussischen Akademie der Wissenschaften*, Berlin, 1910, Nr.3, S.20-27; F.W.K.Müller, *Uigurica III, Abhandlungen der Preussischen Akademie der Wissenschaften*, Berlin, 1920, Nr.2; F.W.K.Müller & A.von Gabain, *Uigurica IV, Sitzungsberichte der Preußischen Akademie der Wissenschaften, Phil-hist. Klasse 24*, Berlin, 1931, S.675-727; J.P. Laut, Zwei Fragmente eines Höllenkapitels der uigurischen Daśakarmapathāvadānamālā, *Ural-Altaischer* N.F.4, 1984,S.118-133.

③ 庄垣内正弘·L. トゥゲーシェフ·藤代節『ウィゲル文 Daśakarmapathāvadānamālā の研究—サンクィパ テルブルゲ 所蔵ウィゲル文「十業道物語」』松香堂、1998。

④ 耿世民:《回鹘文〈十业道譬喻故事花环〉哈密本残卷研究》,《中央民族大学学报（哲学社会科学版)》2008 年第 1 期。

⑤ Geng Shimin, H.J.Klimkeit, J.P.Laut, Prolegomena zur Edition der Hami-Handschrift der Uighurischen Daśakarmapathāvadāna-mālā, *Türk Dilleri Arastirmalari*, 1993, S.213-230.

⑥ 耿世民:《回鹘文〈十业道譬喻故事花环〉哈密本残卷研究》,《中央民族大学学报（哲学社会科学版)》2008 年第 1 期。

⑦ 羽田亨「回鹘譯本安慧の俱舍論実義疏」『白鳥博士還·記念東洋史論叢』岩波書店，1925、745~792 頁。

⑧ S.Tekin, *Abhidharma-kośa-bhāsya-tika Tattvārtha-nama—The Uigur translation of Sthirmati's Commentary on the Vasubhandu's Abhidh-armakośaśāstra*, New York, 1970, pp.ix-x.

正弘[①]、张铁山[②]、赵永红[③]等。

根据拉丁字母转写，筛选汉语借词[④]：

toyın<Chin. 道人 89

tıtsı<Chin. 弟子 89

bursang<Chin. 佛僧 108

linxua<Chin. 莲花 109

čayšı<Chin. 斋食 190

saču<Chin. 沙洲 240

（3）回鹘文《折吒王的故事》汉语借词

回鹘文写本《折吒王的故事》残卷，是德国吐鲁番考察队第三次探险时发现的，现藏柏林德国国家图书馆。

回鹘文写本《折吒王的故事》残卷最早由德国学者缪勒、冯·加班研究刊布。[⑤]

根据拉丁字母转写，筛选汉语借词[⑥]：

čin<Chin. 真 5/82

täng-täng<Chin. 等等 2-3/131

qongqiu<Chin. 箜篌 2/164

2. 本生故事

本生故事（梵文 Jātaka，有"生、本生、受生"等义），讲述释迦牟尼累世修行的故事。

（1）回鹘文《善恶两王子故事》汉语借词

现知回鹘文《善恶两王子故事》写本有三：

① 庄垣内正弘「ウイグル語写本・'観音経相応' - 観音経に関する 'avadana' -」『東洋学報』第 58 卷第 1-2 号、1976、017-037（258~222 頁）。

② 张铁山：《古代维吾尔语诗体故事、忏悔文及碑铭研究》，上海古籍出版社，2015，第 12~26 页。

③ 赵永红：《回鹘文佛教诗歌〈观音经相应譬喻谭〉研究》，载《中国少数民族文学与文献论集》，辽宁民族出版社，1997，第 372~396 页。

④ 张铁山：《古代维吾尔语诗体故事、忏悔文及碑铭研究》，第 12~26 页。

⑤ F.W.K.Müller & A.von Gabain, *Uigurica IV, Sitzungsberichte der Preußischen Akademie der Wissenschaften*, Phil.-hist. Klasse 24, pp.680-699.

⑥ 耿世民：《古代维吾尔文献教程》，第 152~162 页；杨富学：《回鹘文献与回鹘文化》，第 501~523 页；杨富学：《印度宗教文化与回鹘民间文学》，第 159~211 页。

其一，编号 P.Chinois3509 文献出土于敦煌千佛洞，计 40 叶 80 面，每面存回鹘文字 7~8 行。藏于法国国家图书馆。

其二，编号 Or.8212-118 文献出土于敦煌千佛洞，残片 1 叶，双面书写，存回鹘文字 22 行。现藏于英国国家图书馆。[①]

其三，编号 U120（TⅡY1）文献出土自吐鲁番交河故城，残片 1 叶，存回鹘文字 22 行，现藏于德国柏林。[②]

根据拉丁字母转写，筛选汉语借词[③]：

čïɣay<Chin. 乞丐 5/5

lenxua<Chin. 莲花 3/38

pošï<Chin. 布施 4/48

suy<Chin. 罪 8/51

quŋqayu<Chin. 筷[④] 7/69

（2）回鹘文《阿烂弥王本生故事》汉语借词

编号为 P.Ouïgour1 的《阿烂弥王本生故事》写本文献出土于敦煌莫高窟，3 叶，存回鹘文字 119 行。阿烂弥王本生故事 67 行，其余题记 52 行。回鹘文《阿烂弥王本生故事》现藏于法国国家图书馆。

根据拉丁字母转写，筛选汉语借词[⑤]：

singtsi<Chin. 僧慈 5/2′

（3）《常啼菩萨的求法故事》汉语借词

编号为 Pelliot Ouïgour 4521 的回鹘文《常啼菩萨的求法故事》，讲述萨陀波伦菩萨[⑥]，为求解般若波罗蜜多相应之法而踏上艰辛的旅程。

---

① J.Hamilton, *Le conte bouddhique du Bon et du Mauvais Prince en version ouïgoure.Mission Paul Pellion. Documents conservés a la Bibliothèque Nationale Ⅲ, Manuscrits ouïgoures de Touen-houang*, Paris, 1971, pp.203-204.

② P.Zieme, Ein uigurisches Turfanfragment der Erzählung von guten und vom bösen Prinzen, *Acta Orientalia Academiae Scientiarum Hungaricae* 28, 1974, S.263-268.

③ 牛汝极：《回鹘佛教文献——佛典总论及巴黎所藏敦煌回鹘文佛教文献》，第 283~319 页。

④ "quŋqiu 箸筷"，〔德〕A. 冯·加班：《古代突厥语语法》，耿世民译，内蒙古教育出版社，2004，第 336 页。

⑤ 杨富学：《敦煌本回鹘文〈阿烂弥王本生故事〉写卷译释》，《西北民族研究》1994 年第 2 期。

⑥ 萨陀波伦菩萨也作常啼菩萨。

该文献是用回鹘文草体书写，共 30 叶，60 面，册子式，每页有 15~19 行不等。

　　回鹘文《常啼菩萨的求法故事》系伯希和在敦煌发现的一部佛教文献，现藏于法国国家图书馆。根据拉丁字母转写，筛选汉语借词[①]：

subhūti<Chin. 须菩提 006

bahšĭ<Chin. 法师 041

čïn<Chin. 真 046

surt<Chin. 卒 049

lanqan<Chin. 栏杆 074

u-day<Chin. 五台（山）081

so<Chin. 锁 085

toyïn<Chin. 道人 090

lenhwa<Chin. 莲花 097

tayšïŋ<Chin. 大乘 116

taypažaki<Chin. 大般若经 117

žüngim<Chin. 绒锦 116

bun<Chin. 本 286

čoŋ<Chin. 幢 298

sanq(a)y<Chin. 伞盖 298

kolu<Chin. 香炉[②] 356

qamtsi<Chin. 龛子 358

kin<Chin. 金 359

vuŋ<Chin. 封 383

činžu<Chin. 真如 445

hwa<Chin. 花 503

šïŋ<Chin. 乘 546

šïq<Chin. 石 594

①　热孜娅·努日:《巴黎藏回鹘文诗体般若文献研究》，上海古籍出版社，2015，第 25~131 页。

②　彼特·茨默认为借自汉语"香炉"，潘悟云构拟音"hïeŋ"晓母阳韵。

taloy<Chin. 大流 606

buši<Chin. 布施 637

3. 回鹘文寓言童话故事集《五卷书》汉语借词

《五卷书》（梵语 Pañca-tantra，Pañca 有"五、五法"义，tantra 有"神秘符咒法术类的经典、教法"等义[1]）是印度古代最著名、流传最广的寓言与童话故事集。

回鹘文《五卷书》写本残片 9 件均出土自吐鲁番，系德国吐鲁番考察队第二次、第三次探险时所发现，其中 8 件藏于柏林德国国家图书馆。[2]

回鹘文《五卷书》写本残片，共存文字 272 行。其中 8 件（即 A、B、C、D、E、G、H、I）共存回鹘文字 219 行，由彼特·茨默和盖斯乐（F.Geissler）研究刊布[3]。另有 F 号 1 件，存回鹘文 53 行，由沃尔麦兹（M.ölmez）研究刊布。[4]

根据拉丁字母转写，[5] 筛选汉语借词，无汉语借词。

4. 回鹘文《荀居士抄〈金刚经〉灵验记》汉语借词

佛教为了向世人证明鬼神之存在，一方面宣扬因果报应，规劝世人积德行善；另一方面又宣扬地狱之恐怖，以震慑人心，于是便出现了所谓的灵验故事。[6]

编号 TⅡY22（U3107）的回鹘文《荀居士抄〈金刚经〉灵验记》写本，共有 1 叶，正、反面各书写回鹘文 7 行。据洪勇明研究，回鹘文《荀居士抄〈金刚经〉灵验记》翻译时间为 12 世纪下半叶。[7]

根据拉丁字母转写，筛选汉语借词[8]：

---

[1] 林光明、林怡馨：《梵汉大辞典》，嘉丰出版社，2005，第 832、1274 页。

[2] 杨富学：《印度宗教文化与回鹘民间文学》，第 269~270 页。

[3] F.Geissler & P.Zieme, Uigurische Pañcatantra-Fragmente, *Turcica Ⅱ,*1970, S.*32-70.*

[4] M.ölmez, Ein weiteres alttürkischen Pañcatantra-Fragment, *Ural-AltaischeJahrbücher* N.F.12,1993, S.179-191.

[5] 杨富学：《印度宗教文化与回鹘民间文学》，第 270~284 页。

[6] 灵验故事包括灵验记、冥报记、感应功德记等，是指向佛、菩萨祈祷、忏悔或念佛、造经、诵造像后出现感通、灵异诸神事迹的记述，其思想基础是佛教的因缘果报理论。杨富学：《印度宗教文化与回鹘民间文学》，第 212 页。

[7] 洪勇明：《回鹘文〈荀居士抄《金刚经》灵验记〉》，《新疆大学学报》（哲学·人文社会科学版）2008 年第 5 期。

[8] 杨富学：《印度宗教文化与回鹘民间文学》，第 213~215 页。

litsun<Chin. 李村

titsi<Chin. 弟子

pïr<Chin. 笔

kimqoki<Chin. 金刚经

užik<Chin. 字

čïɣ<Chin. 尺

baxšï<Chin. 法师

qo<Chin. 空

四　回鹘文《乌古斯可汗的传说》汉语借词

《乌古斯可汗的传说》是流传于古代回鹘人中间的一部散文体英雄史诗。现存唯一回鹘文写本藏于法国国家图书馆，编号为 Suppl. turc1001[即所谓舍费（Ch.Schefer）收藏本]。写本用草体回鹘文写成，首尾残缺，大小为 19 厘米 ×13 厘米，共 21 叶，42 面，每面 9 行。

《乌古斯可汗的传说》堪称回鹘文学作品传说类之典范。按其内容可分为两个部分：第一部分反映了古代回鹘人起源、创世纪神话以及某些古老的风俗习尚；第二部分主要叙述乌古斯可汗的征战活动。

根据耿世民所作转写，筛选汉语借词[①]:

taluy<Chin. 大流

中国还有阿不都克热木·热合曼的《有关乌古斯可汗和乌古斯的新的讨论》[②]、马合木提·艾力的《维吾尔族古代史诗〈乌古斯可汗传〉的一些看法》[③] 等学者对《乌古斯可汗的传说》进行研究。国外研究的学者主要有伯希和[④]、威里·邦格和热合马提[⑤] 等学者。

---

① 耿世民译《乌古斯可汗的传说》，新疆人民出版社，1980，第 3~8 页。

② 阿不都克热木·热合曼：《有关乌古斯可汗和乌古斯的新的讨论》，《新疆大学学报》（哲学社会科学维吾尔文版）1981 年第 3 期。

③ 马合木提·艾力：《维吾尔族古代史诗〈乌古斯可汗传〉的一些看法》，《新疆师范大学学报》（哲学社会科学版）1994 年第 3 期。

④ Paul Pelliot, Sur la legende d'Ughuz-Khan en ecriture Ouigoure, Toung Pao, 1930.

⑤ W.Bang & R. Rachmeti, Die legende von Oghuz Qaghan, *Sitzungsberichte der Preußischen Akademieder Wissenschaften*, Berlin, 1932.

根据《〈乌古斯传〉的修辞研究》所作拉丁字母转写，筛选汉语
借词 ①:

bändäng<Chin. 板凳 92

五　戏剧类作品回鹘文《弥勒会见记》中的汉语借词

1. 回鹘文《弥勒会见记》概况

《弥勒会见记》（回鹘语 Maitrisimit Nom Bitig）是现存篇幅较长的
回鹘文佛教文献之一（能与其相比的只有《金光明经》《玄奘传》等少
数几种回鹘文文献）。

（1）德国本

20 世纪初，德国吐鲁番考察队获得回鹘文《弥勒会见记》的几个
抄本的残卷。其中以胜金口本保留下的叶数较多（其中完整的不过十几
张，余为残片），但也只占全书的约 1/10。②

1957 年，冯·加班研究刊布了《〈弥勒会见记〉佛教毗婆沙师著作
回鹘译本的影印本（一）》③；1961 年，冯·加班又研究刊布了《〈弥勒会
见记〉佛教毗婆沙师著作回鹘译本的影印本（二）》。④

1980 年，基于冯·加班对回鹘文《弥勒会见记》进行的转写、德
文翻译和注释，土耳其学者色那西·特肯（Ş.Tekin）出版了《〈弥勒会
见记〉回鹘文译本研究》⑤。

（2）哈密本

1959 年 4 月，回鹘文《弥勒会见记》出土于新疆哈密县天山公

---

① 阿克·塔里甫:《〈乌古斯传〉的修辞研究》，硕士学位论文，新疆师范大学，2011，第
37~53 页。

② A.von Gabain, Maitrisimit, I,Beiheft,1957, s.12.

③ A.von Gabain, *Maitrisimit, Faksimile der alttürkischen Version eines Werkes der
buddhistischen Vaibhāṣ ika-schule*, Teil I mit Beiheft I, Wiesbaden, Franz Steiner Verlag,1957.

④ A.von Gabain *Maitrisimit, Faksimile der alttürkischen Version eines Werkes der
buddhistischen Vaibhāṣ ika-schul*, Teil II Beiheft II, Wiesbaden,Franz Steiner Verlag,1961.

⑤ Ş.Tekin, *Maitrisimit.Nom Bitig: Die uigurische übersetzung eines Werkes der buddhistischen
Vaibhāṣika-schule*. Schriften zur Geschichte und Kultur der Alten Orient, Berlin Turfantexte
IV (Berlin:Akademie Verlag,1980).ITeil: Transliteration, übersetzung, Anmerkungen-II.Teil:
Analytischer und rückläufiger Index, Berlin, 1980.

社脱米尔底（今哈密市天山区板房沟乡），此即回鹘文哈密本《弥勒会见记》。

回鹘文哈密本《弥勒会见记》共 293 叶，586 面，其中约 114 叶完好无缺或大体完好。文字用墨从左至右竖写，每面书写 30 行或 31 行。字体为正规的写经体，形式为古代回鹘文佛经常用的梵夹装。写本似由三人抄成，字体各不相同。

1962 年，冯家昇发表了《1959 年哈密新发现的回鹘文佛经》[①]，开创了中国研究回鹘文《弥勒会见记》之先河。之后，耿世民、多鲁坤·阚白尔、伊斯拉菲尔·玉素甫、阿不都克由木·霍加等多位学者曾对回鹘文哈密本《弥勒会见记》进行研究。关于此回鹘译本成书年代，目前尚无一致意见。耿世民认为回鹘文献《弥勒会见记》应成书于 9~10 世纪[②]。

2. 回鹘文哈密本《弥勒会见记》汉语借词

"哈密本在数量上多于德国本。经过与柏林本（胜金口本和木头沟本）相比较，哈密本与德国本之间虽基本相同，但有些地方并不一致。二者可以互为补充。"[③] 从事"德国本"研究的学者采用拉丁符号换写法给读者带来不便。[④] 鉴于此，从篇幅角度来看，应选择"哈密本"。我们选择耿世民先生研究成果，根据回鹘文哈密本《弥勒会见记》拉丁字母转写，筛选汉语借词[⑤]：

buši<Chin. 布施　21/6b-3

čigzin<Chin. 稀粥　10/14a-3

čikin<Chin. 织锦　21/10a-16

čuu<Chin. 麹　5/1a-0

---

① 冯家昇：《1959 年哈密新发现的回鹘文佛经》，《文物》1962 年第 7、8 期合刊。

② 耿世民：《回鹘文哈密本〈弥勒会见记〉研究》，中央民族大学出版社，2008，第 603 页。

③ 耿世民：《回鹘文哈密本〈弥勒会见记〉研究》，第 6 页。

④ "特肯的书对葛玛丽（备注：特肯即色那西·特肯，葛玛丽即冯·加班）刊布的两部分写本进行拉丁字母转写和翻译。但奇怪的是他不采用突厥学家使用的转写法，而使用研究粟特语文献的学者使用的拉丁符号换写法（Transliteration），给读者带来不便。"耿世民：《回鹘文哈密本〈弥勒会见记〉研究》，第 619 页。

⑤ 耿世民：《回鹘文哈密本〈弥勒会见记〉研究》，第 12~538 页。

labay<Chin. 喇叭 17/5b-10

linxua<Chin. 莲花 9/15b-2

lun<Chin. 龙 5/2a-2

qay<Chin. 阶 5/1a-10

qongqau<Chin. 箜篌 10/4b-0

sap xay<Chin. 靸鞋 26/10b-2

sïp<Chin. 耜 2/4b-3

toyïn<Chin. 道人 30/4a-0

tsuy<Chin. 罪 19/3a-25

tutuq<Chin. 都督 11/1b-0

ziin<Chin. 闰 3/1a-0

六 格言谚语类回鹘语汉语借词

1. TID155 回鹘文献格言诗汉语借词

TID155 回鹘语民歌，残片 1 叶，册子本，88 行。高昌故城出土，德国吐鲁番考察队第一次探险时所获。TID155 文献现不知所终。威里·邦格与热合马提（G.R.Rachamati）等学者曾研究该文献。[①]

杨富学《回鹘文献与回鹘文化》转录了其中两则：[②]

qïmaɣu kïlïq-lar-nï

凡是不该做的事，

ašnu-ča sanmïš käräk.

事先要多加考虑。

sanmadïn qïlmiš-t a kin

欠考虑做了这种事，

nätägin tanmïš käräk

事后如何否认得了？

---

① W.Bang & G.R.Rachamati, *Leider aus Alt-turfan*, AM 9,1933,pp.135-136.

② 杨富学：《回鹘文献与回鹘文化》，第 312~313 页。

kirikän ton-lar kirin-i

衣服上的脏物

suv üz–ä yumuš käräk

可以用水洗去，

söz kiri kitmäs yusa

语言上的污垢

nätägin qïlmiš käräk

怎么都难祛除。

这种回鹘文格言语言幽默，形象鲜明，短小精悍，具有很高的文学价值。但无汉语借词。

2. 回鹘文谚语汉语借词

回鹘文献 TⅡY19 中的谚语拉丁字母转写[①]，无汉语借词。

第三节 本章汉语借词统计

[š]ačev 问道 <Chin. 坐朝问道

abidake<Chin. 阿弥陀经

amitaaba<Chin. 阿弥陀

bahšï<Chin. 法师

bändäng<Chin. 板凳

bun<Chin. 本

bursang<Chin. 佛僧

bušï<Chin. 布施

ča<Chin. 茶

čamšï<Chin. 仓事

čang<Chin. 铮

---

① R.Rahmeti Arat, *Türkische Turfan–texte* Ⅶ , Berlin,1936, p.54. 转引自杨富学《回鹘文献与回鹘文化》，第 309~313 页。

čay<Chin. 斋

čayšı<Chin. 斋食

čïɣ<Chin. 尺

čïɣay< Chin. 乞丐

čigzin<Chin. 稀粥

čikin<Chin. 织锦

čïn<Chin. 真

činkim-tayzı<Chin. 真金太子

čınqongdu<Chin. 真空奴

čïn-wou<Chin. 镇抚

činžu<Chin. 真如

čïquy<Chin. 指挥

čiv<Chin. 桀

čoŋ<Chin. 幢

ču čing-yä qw<Chin. 珠称夜光

čünsi<Chin. 橡子

čuŋ<Chin. 钟

čuu<Chin. 麴

čuwi-žo<Chin. 推位让（国）

dai fuɣ-I šo<Chin. 乃服衣裳

duwdu<Chin. 都督

gon maw<Chin. 冠帽

gu-tauto<Chin.（有）虞陶唐

guŋlaw<Chin. 功劳

gur čur-kung[qo]<Chin. 玉出昆冈

hwa<Chin. 花

hung-tay-hiu<Chin. 皇太后

išiŋ<Chin. 升

kam xo-ku kur<Chin. 剑号巨阙

kim [š]a-li šu<Chin. 金生丽水

kımpaq<Chin. 金箔

kimqoke<Chin. 金刚经

kin<Chin. 金

kin<Chin. 琴

kolu<Chin. 香炉

kusar<Chin. 裤衩

labay<Chin. 喇叭

labay<Chin. 螺贝

lanqan<Chin. 栏杆

len sem-vi se<Chin. 鳞潜羽翔

lenhua/linhuwa< Chin. 莲花

litsun<Chin. 李村

lükčüng<Chin. 柳中

lu ker-vi š[o]<Chin. 露结为霜

lung ši-qa ti<Chin. 龙师火帝

lu-tev-yo<Chin.（律）吕调阳

luu/lun<Chin. 龙

mäkä<Chin. 墨

maŋluŋ<Chin. 蟒龙

men<Chin. 面

panžaɣke<Chin. 般若经

pilür<Chin. 筚篥

pïr<Chin. 笔

polaṅ-hay<Chin. 破烂鞋

pošï<Chin. 布施

qa čin-li<Chin. 果珍李（柰）

qamtsi<Chin. 毡子

qay<Chin. 阶

qayemke<Chin. 华严经

qïmbaq<Chin. 金箔

qo<Chin. 空

qoču<Chin. 高昌

qongqiu<Chin. 箜篌

qonši-im<Chin. 观世音

quanimke<Chin. 观音经

qunčuy< 公主

qupïŋ <Chin. 壶瓶

sa<Chin. 锁

saču<Chin. 沙洲

sai čung-qai ko<Chin. 菜重芥姜

sam<Chin. 篦

samqu<Chin. 千户

sanq(a)y<Chin. 伞盖

saŋ<Chin. 仓

saŋčïm<Chin. 参政

sap xay<Chin. 靸鞋

šı<Chin. 时

ši[r]<Chin. 日

singtsi< Chin. 僧慈

šïŋ<Chin. 乘

sïp<Chin. 耜

šïq<Chin. 石

sir-bar-ke<Chin. 七（有）经

so<Chin. 锁

soišingoke<Chin. 最胜王经

šu či<Chin. 始制（文字）

šu kung<Chin. 垂拱（平章）

subhūti<Chin. 须菩提

šuɪkin<Chin. 水罐

šüṅtsɪ<Chin. 诵子

surt<Chin. 卒

suy<Chin. 罪

taluy <Chin. 大流

täng-täng<Chin. 等等

taqču<Chin. 托柱

tawmu<Chin. 头目

tayčong<Chin. 大众

taydu<Chin. 大都

taypažaki<Chin. 大般若经

tayšї<Chin. 太师

tayšing<Chin. 大乘

te vun-var soi<Chin. 吊民伐罪

tew qan-ženχo<Chin 鸟官人皇

tıɣ<Chin. 笛

tın<Chin. 田

titsi<Chin. 弟子

toŋdї<Chin. 同知

toqlı<Chin. 髑髅

toyïn<Chin. 道人

tsuy<Chin. 罪

tutuq<Chin. 都督

u-day<Chin. 五台（山）

užik<Chin. 字

vamtsan<Chin. 梵赞

vapqake<Chin. 法华经

varyoke<Chin. 八阳经

viču-xongxo<Chin. 宇宙洪荒

vinqoɣke<Chin. 圆觉经

vuŋ<Chin. 封

xai xam-xa tam<Chin 海咸河淡

yinwang-tayzı<Chin. 燕王太子

yiučing<Chin. 右丞

yuntıng-ču yu<Chin. 云腾致雨

zäy<Chin. 哉

ziin<Chin. 闰

žüngim<Chin. 绒锦

zuŋbïŋ<Chin. 总兵

第十章　回鹘文医学、天文、占卜历法类文献汉语借词

第一节　回鹘文医学文献汉语借词

一　回鹘文医学文献研究概况

回鹘文医学文献被发现以来受到国内外研究者的热烈关注。中国成果主要有耿世民的《古代突厥语文献选读》[①]、陈宗振的《回鹘文医书摘译》[②]、邓浩与杨富学的《吐鲁番本回鹘文〈杂病医疗百方〉译释》[③]、杨富学的《回鹘文〈杂病医疗百方〉》[④]与《高昌回鹘医学稽考》[⑤]等。

国外学者主要有土耳其学者热合马提[⑥]，德国学者冯·加班[⑦]、彼特·茨默[⑧]、毛埃（D.Maue）[⑨]等。

[①]　耿世民:《古代突厥语文献选读》，中央民族学院油印本，1978~1980。

[②]　陈宗振:《回鹘文医书摘译》，《中华医史杂志》1984年第4期。

[③]　邓浩、杨富学:《吐鲁番本回鹘文〈杂病医疗百方〉译释》，敦煌研究院编《段文杰敦煌研究五十年纪念文集》，世界图书出版公司，1996。

[④]　杨富学:《回鹘文〈杂病医疗百方〉》，《回鹘文献与回鹘文化》，民族出版社，2003。

[⑤]　杨富学:《高昌回鹘医学稽考》，《敦煌学辑刊》2004年第2期。

[⑥]　R.Rahmeti Ara, Zur Heilkunde der Uiguren I-II, *Sitzungsberichte der Preußischen Akademieder Wissenschaften*, Berlin, 1930, pp.451-473; 1932, pp.401-498.

[⑦]　A.von Gabain, *Alttürkische Grammatik*, Leipzig, 1941.

[⑧]　P.Zieme, Note on Uighur Medicine,especially on the Uighur Siddhasara Tradition, *Asian Medicine* 3,2007, pp.308-322.

[⑨]　D.Maue, An Uighur Version o Vāgbhata's Astgahrdayasamhitā, *Asia Medicine* 4, 2008, pp.113-173.

二 回鹘文医学文献汉语借词

1. TID120 文献汉语借词

经过一个多世纪的努力，中国新疆吐鲁番等地出土的回鹘文医学文献残卷相继得到研究和刊布，这为我们认识与研究古代回鹘医学提供了第一手的宝贵资料。编号为 TID120（U559）的回鹘医学文献，共 21 叶，册子式，纸质黄，字体为回鹘文半草书体。尺幅为 14 厘米 × 18 厘米，每叶存文字 9~11 行，合计 201 行。该文献原无标题，邓浩、杨富学根据文献内容拟定题目为《杂病医疗百方》。该文献原件现藏于柏林科学院吐鲁番文献中心，它是古代回鹘医学文献中保存得最为完整，内容丰富的药方书。

根据拉丁字母转写，筛选汉语借词①：

buda<Chin. 葡萄（Za 146）

čan<Chin. 盏（Za 64）

lan<Chin. 烂（Za 138）

min<Chin. 面（Za 67）

qua<Chin. 花（Za 105）

qulum<Chin. 葫芦（Za 120）

quma<Chin. 胡麻（Za 64）

sun<Chin. 寸（Za 146）

2. 其他回鹘医学文献汉语借词

古代回鹘医学文献还包括《医理精华》《瑜伽论》《千手千眼观世音菩萨广大圆满无碍大悲心陀罗尼经》《八支心要方本集》《未定名医学文献残片》等文献。《医理精华》（*Siddhasāra*）是一部讲述医学理论和治疗方法的印度医方选集。回鹘文《医理精华》于 13 世纪前译自梵文本。回鹘文《医理精华》已发现残片 22 个，其中 13 个残片现藏于柏林科学院吐鲁番文献中心，其他的 9 个残片原件遗失。其中 Mainz725 是医学文献残卷中最长的，尺幅为 71.5 厘米 × 18.5 厘米，其他残片面积大小不等。回鹘文《医理精华》早在 1932~1936 年由热合马提研究刊

① 杨富学：《高昌回鹘医学稽考》，《敦煌学辑刊》2004 年第 2 期。

布。1953 年，贝利（H.W.Bailey）识别出回鹘文《医理精华》残片中的 1、5、6 三个残片。1983 年，恩默端克（R.E.Emmerick）确定回鹘文《医理精华》中的 7 个残片在梵文本中具体的位置。2007 年，彼特·茨默刊发《古代维吾尔医学，尤其是古代维吾尔语〈医理精华〉传统之注释》（*Notes on Uighur Medicine, especially on the Uighur Siddhasara Tradition*），该文是回鹘文《医理精华》综合性研究成果。

　　回鹘文医学文献中的《瑜伽论》残片共有 8 件。其中前 2 件编号为 U560（TⅡY19），均为 15 厘米 × 21 厘米，共 13 行。后 6 件残片是用婆罗米文书写的梵语 – 回鹘语双语《瑜伽论》残片，共有三篇，编号为 Mainz204，Mainz192（TM319），Mainz202。这些文献分别为 6 厘米 × 6.4 厘米，8.7 厘米 × 6.4 厘米，13.1 厘米 × 8.2 厘米，每叶存文字 5 行，共 30 行。1932 年，热合马提曾对回鹘文《瑜伽论》部分残片进行研究刊布。1996 年，毛埃也曾研究刊布其他残片。

　　回鹘文医学文献《千手千眼观世音菩萨广大圆满无碍大悲心陀罗尼经》残片译自汉文本，有两个残片，共 18 行，纸质为黄色，文献原件现藏于柏林科学院吐鲁番文献中心，编号为 Mainz212。1989 年，土耳其突厥学家塞尔特卡亚在《古代维吾尔医学文献概述》[①]中对该残片有过研究。

　　《八支心要方本集》是印度医学家婆跋吒（Vāgbhata）的一部著名医书，共 120 章。古代回鹘语婆罗米文本《八支心要方本集》残片共有 16 件，贝叶式形制，纸质为黄色，每叶 2~6 行不等，共有 77 行。2008 年，德国毛埃研究刊发《婆跋吒的八支心要方本集之古代维吾尔语版本》[②]，毛埃对这篇文献残片进行了换写、转写、德语翻译和注释等研究工作。

　　古代回鹘语医学文献中的未定名文献有 12 篇：

Ch/U6779（TⅡY14-f）	M125	TⅡY3
Ch/U7111（TⅡY14+TⅡY18）	TⅡD53	U560（TⅡY19）

---

① Sertkaya, *Uygur Tıp Metinlerine Toplu Bir Bakış*, Türk Kültür Merkizi Yayım, 1989, pp.349-359.

② D.Maue, An Uighur Version of Vāgbhata's Astṅgahrdagasamhitā, *Asian Medicine* 4, 2008.

Mainz0091（TⅡD222）　　　　　TⅡD142　　U562（TⅡD142）

Mainz190（TⅢ114）　　　　　　TⅡT　　　　U564（TⅡD85）

这些文献有 24 个残片，其中 18 个残片现藏于柏林科学院吐鲁番文献中心。形制均为贝叶式，每叶 4~17 行不等，共有 271 行。

另，编号为 U560（TⅡY19）的文献有 6 个残片，其中有 2 个残片属于《瑜伽论》残片，其他 4 个残片原典还不明确。

另，编号为 M152 的文献共有 2 个残片，13 行，贝叶式，纸质为黄色，原件严重残损，现藏于柏林科学院吐鲁番文献中心。土耳其学者沃尔麦兹曾对该文献进行了换写、转写、土耳其语翻译和注释等工作。

汉语借词来源材料主要来自这些古代文献。根据巴克力·阿卜杜热西提学位论文里的拉丁字母转写，筛选汉语借词[①]：

bahšï<Chin. 法师 F054

bi<Chin. 匕 B135

čan<Chin. 盏 A064

čïqu<Chin. 石斛 A172

län<Chin. 烂 B138

lav<Chin. 蜡 B141

lenha<Chin. 莲花 B093

li<Chin. 粒 F173

men<Chin. 面 A034

mïr<Chin. 蜜 A114

qamsun<Chin. 甘松 A148

qïţay<Chin. 契丹 F254

qua<Chin. 花 A120

qulum<Chin. 葫芦 A120

quma<Chin. 胡麻 A064

qunčuy<Chin. 公主 E065

[①] 巴克力·阿卜杜热西提：《古代维吾尔语医学文献的语文学研究》，博士学位论文，中央民族大学，2013，第 8、291~374 页。

sola-<Chin. 锁 E062

tsvun<Chin. 寸 B239

yang<Chin. 杨 A199

第二节　回鹘天文学文献汉语借词

一　回鹘天文学概况

我国古代天文学家为了观测天象，如日、月、五星在天空中的运行，将赤道附近的天空划分为二十八不等的部分。每一部分作为一宿，用一个位于赤道附近的星座作为标志，称为"二十八宿"。二十八宿分别属于四方，即东方苍龙七宿①、北方玄武七宿②、西方白虎七宿③、南方朱雀七宿④。二十八宿是古代天文学家观测恒星的基础和记录特殊天象方位的依据。

官修史书对回鹘天文学记载甚少。今天我们所知道的回鹘文天文学文献主要有20世纪初出土于吐鲁番吐峪沟的突厥鲁尼文残卷⑤、回鹘文《佛说天地八阳神咒经》以及吐鲁番所发现的二十八宿壁画与文献等⑥。

二　回鹘天文学文献汉语借词

1.回鹘文献所见行星名称汉语借词

回鹘文献 U3834（TI）正面存回鹘文 5 行，反面存回鹘文 6 行。该残片面积 7 厘米 × 8.3 厘米，纸质为褐色，藏于德国柏林科学院吐鲁番文献中心。回鹘文献 U3834（TI）反面的第 11 行出现回鹘语 yultuz

---

① 即角、亢、氐、房、心、尾、箕。

② 即斗、牛、女、虚、危、室、壁。

③ 即奎、娄、胃、昴、毕、觜、参。

④ 即井、鬼、柳、星、张、翼、轸。

⑤ 首行写道：b(a)šl(a)di: yiti p(a)ɣ(a)rl(i)nïng（七行星开始），其中 p(a)ɣ(a)r（行星）源自粟特语 pɣ'r，其时代应在 9 世纪中叶回鹘西迁之后。杨富学:《回鹘文献与回鹘文化》，第 314~316 页。

⑥ 杨富学:《回鹘文献与回鹘文化》，第 317~321 页。

（行星）[①]：

　　yultuz vusı'[ol]（行星的符）

　　回鹘文献 U3854（TI）由 A 和 B 两个残片组成，A 残片正面存回鹘文 6 行，反面存回鹘文 7 行，该残片面积 8.8 厘米 ×9.4 厘米；B 残片正面存回鹘文 1 行，反面存回鹘文 2 行。该文献纸质为米色，藏于德国柏林科学院吐鲁番文献中心。

　　yultuz 出现于回鹘文献 U3854（TI）A 残片正面[②]：

　　[bok] umuntsi yultuz vusı（巨门星的符）

　　据学者木沙江·艾力研究，属于十二生肖周期的古代回鹘历法和占卜文献的内容涉及历法、占卜、魔法、天文学、星相学和占星术等。这一回鹘文献群由 11 个残片组成，其中 7 个残片原件遗失，其他残片现藏于德国柏林科学院吐鲁番文献中心。这些残片每叶书写 5~70 行不等，共 270 行。这些回鹘文残片大致概况如下。

　　回鹘文残片 Mainz100r（TⅢM138），该残片面积 23.5 厘米 ×18.4 厘米，纸质为浅灰色和米色，正面存回鹘文 18 行，反面存回鹘文 13 行。

　　回鹘文残片 U500（TI600）由 A 和 B 两个小残片组成，它们纸质为棕色，颜色深浅不一致。A 残片面积 24.4 厘米 ×9.8 厘米，正面存回鹘文 16 行，反面存回鹘文 14 行；B 残片 23.2 厘米 ×10.1 厘米，正面存回鹘文 19 行，反面存回鹘文 18 行。

　　回鹘文残片 U5565（TⅡD89）面积 12.8 厘米 ×6.7 厘米，该残片纸质为灰米色，正面存回鹘文 15 行，反面存回鹘文 12 行。

　　另外 7 个残片原件遗失，即 U9227（TⅡY29.3）、U9227（TⅡY29.4）、U9227（TⅡY29.6）、U9227（TⅡY29.7）、U9227（TⅡY29.8）、U9245v（TⅢM66.2）和 CH/U9001（TⅡY49.2）。1936 年，土耳其学者热合马提在《突厥吐鲁番文献》第七卷中曾对这些回鹘文献残片作过研究。

　　"五曜"（水星、金星、木星、土星、火星），加上日和月，即为

---

① 木沙江·艾力：《古代维吾尔语历法和占卜文献的语文学研究》，博士学位论文，中央民族大学，2016，第 74 页。

② 木沙江·艾力：《古代维吾尔语历法和占卜文献的语文学研究》，博士学位论文，中央民族大学，2016，第 76 页。

"七曜"。下面就"七曜"所出现的回鹘文文献情况一一列举。

据法国学者路易·巴赞（Louis Bazin）研究，吐峪沟发现一卷文书（MO296-306，HJ57-59 和 97），由汤姆森刊布，它同样也是用古老的鲁尼文写成。该文献间接地涉及突厥人的历法，包括某些星相内容、星辰以及与它们相对应的宝石名表，它们对于携带这些宝石者所起的护身符作用。该文献讲到"七曜"（yetti pagarla，此称呼是由于它们出自一个意为"星曜"的粟特文名词 paxar 的突厥文派生词），带有由名词派生的形容词后缀 -la/-lä。pagarla 一词应为一个粟特语词组的仿造词，它在更多情况下不是指"星曜"，而是指"行星体"。本处所论述的"五曜"是按照下述顺序提到的：水星（tir）、木星（ormïzt）、火星（nagïd）、土星（kiwan）和月星（mag）。所有这些名称均为粟特文的回鹘文对音。[1]

据热合马提研究，可得到 ādiya（太阳）、soma（月亮）及五星的名称转写：[2]

五曜	梵语	回鹘语
水星	Buddha	bud
金星	Sukra	šükür
木星	Brhaspati	braxasvadi
土星	Sanai Scara	šaničar
火星	Angāraka	angarak。

回鹘语水星（bud）也出现于回鹘文献 U5565（TIID89）之中[3]：

（bir）ti ud šiu bud（初一，定、牛、收、水星）

太阳、月亮、火星、水星、木星、金星、土星等词还出现于回鹘文献 U9227（TIIY29.3）之中[4]：

---

① 〔法〕路易·巴赞：《突厥历法研究》，耿昇译，中华书局，1998，第 332～335 页。

② 转引自〔德〕彼特·茨默：《吐鲁番文献所见古突厥语行星名称》，杨富学译，《回鹘学译文集》，第 268～276 页。

③ 木沙江·艾力：《古代维吾尔语历法和占卜文献的语文学研究》，博士学位论文，中央民族大学，2016，第 174 页。

④ 木沙江·艾力：《古代维吾尔语历法和占卜文献的语文学研究》，博士学位论文，中央民族大学，2016，第 174～176 页。

aditya/ādiya·soma ·angaraq/angarak（太阳、月亮 、火星）

bud·brah(a)s(a)vadi/braxasvadi· šükür（水星、木星、金星）

šaničar·yeti·grahlar（土星七颗行星）

汉族人很讲究五行，通常排列的顺序为：火、水、木、金、土。受其影响，回鹘文献中的五行的排列顺序与之完全相同：oot yultuz（火）、suv yultuz（水）、yïɣač yultuz（木）、altun yultuz（金）、tupraq yultuz（土）。[1] 这里回鹘语五行的结构是"回鹘语名词（oot/ suv/yïɣač/ altun/ tupraq）+ yultuz（行星）"。

回鹘文献《佛说天地八阳神咒经》中有一个天体名称：

tai sui<Chin. 太岁 [2]

2. 高昌故城回鹘文献（编号 TIID79）汉语借词

1904~1905 年，德国吐鲁番考察队第二次探险时于吐鲁番高昌故城发现了回鹘文书写的二十八宿残片（编号 TIID79）[3]，存文字 6 行：

…ülkär yultuz（昴宿）

pir（毕）baqrsuqra yultuz（毕宿）

tsui（觜）äräntir yultuz（觜宿）

šem（参）quisuq yultuz（参宿）

tsii（井）tirgäk yultuz（井宿）

…yaltraɣ ad …（鬼宿）

其中的汉语借词有：

pir<Chin. 毕

tsui<Chin. 觜

šem<Chin. 参

tsii<Chin. 井

---

[1] R.Rahmeti Arat, *Türkische Turfan-texte* Ⅶ , Berlin, 1936, p.344, Taf. Ⅲ.

[2] 转引自〔德〕彼特·茨默：《吐鲁番文献所见古突厥语行星名称》，杨富学译，《回鹘学译文集》，第 268 页。太岁（又称岁阴），是中国古代天文和占星中虚拟的一颗与岁星（木星）相对并相反运行的星。

[3] R.Rahmeti Arat,*Türkische Turfan-texte* Ⅶ , Berlin,1936,p.344,Taf. Ⅲ. 杨富学：《回鹘文献与回鹘文化》，第 318~319 页。〔英〕克劳森：《早期突厥诸族天文学术语综考》，杨富学译，《回鹘学译文集》，第 277~296 页。

英国学者克劳森曾刊发《早期突厥诸族天文学术语综考》一文，其中使用了《佛说天地八阳神咒经》，根据该论文筛选汉语借词[①]：

taysuy<Chin. 太岁

pir<Chin. 毕

tsui<Chin. 觜

šem<Chin. 参

quysuq<Chin. 鬼宿

tsii<Chin. 井

第三节　回鹘文占卜历法文献汉语借词

一　回鹘文占卜历法文献研究概况

回鹘文占卜历法文献受到国内外研究者的关注。中国学者主要有冯家昇[②]、黄文弼[③]、杨富学[④]、邓浩[⑤]、张铁山[⑥]、阿不都热西提·亚库甫[⑦]。

国外学者主要有：德国的威里·邦格和冯·加班[⑧]、彼特·茨

① 〔英〕克劳森：《早期突厥诸族天文学术语综考》，杨富学译，《回鹘学译文集》，甘肃民族出版社，2012，第274~296页。

② 冯家昇：《回鹘文写本"菩萨大唐三藏法师传"研究报告》（《考古学专刊》丙种第1号），中国科学院，1953，第27~28页；《刻本回鹘文佛说天地八阳神咒经研究——兼论回鹘人对于大藏经的贡献》，《考古学报》1955年第1期，第183~192页。

③ 黄文弼：《吐鲁番考古记》，中国科学院，1954，第101~103、115页。

④ 杨富学：《维吾尔族历法初探》，《新疆大学学报》（哲学社会科学版）1988年第2期；《回鹘文献与回鹘文化》，第93~94、258~262页；《敦煌吐鲁番文献所见回鹘古代历法》，《青海民族学院学报》2004年第4期。

⑤ 杨富学、邓浩：《吐鲁番出土回鹘文〈七星经〉回向文研究——兼论回鹘佛教之功德思想》，《敦煌研究》1997年第1期。

⑥ 张铁山：《汉－回鹘文合璧〈六十甲子纳音〉残片考释》，《敦煌学辑刊》2014年第4期。

⑦ Yakup, Abdurishid, An Old Uyghur Fragments an Astrological Treatise Kept in Beijing National Library, In: Gedenkband für Werner Sundermann, *Heraysgegeen von Turfanforschung, Berlin-Brandenburgische Akademie der Wissenschaften*, Berlin, 2016.

⑧ A.von Gabain, *Türkische Turfantexte I*, Sitzungsbrichte der Preuβischen Akademie der Wissenschaften, Berlin, 1929, p.6.

默①；土耳其的热合马提②；法国的哈密顿③、路易·巴赞④；俄国的莉莉娅·吐古舍娃（Lilija,Tugusheva）⑤；英国的克劳森⑥；日本的松井太（Matsui,Dai）⑦。

二 回鹘文占卜文献汉语借词

《占卜书》（irq bitig）藏于英国国家图书馆（编号 Or.8212-78）。《占卜书》共 58 叶，册子式。纸幅 13.6 厘米（高）×8 厘米（宽）。《占卜书》写本是由 65 段（卦）占卜文组成。描述一种卦情况之后以"此为吉"或"此为凶"来进行占卜。《占卜书》书写时间应在 9~10 世纪，其为摩尼教徒所抄写和使用。据《占卜书》拉丁字母转写，筛选汉语借词⑧：

tänsi<Chin. 天子

tay güntan<Chin. 大公堂

三 回鹘文历法文献汉语借词

回鹘人使用十二属相来纪年，但由于史料缺乏，我们对此知晓甚少。迄今发现较早的使用十二属相纪年的文献是 8 世纪中叶的突厥文

---

① P.Zieme, *Magische Texte des Uigurischen Buddhismus*, Berlin, Herausgegeben von der Kommission Turfanforschungder Berlin-Brandenburgischen Akademie der Wissenschaften, 2005, pp.115-149, 179-185.

② R.Rahmeti Arat, *Türkische Turfantexte VII, Abhandlungen der* Preußischen Akademie der Wissenschaften, Berlin, 1936, pp.8-9.

③ J.Hamilton, *Manuscrits ouïgours du Lxe-xe siècle de Touen-houang.* 1-2, Paris, 1986, p.17; 1992, pp.7-23.

④ Louis Bazin, *Les Systèmes Chronologiques Dans Le Monde Turc Ancien*, Paris,Bibliothéca Orientalis Hugarica Broché, 1991, pp.306-479.

⑤ Lilija,Tugusheva, *Yusufzhanovna, Fragmenty Rannesrednevekovykh Tjurkskikh Gadatel'nykh Knig is Rukopisnogo Sobranija Sankt-peterburgskogo Filiala Instituta Vostokovedenija*, Pis'mennyaPamjatnikiVostoka, St.Petersburg, 2007, pp.37-46.

⑥ S.G.Clauson, Early Turkish Astrological Terms,*Ural-Altaische Jahrbücher*, vol.35, Wiesbaden, 1964, p.350-368.

⑦ Matsui,Dai, Uyghur Almanac Divination Fragments from Dunhuang,Irina.Popova and Liu Yi（eds.）*Dunhuang Studies: Prospects and Problems for the Coming Second Century of Research*, St. Petersburg, 2012, pp.154-166.

⑧ 耿世民：《古代突厥文碑铭研究》，第 287~302 页。

《毗伽可汗碑》和《铁尔痕碑》。《毗伽可汗碑》标有十个纪年[①]，《铁尔痕碑》标有七个纪年[②]。"除了属相纪年，回鹘人还曾使用过其他历法，如干支纪年法，七曜历及五行与属相结合而成的历法。回鹘人干支纪年法与汉族是有所不同的。不仅采用了汉族的用十二动物名称附会于十二地支之上的方法，而且把十干的内容也加了进去。"[③]

1.《六十甲子纳音》残片无汉语借词

编号为 464∶63 汉文与回鹘文合璧《六十甲子纳音》残片出土于敦煌莫高窟北区 B464 窟，该残片宽 13.4 厘米，高 8.2 厘米。"正背面均有文字，正面文字有汉文历书、天干地支 18 行 36 字及回鹘文译注 3 行，另在汉文下方中部有蒙文 7 行。背面文字有蒙文 4 行、回鹘文 4 行及 5 个藏文或八思巴文字。"[④]

根据《汉–回鹘文合璧〈六十甲子纳音〉残片考释》拉丁字母转写[⑤]，无汉语借词，存有汉字。

2.回鹘文《文殊所说最胜名义经》汉语借词

回鹘文《文殊所说最胜名义经》，编号为 TM14（U4759），德国吐鲁番考察队第一次探险时于木头沟所获，现藏柏林德国国家博物馆。德国学者卡拉和彼特·茨默于 1977 年合作整理研究刊布了这部文献。中国学者娣丽达·买买提明曾对该文献进行研究。[⑥]

根据彼特·茨默拉丁字母转写，筛选汉语借词[⑦]：

taydu <Chin. 大都

① 即羊年（743 年）、鸡年（745 年）、猪年（747 年）、虎年（750 年）、兔年（751 年）、羊年（755 年）、鸡年（757 年）。王静如:《突厥文回鹘英武远毗伽可汗碑译释》，《辅仁学志》1938 年第 7 卷第 1~2 期合刊;《西北民族文丛》1983 年第 2 期。
② 即蛇年（741 年）、羊年（743 年）、猴年（744 年）、鸡年（745 年）、猪年（747 年）、鼠年（748 年）、龙年（752 年）。〔苏〕C.T. 克里亚什托尔内:《铁尔浑碑（研究初稿）》，伊千里译，《民族译丛》1981 年第 5 期。铁尔浑碑即铁尔痕碑。
③ 杨富学:《维吾尔族历法初探》，《新疆大学学报》（哲学社会科学版）1988 年第 2 期。
④ 彭金章、王建军:《敦煌莫高窟北区石窟》（第三卷），第 81 页。
⑤ 张铁山:《汉–回鹘文合璧〈六十甲子纳音〉残片考释》，《敦煌学辑刊》2014 年第 4 期。
⑥ 娣丽达·买买提明编著《〈师事瑜伽〉与〈文殊所说最胜名义经〉》，新疆大学出版社，2001。
⑦ P.Zieme, Zur buddhistische Stabreimdichtung der alten Uiguren, AOH XXIX-2,1975, pp.198-199；P.Zieme, *Buddhistische Stabreimdichtung der alten Uiguren*, Berlin, 1985, p.179.

šipqan <Chin. 十干

šim<Chin. 壬

3. 20 世纪吐鲁番出土回鹘七曜历断简汉语借词

所谓七曜指的是密（Mīr，日曜日）、莫（Māq，月曜日）、云汉
（Wnqān，火曜日）、咥（Tīr，水曜日）、温没司（Wrmzt，木曜日）、那
颉（Nāqit，金曜日）、鸡缓（Kēwān，土曜日）。20 世纪吐鲁番发现有
回鹘七曜历断简。这种历法是以日、月、火、水、木、金、土七曜名
称来分配每周的七日，各记以粟特语的名称，然后配以音译的汉文十干
和突厥语十二属相，最后再用粟特语译出汉族的五行（即木、火、土、
金、水）之名冠于相应的日期之上，而以红字记之。① 七曜日正常的顺
序应为：日（星期日）、月（星期一）、火（星期二）、水（星期三）、木
（星期四）、金（星期五）、土（星期六）。星期（七曜日周期）起源于迦
勒底人，或者诞生于古代美索不达利亚（Mésopotamie）的星相学思辨。
它首先在闪族人（Sémites）中传播，尤其是传到了犹太人中，并且从
古波斯人时代起就传到了伊朗人中。星期似乎在相当晚的时候又从伊朗
传到了印度，再从印度随着佛教而传到中国。②

回鹘文 "周日" 出现于回鹘文献编号为 Ch/u 6932（TI601）的残
片正面第 6 行③：

ps'knč altınč ay [bir yangısı uluγ myšy rwč **myr** žymnw]"

（其第一日是大，第十六日是周日）

回鹘文 "周五" 出现于回鹘文献编号为 U495（TM299）的残片第
29 行④：

zmwhtwγ rwč **n'hyd** žmnw.

---

① 〔日〕羽田亨等：《西域文明史概论等五种》，耿世民等译，新疆人民出版社，2015，第
66~73 页；石田幹之助『東亞文化史叢考』，東洋文庫、1973、707-724 页。龚方震：
《摩尼教传入所带来的伊朗文化》，黄盛璋主编《亚洲文明》（第 3 集），安徽教育出版社，
1995，第 188~190 页；杨富学：《回鹘文献与回鹘文化》，第 329~330 页。

② 〔法〕路易·巴赞：《突厥历法研究》，耿昇译，第 334~335 页。

③ 木沙江·艾力：《古代维吾尔语历法和占卜文献的语文学研究》，博士学位论文，中央民
族大学，2016，第 214 页。

④ 木沙江·艾力：《古代维吾尔语历法和占卜文献的语文学研究》，博士学位论文，中央民
族大学，2016，第 222 页。

（第二十八日是周五）

回鹘文周一、周二、周三、周四、周六出现于黄文弼《吐鲁番考古记》图 88 中，其回鹘文具体位置如下[①]：

ay bir yangıs kičig vγ'y rwč **m'hw**[②] žmnw.

（其第一日是小，第十六日是周一）

säkizinč ay bir yangısı uluγ γwš rwč **wnh'n** žmnw.

（其第一日是大，第十四日是周二）

ay bir yangısı kičig tyš rwč **tyr** symnw' wycwnc.

（其第一日是小，第十三日是周三）

[nysnyč] bešinč ay bir yangısı kičig γwš̌ dščy [roč **hwrmzt**] žmnw.

（其第一日是小，第十五日是周四）

ay bir yangısı kičig r'm rwc **kwyn** žmnw.

（其第一日是小，第二十一日是周六）

综上，可筛选出汉语借词：[③]

Mīr<Chin. 密（日曜日）

Māq<Chin. 莫（月曜日）

Wnqān<Chin. 云汉（火曜日）

Tīr<Chin. 咥（水曜日）

Wrmzt<Chin. 温没司（木曜日）

Nāqit<Chin. 那颉（金曜日）

Kēwān<Chin. 鸡缓（土曜日）

4. 古代回鹘文摩尼教历法和占卜文献汉语借词

古代回鹘文摩尼教历法和占卜文献有三个残片，均出自吐鲁番地区，其中篇幅最大的一件是由考古学家黄文弼于 1928~1930 年在吐鲁番

---

① 黄文弼：《吐鲁番考古记》，中国科学院，1954，第 101~103 页。木沙江·艾力：《古代维吾尔语历法和占卜文献的语文学研究》，博士学位论文，中央民族大学，2016，第 226、230、230、228、224 页。

② 粟特语 m'xw/m'γ(h)'/m'γw，Moon-god（月亮神），B.Gharib, Sogdian Dictionary (Sogdian–Persian–English), Tehran: Farhangan Publication, 2004, p.206, p.209.

③ Mīr/ myr、Māq/m'hw、Wnqān/wnh'n、Tīr/tyr、Wrmzt/ hwrmzt、Nāqit/n'hyd、Kēwān/ kwyn，"/" 前后书写略有差异为回鹘文不同转写所致。

地区考古调查时所获，该回鹘文残片共有 52 行，被收录于黄文弼《吐鲁番考古记》书中，编号：图 88。[1]

法国学者哈密顿在《公元 988、989 及 1003 年的回鹘摩尼教历书》中曾研究该文献[2]；日本学者吉田丰（Yoshida Yutaka）在其《粟特语杂录（Ⅱ）·西州回鹘国摩尼教徒的历日》中也对该文献作过研究。[3]

另 2 件较小的回鹘文残片编号为 Ch/u6932（TI601）、U495（TM 299），原藏于德国柏林。1936 年，热合马提在《突厥吐鲁番文献》第七卷中曾对这两个回鹘文残片进行了转写、德文翻译和注释，但没有提供这些残片的图样。

根据木沙江·艾力博士学位论文拉丁字母转写，筛选汉语借词[4]：

amita<Chin. 阿弥陀 H59

bahšı<Chin. 法师 D286

bu<Chin. 戊 J153

či<Chin. 成 F111

čiči<Chin. 至治 E096

čip<Chin. 执 F076

čišün<Chin. 至顺 E069

čiu<Chin. 邱 A207

čuu<Chin. 除 F024

čuža<Chin. 朱砂 B077

hunghyu<Chin. 皇后 D267

hungtayhıu<Chin. 皇太后 D266

ir<Chin. 乙 F037

① 黄文弼:《吐鲁番考古记》，第 101~103 页。
② 〔法〕哈密屯:《公元 988、989 及 1003 年的回鹘摩尼教历书》，吴春成译，荣新江编《黄文弼所获西域文献论集》，科学出版社，2013，第 182~206 页。
③ 〔日〕吉田丰:《粟特语杂录（Ⅱ）·西州回鹘国摩尼教徒的历日》，荻原裕敏译，荣新江编《黄文弼所获西域文献论集》，第 177~181 页。
④ "古代维吾尔语历法和占卜文献主要反映的是 10~14 世纪古代维吾尔书面语言"，木沙江·艾力:《古代维吾尔语历法和占卜文献的语文学研究》，博士学位论文，中央民族大学，2016，第 11、300~390 页。

irtay<Chin. 二太 B109

käm<Chin. 坎 H55

kelän<Chin. 麒麟 A042

ki<Chin. 己 E080

kin<Chin. 建 F017

kin-ču-mani<Chin. 建除满 J143

king<Chin. 庚 E077

kumunsi<Chin. 巨门星 D015

kuu<Chin. 危 F060

kuy<Chin. 癸 D255

la<Chin. 骡 A126

labay<Chin. 螺贝 K30

li<Chin. 离 H54

lıɣzır<Chin. 历日 I52

limčin<Chin. 廉贞星 D055

liviašı<Chin. 禄食 D008

luqususı<Chin. 禄存星 J272

luu<Chin. 龙 F047

man<Chin. 满 F089

pa<Chin. 破 F013

pakunsi<Chin. 破军星 J286

parqay<Chin. 八卦 H51

pi<Chin. 平 F105

ping<Chin. 丙 E089

pir<Chin. 毕 J319

qap<Chin. 甲 F047

qay<Chin. 开 F031

qaytsı<Chin. 晐子 A003

qongyutsı<Chin. 孔夫子 A106

qua<Chin. 花 G056

qunčı<Chin. 中气 J190

qunčuy<Chin. 公主 B060

qundu<Chin. 红豆 J256

š(i)m<Chin. 参 J321

sin<Chin. 辛 E074

sinčav<Chin. 辛朝 F009

šipqan<Chin. 十干 F099

sirki<Chin. 节气 F039

šiu<Chin. 收 F084

šögün<Chin. 上元 J001

taiting<Chin. 泰定 E084

tamlang<Chin. 贪狼 D004

ti<Chin. 定 F019

ting<Chin. 丁 E086

ting<Chin. 听 A097

tsii<Chin. 嘴 A097

tsui<Chin. 觜 J320

tsun<Chin. 寸 B077

tu<Chin. 度 J033

tünli<Chin. 天历 D288

vu<Chin. 符 B012

vukuu<Chin. 武曲星 D065

vunkyu<Chin. 文曲星 D045

yungla<Chin. 用 A099

yuušing<Chin. 宇星 H49

žim<Chin. 壬 I060

zün<Chin. 闰 I08

本章汉语借词统计

amita<Chin. 阿弥陀

bahšı<Chin. 法师

bi<Chin. 匕

bu<Chin. 戊

buda<Chin. 葡萄

čan<Chin. 盏

či<Chin. 成

čiči<Chin. 至治

čip<Chin. 执

čıqu<Chin. 石斛

čišün<Chin. 至顺

čiu<Chin. 邱

čuu<Chin. 除

čuža<Chin. 朱砂

hunghyu<Chin. 皇后

hungtayhıu<Chin. 皇太后

ir<Chin. 乙

irtay<Chin. 二太

käm<Chin. 坎

kelän<Chin. 麒麟

Kēwān<Chin. 鸡缓（土曜日）

ki<Chin. 己

kin<Chin. 建

kin-ču-mani<Chin. 建除满

king<Chin. 庚

kumunsi<Chin. 巨门星

kuu<Chin. 危

kuy<Chin. 癸

la<Chin. 骡

labay<Chin. 螺贝

lan<Chin. 烂

lav<Chin. 蜡

lenha<Chin. 莲花

li<Chin. 离

li<Chin. 粒

lıɣzır<Chin. 历日

limčin<Chin. 廉贞星

liviašı<Chin. 禄食

luqususı<Chin. 禄存星

luu<Chin. 龙

man<Chin. 满

Māq<Chin. 莫（月曜日）

min<Chin. 面

mır<Chin. 蜜

Mīr<Chin. 密（日曜日）

Nāqit<Chin. 那颉（金曜日）

pa<Chin. 破

pakunsi<Chin. 破军星

parqay<Chin. 八卦

pi<Chin. 平

ping<Chin. 丙

pir<Chin. 毕（宿）

qamsun<Chin. 甘松

qap<Chin. 甲

qay<Chin. 开

qaytsı<Chin. 晐子

qıṭay<Chin. 契丹

qongyutsı<Chin. 孔夫子

qua<Chin. 花

qulum<Chin. 葫芦

quma<Chin. 胡麻

qunčı<Chin. 中气

qunčuy<Chin. 公主

qundu<Chin. 红豆

quysuq<Chin. 鬼宿

š(i)m<Chin. 参

šim<Chin. 壬

sin<Chin. 辛

sinčav<Chin. 辛朝

šipqan <Chin. 十干

sirki<Chin. 节气

šiu<Chin. 收

šem<Chin. 参

šögün<Chin. 上元

sola-<Chin. 锁

sun<Chin. 寸

tai sui/tay suy<Chin. 太岁

taiting<Chin. 泰定

tamlang<Chin. 贪狼

tänsi<Chin. 天子

taydu <Chin. 大都

tay-güntan<Chin. 大公堂

ti<Chin. 定

ting<Chin. 丁

ting<Chin. 听

Tīr<Chin. 咥（水曜日）

tsii<Chin. 井

tsii<Chin. 嘴

tsui<Chin. 觜

tsun/tsvun<Chin. 寸

tu<Chin. 度

tünli<Chin. 天历

vu<Chin. 符

vukuu<Chin. 武曲星

vunkyu<Chin. 文曲星

Wnqān<Chin. 云汉（火曜日）

Wrmzt<Chin. 温没司（木曜日）

yang<Chin. 杨

yungla<Chin. 用

yuušing<Chin. 宇星

žim<Chin. 壬

zün<Chin. 闰

第十一章 回鹘文文献汉语借词分布范围、特点与翻译形式

第一节 回鹘文文献汉语借词分布范围

汉语对回鹘语产生了很大影响。在敦煌、吐鲁番出土的回鹘文文献中，我们可以看到很多借自汉语词，这些汉语借词分布范围相当广泛。

一 专有名词汉语借词

1. 人名专有名词

bančao<Chin. 班超，bex-i<Chin. 伯英，bodiruči<Chin. 菩提留志，čang-sun-vu-ki<Chin. 长孙无忌，čan-kütau<Chin. 张居道，čaotsay<Chin. 晁错，čäu-če< Chin. 赵政，ceu-tsink<Chin. 照寂（寂照），čĭ-gem<Chin. 智严，čihuin<Chin. 智玄，čiqoŋ<Chin. 志公，čĭteufung<Chin. 程桃捧，čitung<Chin. 智通，čiv< Chin. 桀，čiži<Chin. 郗氏，coo-qung<Chin. 张弘，čo-tik-cĭ<Chin. 张德志，čou<Chin. 邵（姓氏），coxay<Chin. 章亥，cuenhün< Chin. 颛顼，čung<Chin. （李）忠，čüösüilo<Chin. 褚遂良，fayeu<Chin. 苻姚，fugi<Chin. 傅毅，gentsun<Chin. 彦悰，gešo<Chin. 嘉尚，ɣïu<Chin. 缑（氏），guy-bux<Chin. 姬穆，hen- uen<Chin. 轩辕，hiči<Chin. 行友，hinxua<Chin. 义和，hiu huenbi<Chin. 许玄备，hiu-gen<Chin. 休见，hiušu<Chin. 尧舜，hoizin<Chin. 怀仁，hü-gintsüng<Chin. 许敬宗，huinli<Chin. （房）玄龄，huintsi<Chin. 玄则，huito<Chin. 禹汤，huytik<Chin. 慧德，hwaluuna<Chin. 和楼那，

kangsingkay<Chin. 康僧铠 ①，katun-šïg<Chin. 贾敦颐，kaučïfu<Chin. 高季辅，kiki<Chin. 巉巉，kimi<Chin. 敬明，kuygi< Chin. 窥基，li-giiwu< Chin. 李义甫，li-gin-yuu<Chin. 李乾裕，ligünsin<Chin. 李君信，lihauqüng<Chin. 李孝恭，lin tik<Chin. 麟德，lisuɣšin<Chin. 李叔慎，lišüinfung<Chin. 李淳风，li-tauyuu<Chin. 李道裕，liusüen<Chin. 柳宣，livribin<Chin. 刘遗民 ②，liž-uin<Chin. 灵润，lütsai<Chin. 吕才，mesüin<Chin. 明濬，pan-šui<Chin. 班倕，qamčax<Chin. 阚泽，säčän<Chin. 薛禅 ③，šävtsung<Chin. 绍宗，serči<Chin. 薛氏，sergüenčäu<Chin. 薛元超，sertauhï<Chin. 薛道蘅，seu-ke<Chin. 萧璟，seu-wi<Chin. 萧锐（因），sihuin<Chin. 栖玄，siung<Chin.（上官）琮，songtayši<Chin. 宋大师 ④，sunlin<Chin. 孙绁 ⑤，teušïlün<Chin. 窦师伦，tuočelüin< Chin. 杜正伦，tsebai<Chin. 靖迈，tsïgüx<Chin. 子玉，tsoaiqau<Chin. 崔光，tsoqaco<Chin. 蒋孝璋，tsaɣ<Chin. 崔（殷礼），ünür<Chin. 颜郁，ürči<Chin. 尉迟，üuči-ne<Chin. 于志宁，vunggitsuen< Chin. 冯义宣，vuryiglib<Chin. 物弋猎，wanggüntik<Chin. 王君德，wang-ki<Chin. 王羲（之），wangvinkün< Chin. 王文训，yangtiling< Chin. 杨提领，yeüsüng<Chin. 姚嵩。

2. 与地理相关的专有名词

bägčeü<Chin. 博州，binlang<Chin. 汴梁，čaoquɣ<Chin. 赵国，congluɣ< Chin. 钟楼，čoo an<Chin. 长安，čungnamšan<Chin. 终南山，čuuyig<Chin. 张掖，cuyqun<Chin. 中宫，guy lim<Chin. 桂林，ha tung<Chin. 河东（郡），hïnam<Chin. 河南，huašan<Chin. 华山，ïnčiu<Chin. 卫州，ınçɪu<Chin. 温州，inčiu<Chin. 雍州，jungcanglu<Chin. 永昌路，ka ču<Chin. 怀州，ki-čio< Chin. 荆州，kičiu<Chin. 京兆，kičiu<Chin. 京州，kug-čeü<Chin. 縠州，laɣčiu< Chin. 洛州，lagki<Chin. 洛京，litsun<Chin. 李村，liuša<Chin. 流沙，lükčüng< Chin.（三）柳城，lušan<Chin. 庐山，menküg-či<Chin. 面曲池，minčiu<Chin.

---

① 阿依达尔·米尔卡马力:《莫高窟北区出土回鹘文〈佛祖历代通载〉残叶再研究》,《新疆大学学报》(哲学·人文社会科学版) 2008 年第 1 期。

② 卡哈尔·巴拉提:《回鹘文〈慧远传〉残页》,《文物》1987 年第 5 期。

③ 杨富学:《居庸关回鹘文功德记 uday 考》,《民族语文》2003 年第 2 期。

④ 牛汝极:《回鹘佛教文献——佛典总论及巴黎所藏敦煌回鹘文佛教文献》, 第 326 页。

⑤ 阿依达尔·米尔卡马力:《莫高窟北区出土回鹘文〈佛祖历代通载〉残叶再研究》,《新疆大学学报》2008 年第 1 期。

绵州，namšan<Chin. 南山，pinčiu<Chin. 汴州，pucěü<Chin. 蒲州，qamču<
Chin. 甘州，qamcu-sing< Chin. 甘州省，qančiu<Chin. 简州，qïtan< Chin. 契
丹，qocu<Chin. 火州，qordan<Chin. 和田，quyčiu<Chin. 廓州，quu-kungsïng<
Chin. 湖广省[①]，šačiu<Chin. 沙州，šanduŋ<Chin. 山东，šaošir-šan< Chin. 少
室山，sičeu<Chin. 苏州，sïčï<Chin. 四至，šim<Chin. 剡（岿），sin<Chin.
前[②]，šinšin<Chin. 鄯善，sinto<Chin. 信度（河），sočeü< Chin. 襄州，šou-
čeü<Chin. 常州，sügčü<Chin. 肃州，sungšan<Chin. 嵩山，talui<Chin. 大
流（海），taočiu<Chin. 甌州，tavɣačï/tavɣač<Chin. 桃花石，taytu< Chin. 大
都，tunghuvan<Chin. 敦煌，tüpüt<Chin. 吐蕃，tsin-čoli<Chin. 晋昌里，uday<
Chin. 五台，vintsuyliubin<Chin. 问罪辽滨，[③] vocïu<Chin. 房州，xočo<Chin.
高昌，xuki<Chin. 虎溪[④]，hungčeü<Chin. 恒州，yeu<Chin. 瑶（池），yinčü<
Chin. 瀛州，žingčaxšan<Chin. 仍择山。

3. 年号朝代皇室王号等专有名词

（1）年号朝代专有名词

qangsï<Chin. 康熙，čekuan<Chin. 贞观，čeüčeü<Chin. 周朝，čišün< Chin.
至顺，hen-ki<Chin. 显庆，ji ji< Chin. 至治，ji jing< Chin. 至正，ka-sing<
Chin. 嘉靖，löčeü<Chin. 梁朝，lungčiu<Chin. 隆周，lüng-šoq< Chin. 龙朔，
sïn<Chin. 秦（朝），sinčiu<Chin. 晋朝[⑤]，šögün<Chin. 上元，sücěü< Chin. 隋
朝，taito<Chin. 大唐，tayčïng<Chin. 大清，taygip<Chin. 大业，taiting/tay ting<
Chin. 泰定，tünli<Chin. 天历，tsičeü<Chin. 齐朝，ü-huy<Chin. 永徽，üni<
Chin. 永宁，ün-tong<Chin. 元统，wän-li<Chin. 万历，xanhuïn< Chin. 汉玄，
xanguen<Chin. 汉元，yimhan< Chin. 炎汉。

---

① 耿世民：《回鹘文〈亦都护高昌王世勋碑〉研究》，《考古学报》1980 年第 4 期。
② 阿不都热西提·亚库甫：《一件回鹘文书写汉语文献初释》，中国少数民族语言·古籍·
　文化语言学研讨会暨张公瑾教授 80 华诞庆祝活动，北京：2013 年 10 月 31 日。
③ 有学者认为 "辽滨" 不应该是一个固定的地名，该句本意应是 "法师听说皇帝派遣军队
　去辽水之滨"。Masahiro Shōgaito, Setsu Fujishiro, Noriko Ohsaki, Mutsumi Sugahara, Abdurishid
　Yakup. The Berlin Chinese Text U 5335 Written in Uighur Script: A Reconstruction of the
　Inherited Uighhur Pronunciation of Chinese, Brepols Publishers n.v., Turnhout, Belgium,
　2015, p.11.
④ 卡哈尔·巴拉提：《回鹘文〈慧远传〉残页》，《文物》1987 年第 5 期。
⑤ 卡哈尔·巴拉提：《回鹘文〈慧远传〉残页》，《文物》1987 年第 5 期。

（2）皇室王号专有名词

cïuwang<Chin. 周王，coo-wang<Chin.（？）王，dsin ti<Chin. 晋帝，dsiunhav<Chin. 晋后，geu wang<Chin. 尧王，gixiu<Chin. 姬后，güidi-huïdï<Chin. 魏帝，guyvu<Chin. 魏武（汉末魏王），guyxiu<Chin. 魏后，hanme<Chin. 汉明（帝），hanvudi<Chin. 汉武帝，hataitsi<Chin. 皇太子，hodi<Chin. 皇帝，huiz-vang<Chin. 虞王，kao-cangong<Chin. 高昌王 ①，kautaitsi<Chin. 高太子，kautsusi<Chin. 高储子，kong-ha-wang<Chin. 江夏王，kunčuy<Chin. 公主，löü-wang<Chin. 梁王，lovodi<Chin. 梁武帝，ming-ti<Chin. 明帝 ②，hung-tay hiu< Chin. 皇太后，šinggeuhodi<Chin. 神尧皇帝，si-ning-ong<Chin. 西宁王，suidi<Chin. 隋帝，šünwang<Chin. 舜王，taitsi<Chin. 太子，towang<Chin. 汤王，tsinwang<Chin. 秦王，tsinxoo<Chin. 秦皇，vir qoowang<Chin. 佛光王，wi wang<Chin. 韦王，wuwong<Chin. 吴王 ③，yeuwang<Chin. 姚王。

4. 与职官相关的专有名词

职官制度是中国文化特有的词语，这类词语具有特殊含义，这类词语进入回鹘语一般是以音译的形式出现。

<n>quɣ<Chin. 燕国（公），čamši<Chin. 佥事，čauqung<Chin. 赵公，ci ön<Chin. 知院 ④，čigsi<Chin. 刺史，cingsang<Chin. 丞相，čïnwou<Chin. 镇抚，čïqan<Chin. 旗官，čïquy<Chin. 指挥，cümüi-ün<Chin. 枢密院，cung-lo<Chin. 中郎，ɣuquɣ<Chin. 吴主，guwši<Chin. 国师，e-kung/i-qung<Chin. 英公，kingčangpu<Chin. 京兆府，lev<Chin.（光）禄（大夫），liusiu-si< Chin. 留守（司），ongfu<Chin. 王府，pušia<Chin. 仆射，qung-lusi<Chin. 鸿胪寺，quɣ-sänün< Chin. 郭将军，šä<Chin.（詹）事，sampin<Chin. 三品，samqu<Chin. 千户，sänggüm<Chin. 相公，sangun<Chin. 将军，saŋčïm< Chin. 参政，ši-cung<Chin. 侍中，sidu<Chin. 司徒，šiu<Chin.（太）守，taifuke<Chin. 太府卿，taiši<Chin. 太史，tayking/tay kiŋ< Chin. 太卿，taysängün<Chin. 大将军，tirgök<Chin. 柱国，tongpun<Chin. 同判，toŋdï< Chin. 同知，tutung<

---

① 耿世民：《回鹘文〈亦都护高昌王世勋碑〉研究》，《考古学报》1980 年第 4 期。
② 张铁山：《吐鲁番柏孜克里克出土四件回鹘文〈因萨蒂经〉残叶研究》，《敦煌研究》2012 年第 2 期。
③ 张铁山：《莫高窟北区出土两件回鹘文佛经残片研究》，《敦煌学辑刊》2003 年第 2 期。
④ 耿世民：《回鹘文〈亦都护高昌王世勋碑〉研究》，《考古学报》1980 年第 4 期。

Chin. 都统，tutuq<Chin. 都督，tuusing<Chin. 都省 ①，yamun<Chin. 衙门，yiučing<Chin. 右丞，zuŋbïŋ<Chin. 总兵。

二　与佛教相关的汉语借词

1. 佛教常用词语汉语借词

čaydan<Chin. 斋堂 ②，[ ]luinwang<Chin. 转轮王（十殿），abita<Chin. 阿弥陀，ačari<Chin. 阿阇梨，baošin<Chin. 报身，bïsamn<Chin. 毗沙门，bodi< Chin. 菩提，bursang<Chin. 佛僧，buši<Chin. 布施，čaiši<Chin. 斋食，čam-xui<Chin. 忏悔，čayšï<Chin. 斋事，čoqongwang< Chin. 初江王（二殿），fabši-wapsï< Chin. 法师，gitso<Chin. 经藏，kog<Chin. 觉，kon-ši-im< Chin. 观世音，luγ-li-qab-šeg<Chin. 六离合释，lürsï<Chin. 律师 ③，paušing<Chin. 宝乘，pïnsun<Chin. 本尊，pusar<Chin. 菩萨，qo<Chin. 空，qoqanwang<Chin. 五官王（四殿），šabï<Chin. 沙弥，šäli<Chin. 阇梨，samtso<Chin. 三藏，šantsay< Chin. 善哉 ④，selu<Chin. 静虑，seušing<Chin. 小乘，sicu<Chin. 寺主，šinši<Chin. 禅师，šïnšï<Chin. 信士，sïšïpvarügün<Chin. 四十八愿 ⑤，sï-ügün<Chin. 誓愿 ⑥，šiuza<Chin. 首座，šotsua<Chin. 上座，subhūti<Chin. 须菩提，sui<Chin. 罪，taysï<Chin. 大师，taišing<Chin. 大乘，taočang<Chin. 道场，taoyuqïčang< Chin. 道宇祈场，tïtsï<Chin. 弟子，titso<Chin. 地藏 ⑦，toγ-toooγ<Chin. 纛，tuγpan<Chin. 纛旛，tušiwang<Chin. 都市王（九殿），tsungtiwang<Chin. 宋帝王（三殿），vamtsan< Chin. 梵赞，xošaŋ<Chin. 和尚。

①　耿世民：《回鹘文〈亦都护高昌王世勋碑〉研究》，《考古学报》1980 年第 4 期。
②　牛汝极：《回鹘佛教文献——佛典总论及巴黎所藏敦煌回鹘文佛教文献》，第 418 页。
③　在佛教中，比丘分为经师、律师、论师、法师、禅师，一共五类。
④　张铁山：《吐鲁番柏孜克里克出土四件回鹘文〈因萨蒂经〉残叶研究》，《敦煌研究》2012 年第 2 期。
⑤　"汉 - 回鹘文对照《佛名经》写本一卷，现藏柏林，编号为 Ch.2931/TIIT1566，系德国第二次吐鲁番考察队于吐峪沟所获。"杨富学：《回鹘之佛教》，第 132 页。
⑥　杨富学：《回鹘之佛教》，第 132 页。
⑦　"天津艺术博物馆藏回鹘文愿文。该回鹘文残片存正、背两面，编号为 58.5.669(5)和(6)。正面存 18 行，背面存 63 行。"牛汝极：《回鹘佛教文献——佛典总论及巴黎所藏敦煌回鹘文佛教文献》，第 381~399 页。

2. 佛经名称汉语借词

abidake<Chin. 阿弥陀经，banžaɣki<Chin. 般若经 ①，bi-hw-aki<Chin. 悲华经，čo-a-ɣam<Chin. 长阿含（经），čung-lun<Chin. 中论，farčïlun<Chin. 发智论，henlun<Chin. 显论，inme-lun<Chin. 因明论，kenyo-lun<Chin. 显扬论，kimqoki<Chin. 金刚经，ku-kïu-ki<Chin. 护口经，limenlun<Chin. 理门论，paklenšiki<Chin. 白莲社经，varyoke<Chin. 八阳经，qao-šir-lun<Chin. 教实论，qayemke<Chin. 华严经，sab-a-ɣam<Chin. 杂阿含，sam-bai-ki<Chin. 三味经，šeme-lun<Chin. 声明论，šip-čI-vap-lun< Chin. 摄正法论，sir-bar-ke< Chin. 七（有）经，soišingoki<Chin. 最胜王经，taïpaziki<Chin. 大般若经，taitsoki<Chin. 大藏经，taybibažalun<Chin. 大毗婆沙论，tsi incuen<Chin. 慈恩传，vaphuaki<Chin. 法华经，buu mu in čo< Chin. 父母恩重（难报经）②，vinqoɣke<Chin. 圆觉经，wibaki<Chin. 维摩经，yam langwangki<Chin. 阎罗王经 ③。

3. 佛寺宫殿楼阁汉语借词

čaož-inši<Chin. 昭仁寺，čing-huusï<Chin. 振响寺，güx xuagüng<Chin. 玉华宫，güx-xua si<Chin. 玉华寺，haɣlim-si<Chin. 鹤林寺，hung-fugtsi<Chin. 弘福寺，kavisi<Chin. 纲维（寺），lohansï<Chin. 罗汉寺，lüngquɣ-si<Chin. 隆国寺，pagbasi<Chin. 白马寺，paočosï<Chin. 宝昌寺，pukingsï<Chin. 普庆寺，pukyusï<Chin. 普救寺，puqosï<Chin. 普光寺，quɣčosï<Chin. 会昌寺，šaolimsï<Chin. 少林寺，simisi<Chin. 西明寺，taï-gingtin<Chin. 太极殿，tai-tsi_ïnsi<Chin. 大慈恩寺，tayhingsï<Chin. 大兴（善）寺，tay-tsüngč-sï<Chin. 大总持寺，tiggebsi<Chin. 德业寺，tigungsï<Chin. 天宫寺，tungtaysi<Chin. 同泰寺，tsautosi<Chin. 草堂寺，tse-kogsi<Chin. 净觉寺，tsïɣamasï<Chin. 棲岩寺，tsi-ïnsi<Chin. 慈恩寺，vaphaysï<Chin. 法海寺，vapsï<Chin.（静）法寺，vapsingsï<Chin. 法讲寺，vingtisï<Chin. 丰德寺，vuɣtsusï<Chin. 福聚寺，yinquɣsï<Chin. 演觉寺。

---

① 源自敦煌 B128 窟出土的回鹘文佛教诗歌残卷。阿依达尔·米尔卡马力：《从敦煌出土回鹘文佛教文献看汉语对回鹘文佛典语言的影响》，博士学位论文，新疆大学，2007，第 98 页。

② 张铁山：《回鹘文献语言的结构与特点》，第 128 页。

③ 源自吐鲁番交河故城 TⅡY60b（U5033）文献。杨富学：《印度宗教文化与回鹘民间文学》，第 246~247 页。

三　社会知识类汉语借词

1. 生活生产类汉语借词

bao<Chin. 宝，bïrmäk<Chin. 笔墨，čaɣtsï<Chin. 册子，čikin<Chin. 织锦，čïmdam<Chin. 衬单，cïncü-yinčü<Chin. 珍珠，čung<Chin. 钟，fenkin< Chin. 裌襟，guk<Chin. 玉，gung<Chin. 弓，güngtsï<Chin. 拱子，kïlu< Chin. 器炉，košoo<Chin. 鱼商，kuvatsï<Chin. 扣子，lanqan<Chin. 栏杆，lungčuin<Chin. 弄砖，lungtsi<Chin. 笼子，luygung<Chin. 弩弓，qamtsi< Chin. 龛子，qaptsi< Chin. 榼子，quanbu<Chin. 官布，quvar<Chin. 罚金，sang-tsang<Chin. 仓，sanq(a)y<Chin. 伞盖，sapxay<Chin. 靸鞋，sïp<Chin.（耒）耤，so<Chin. 锁，taman<Chin. 榻幔，tïngsim<Chin. 灯心，tintsui<Chin. 田租，tipsi<Chin. 碟子，yaqšï< Chin. 钥匙，žünkim<Chin. 绒锦。

2. 与度量衡词语相关的汉语借词

čïg-čïɣ<Chin. 尺，liv<Chin. 粒，šing-tsing<Chin. 升，šong<Chin. 双，tsïng<Chin. 层，tsun<Chin. 寸。

3. 与乐器相关的汉语借词

biba<Chin. 琵琶，bilir/pilür<Chin. 筚篥，çang/čang<Chin. 钲，čimkuy< Chin. 笙歌，kim< Chin. 琴，küx<Chin. 曲，labay<Chin. 喇叭，labay<Chin. 螺贝，lu-tev-yo< Chin.（律）吕调阳，qungxau<Chin. 箜篌，sïr< Chin. 瑟。

4. 动植物类汉语借词

buda<Chin. 葡萄，čïntan<Chin. 真檀，čïnžu<Chin. 梓树，la<Chin. 骡，li<Chin. 梨，linhua<Chin. 莲花，luu<Chin. 龙，qaytsï< Chin. 槐子，qaytsï<Chin. 芥子，qulum<Chin. 葫芦，qundu<Chin. 红豆，saičung-qaiko< Chin. 菜重芥姜，songun< Chin. 葱荤，žu-sun<Chin. 树，suyti<Chin. 纤莛。

四　与科技相关的汉语借词

1. 天文历法类汉语借词

Kēwān<Chin. 鸡缓（土曜日），kumunsi<Chin. 巨门星，limčin< Chin. 廉贞星，Māq<Chin. 莫（月曜日），Mïr<Chin. 密（日曜日），Nāqit< Chin. 那颉（金曜日），pakunsi<Chin. 破军星，pir<Chin. 毕，šem<Chin. 参，tamlang<

Chin. 贪狼，tay<Chin. 太（微），tay suy<Chin. 太岁，Tīr<Chin. 咥（水曜日），tsii<Chin. 井，tsii<Chin. 觜，vukuu< Chin. 武曲星，vunkyu<Chin. 文曲星，Wnqān<Chin. 云汉（火曜日），Wrmzt< Chin. 温没司（木曜日），yuušing< Chin. 宇星，zün<Chin. 闰。

2. 干支占卜类汉语借词

bi-bing<Chin. 丙，bou-uu<Chin. 戊，čip<Chin. 执，čuu<Chin. 除，dien<Chin. 年，ir<Chin. 乙，ki<Chin. 己，kin<Chin. 建，kui<Chin. 癸，kun<Chin. 危，pi<Chin. 平，pii<Chin. 闭，pa<Chin. 破，qai<Chin. 开，qap<Chin. 甲，kï<Chin. 庚，sim-sin<Chin. 辛，šim-žim<Chin. 壬，šipqan<Chin. 十干，sirki< Chin. 节气，šiu<Chin. 收，ti-ting<Chin. 丁。

3. 医学相关汉语借词

čıqu<Chin. 石斛，hua<Chin. 花，ig<Chin. 疫，lav<Chin. 蜡，men< Chin. 面，mır<Chin. 蜜，qamsun<Chin. 甘松，qubïq<Chin. 琥珀，quma<Chin. 胡麻，qunčı<Chin. 中气。

五 其他

还有其他的一些汉语借词，如：

buu<Chin. 部，čang<Chin. 长，či<Chin. 成，čïmïčmï<Chin. 苦荬，cing-<Chin. 请，čing-<Chin. 蒸，čïnšu<Chin. 史书，čïnšu<Chin. 真书，čüntsi（n）< Chin. 春（秋），čuža<Chin. 朱赭，kap<Chin. 夹，kenwen<Chin. 龟文，kiuqe< Chin. 旧情，mišïkco<Chin. 铭石章，qai<Chin. 街，sape<Chin. 生平，tängtäng< Chin. 等等，tenši<Chin. 天使，ting-<Chin. 听，tsaošu<Chin. 草书，yung-<Chin. 用，yuu<Chin. 右。

第二节 回鹘文汉语借词分布特点

通过上述借词分布范围，可看出这些汉语借词的五个特点。

一 汉语借词分布面广泛

回鹘文汉语借词分布范围十分广泛。这些汉语借词不仅有佛教相关的词语，还有人名、地名、经济生活、天文历法医药等各个方面的词语。

二　汉语借词多为名词

从词性来看，汉语借词名词类的数量占多数，且多为专有名词，其他词性也存在，但所占的比例小。

少数动词性汉语借词，如 cing-<Chin. 请；čing-<Chin. 蒸，qo-<Chin. 空，šiu-<Chin. 守，so-<Chin. 锁，šu<Chin. 输，tïng-<Chin. 听，vuŋ-<Chin. 封，yir<Chin. 吟[①]，yung-<Chin. 用。

量词性汉语借词，如 čïg-čïγ<Chin. 尺，tsïng<Chin. 层，liv<Chin. 粒，šing-tsing<Chin. 升，šong<Chin. 双，tsun<Chin. 寸。

数词性汉语借词，如 ir<Chin. 二（太），sam<Chin. 三，sï<Chin. 四（十八愿），qo<Chin. 五（官王），luγ<Chin. 六（离合释），sir<Chin. 七，par-qay< Chin. 八（卦），sïp<Chin. 十（干）。

代词性汉语借词，如 γa-qa<Chin. 我。[②]

副词性汉语借词，如 vuusin<Chin. 不尽，itsi<Chin. 一切，kim<Chin. 今。[③]

形容词性汉语借词，如 čang<Chin. 长，čuuγ<Chin. 浊，kep<Chin. 久[④]，lan<Chin. 烂，šï<Chin. 湿，tsï<Chin. 细，yäg<Chin. 易。

三　汉语借词多呈现词义单一性

从词义上看，回鹘文里汉语借词多为单义词，上文所列举汉语借词多为专有名词，如人名、地名、职官名称等。如：cümüi-ün<Chin. 枢密院，cung-lo<Chin. 中郎，haγlim-si<Chin. 鹤林寺，hung-fugtsi<Chin. 弘福寺，kavisi<Chin. 纲维（寺），lau<Chin. 楼，lim<Chin. 檩，lohansï<

---

① 杨富学：《印度宗教文化与回鹘民间文学》，第159~189页。

② 阿不都热西提·亚库甫：《一件回鹘文书写汉语文献初释》，中国少数民族语言·古籍·文化语言学研讨会暨张公瑾教授80华诞庆祝活动，北京：2013年10月31日。

③ 阿不都热西提·亚库甫：《一件回鹘文书写汉语文献初释》，中国少数民族语言·古籍·文化语言学研讨会暨张公瑾教授80华诞庆祝活动，北京：2013年10月31日。

④ 阿不都热西提·亚库甫：《一件回鹘文书写汉语文献初释》，中国少数民族语言·古籍·文化语言学研讨会暨张公瑾教授80华诞庆祝活动，北京：2013年10月31日。

Chin. 罗汉寺。

少数汉语借词词性变化，其词义也发生变化，如 sola-<Chin. 锁，等等。

四　汉语借词词义多呈现实义化

回鹘文里汉语借词实义词占绝大多数（例词省略），但也有少数是表示抽象化概念汉语借词。如 cuen<Chin. 专，čuu<Chin. 诸，čuuɣ<Chin. 浊，kep<Chin. 久，sung<Chin. 从，uu/yi<Chin. 於，vuusin<Chin. 不尽，yäg<Chin. 易，an-laq<Chin. 安乐[①]，čing-<Chin. 蒸。

五　少数汉语借词具有能产性

回鹘文里一些使用频率较高的汉语借词在回鹘语里具有能产性，即这类汉语借词在回鹘里能够派生一些词语。如 so（锁，名词）+la=sola（锁，动词），ting（听）+la=tingla（听），yung（用）+la= yungla（使用）。此外，yunglaqlïɣ（使用的，通用的）= yung（用）+la+q+lïɣ；yanglïɣ（一样的）= 样（yang）+lïɣ。

第三节　回鹘文汉语借词翻译形式

两种语言间相互借词的历史和现状表明，借词多出于跨文化交流中输入方的实际需要。当源语言词语（尤其是专有名词）借入至另一种目的语言，目的语言里词语往往很难与源语言词语一一对应，但"任何一种语言原则上都可以表达任何概念；语言的词汇中没有专门标志某种概念的词或固定词组，并不意味着通过该语言的手段不能表达这个概念。尽管在语言体系中没有这一符号，但符号内容总是可以借助一系列手段在言语里、在具体话语里被传达出来"[②]。

---

① "诸""从""於""安乐"四个借词见阿不都热西提·亚库甫：《一件回鹘文书写汉语文献初释》，中国少数民族语言·古籍·文化语言学研讨会暨张公瑾教授 80 华诞庆祝活动，北京：2013 年 10 月 31 日。

② 〔苏〕巴尔胡达罗夫：《语言与翻译》，蔡毅等编译，中国对外翻译出版公司，1985，第 72 页。

根据汉语借词结构类型，回鹘文文献里汉语借词翻译形式大致分为音译、音译加意译、直译以及意译等形式。

一　音译

音译是利用回鹘文文字符号再现源语言汉语的语音。音译通常是以音节为单位，表达的是声符，音译常常翻译一些非本民族的专有名词，从翻译层面上看音译是音位层翻译。有学者认为，音译即用一种文字符号（如拉丁字母）来表示另一文字系统的文字符号（如汉字）的过程或结果，也称转写。[①] 音译分为完全音译和部分音译。

1. 完全音译

完全音译是语音和语义完全借用外来的。如：bančao<Chin. 班超，čan-kütau<Chin. 张居道，čangsun-vuki<Chin. 长孙无忌，čaotsay<Chin. 晁错，čäu-če<Chin. 赵正，čekuan<Chin. 贞观，ji jing<Chin. 至正，čo tik cï<Chin. 张德志，čungnamšan<Chin. 终南山，čüösüilo<Chin. 褚遂良，fužen<Chin. 夫人，guy lim<Chin. 桂林，hanvudi<Chin. 汉武帝，huašan<Chin. 华山，kangsingkay<Chin. 康僧铠，lüng šoq<Chin. 龙朔，lušan<Chin. 庐山，panžaɣke<Chin. 般若经，polaṅ-hay<Chin. 破烂鞋，qangsï<Chin. 康熙，šaolimsï<Chin. 少林寺，simisi<Chin. 西明寺，sungšan<Chin. 嵩山，taito<Chin. 大唐，tai-ʦi_ïnsi<Chin. 大慈恩寺，tayčïng<Chin. 大清，wuwong<Chin. 吴王，šip-vuu-vir<Chin. 十方佛。[②]

2. 部分音译

部分音译形式即音译加派生，利用外来借词作为词根，附加本民族词缀而构成新词。如：

ʦuyurka（慈悲）= ʦuy（慈）+ur[③]+ka，即以汉语"慈"（ʦuy）作为主干，加上回鹘语附加成分 -urka 而构成 ʦuyurka（慈）；

① 方梦之：《译学辞典》，上海外语教育出版社，2004，第 96 页。
② 阿不都热西提·亚库甫：《一件回鹘文书写汉语文献初释》，中国少数民族语言·古籍·文化语言学研讨会暨张公瑾教授 80 华诞庆祝活动，北京：2013 年 10 月 31 日。
③ "-ur 等缀接在名词、动词或形容词之后，一方面使前面的名词、形容词具有变化、发展等意义；另一方面使前面的动词具有使动意义。"张铁山：《回鹘文献语言的结构与特点》，第 154 页。

yunglaqlïγ（使用的，通用的）= yung（用）+la（缀接在名词、形容词、人称代词和数词之后，可构成与原词有关的动词①）+q（缀接在动词之后，可以构成与原动词有关的名词②）+lïγ（缀接在名词之后，构成表示"拥有、具有"等意义的形容词③）；

yanglïγ（一样的）=yang（样）+lïγ（缀接在名词后面，表示具有该词所指事物的处所或与此有关的事物）④；

sola（锁）=so（锁）+la，即以 so（锁，名词）+la⑤所构成回鹘语新词 sola（锁，动词）；

tingla（听）=ting（听）+la，新词 tingla 表示动作"听"义。

这些都是音译加派生的方式构成的新词。

有学者指出，"音译即不翻之翻"⑥，这道出了音译的实质。当回鹘语无法恰当保留源语言汉语的时候，借词以音译形式却能最大限度地保留源语言汉语之内涵。不过，汉语借词中音译与意译同时存在，如：回鹘语"王君德"意译形式 eligimiz qutïnga（6-7/42），音译形式 wang gün tik<Chin. 王君德（14/71）；回鹘语"草"käzig（15/59），音译形式 tsao šu< 草书（23/61）⑦。这种翻译有时是直译，有时又是音译。这种翻译例子仅限于个别词语。如对"胜光法师"刚开始通过直译法来译这两个词，后来用音译方式来翻译。

二　音译加意译

音译加意译是指用汉语音来音译，同时又用回鹘文从字面上直接翻译汉语，其特点是把二者有机结合起来翻译。

---

① 张铁山：《回鹘文献语言的结构与特点》，第 150 页。

② 张铁山：《回鹘文献语言的结构与特点》，第 148 页。

③ 张铁山：《回鹘文献语言的结构与特点》，第 162 页。

④ 张铁山：《回鹘文献语言的结构与特点》，第 145 页。

⑤ "-la/-lä，缀接在名词、形容词、人称代词和数词之后，可以构成与原词有关的动词"，张铁山：《回鹘文献语言的结构与特点》，第 150 页。

⑥ 陈福康：《中国译学理论史稿》，上海外语教育出版社，2002，第 34 页。

⑦ Kahar Barat, *XUANZANG--Ninth and Tenth Chapters*, Indiana University Research Institute for Inner Asian Studies Bloomington, Indiana, 2000. 注：以下翻译形式中的例字，无特殊说明者均源自此书。"/"前的数字表示行数，后面数字表示页码。

如：güx-xua si sängräm<Chin. 玉华寺（3/190），即以"güx（玉 ①）+ xuasi（华寺）+sängräm"构成。回鹘语 sängräm 源自梵语借词 saṃghārāma（佛教僧院 ②），可用《玄奘传》中两个梵语借词来证明之：

m(a)ha-bodiram-sängräm<Skt③.Mahābodhi-saṃghārāma（摩诃菩提寺）HtPek 16b 1792Ⅶ

sängräm<Skt.saṃghārāma（僧伽蓝）HtPek 1b 968

再如 tängridäm xuačäčäklig<Chin. 嵩山华山（17-18/251），即以回鹘语 tängridäm（tängri 上天 +däm④）+xua（华）+ 回鹘语 čäčäk（花）构成。

再如，xua čäčäklär uč ordusïnga<Chin. 飞华殿（1/161），即 xua（花）+ 回鹘语 čäčäklär（花）+ 回鹘语 uč（飞）+ 回鹘语 ordu（宫殿）+sïnga（升）⑤。

再如李树辉举的两个例子：tørt sïdʒïlïʀ<Chin. 四至的，即回鹘语 tørt（四）+sï（四）+dʒï（至）+ 回鹘语后缀 lïʀ⑥；linχuaʧɛʧɛk<Chin. 莲花，即 linχua（莲花）+ 回鹘语 ʧɛʧɛk（花）⑦。

三　直译

直译是按照字面翻译，并非一对一死译，不作太多的引申和注释。从结构上看，直译主要是仿照汉语结构来翻译汉语借词的专有名词，很少改动原专有名词的顺序。在意义上，回鹘语利用对应法来翻译汉语借词固有的专有名词。这种直译法找到了近似等值回鹘语来"对应"汉语

---

① 中古音反切鱼欲切，"玉"疑母烛韵入声字，通摄合口三等字，王力先生构拟 ŋĭwok，潘悟云先生构拟 ŋiok。

② 林光明、林怡馨：《梵汉大辞典》，第 1091 页。

③ Sanskrit 缩写 Skt.，即梵语词源。

④ 张铁山：《回鹘文献语言的结构与特点》，第 146 页。-däm 缀接在名词或其他词之后，可以构成与原名词有关的抽象名词。

⑤　sïnga= sïng（升）+a，a 表示缀接在名词或形容词之后构成动词，是原词发出的行为动作。张铁山：《回鹘文献语言的结构与特点》，第 158 页。

⑥ lïʀ 与 -lïɣ/-lig/läg/-lik 应一样，缀接在名词后面，表示具有该词所指事务的处所或与此有关的事物。张铁山：《回鹘文献语言的结构与特点》，第 145 页。

⑦ 李树辉：《乌古斯和回鹘研究》，民族出版社，2010，第 287 页。

借词。下列例子源自《玄奘传》：

čäčäklär ükülmïš ordu<Chin. 积翠宫（9-10/116），即回鹘语 čäčäklär（花）+ ükülmïš（聚集）+ordu（宫殿）；

beš arqaɣ<Chin. 五纬 [1]（5/20），即回鹘语 beš（五）+arqaɣ（梭子）；

üč yaruqlarïɣ<Chin. 三明 [2]（20/9），即回鹘语 üč（三）+yaruqlarïɣ（光明的）；

säkiz könilärig<Chin. 八政 [3]（17/9），即回鹘语 säkiz（八）+ 回鹘语 Köni lärig（正确的）；

säkiz aɣïlïqlar<Chin. 八藏 [4]（12/12），即回鹘语 säkiz（八）+aɣïlïqlar（宝藏）；

altï bitiglär<Chin. 六经 [5]（14/12），即回鹘语 altï（六）+bitiglär（书）；

altï ädrämlär<Chin. 六英 [6]（3/20），即回鹘语 altï（六）+ädrämlär（道德）；

kičig sängir<Chin. 少峰 [7]（19-20/127），即回鹘语 kičig（少）+sängir（山麓）；

ädgü simäklig qapïɣdïn<Chin. 芳林门 [8]（1/46），即回鹘语 ädgü（好）+ simäklig（林子）+qapïɣdïn（门）；

idiz taɣ<Chin. 嵩岳 [9]（18/127），即回鹘语 idiz（高）+taɣ（山）；

---

[1] 五纬，或称五星，是古代中国人将太白、岁星、辰星、荧惑、填星这五颗行星合起来的称呼，五星与日、月合称七政。

[2] 佛教中的"三明"是指天眼智明、宿命智明、漏尽智明。"三明"常与"六通"并列使用，而"六通"是指天眼、天耳、他心智、宿命智、如意通智、漏尽智。

[3] "八政"是中国古代国家施政的八个方面。《尚书·洪范》八政：一曰食，二曰货，三曰祀，四曰司空，五曰司徒，六曰司寇，七曰宾，八曰师。后世所称"八政"多指此而言。

[4] "八藏"，一种说法是指佛所说之圣教分为八种；另一种说法指大小乘各有经、律、论、杂等四藏，合称为八藏。

[5] "六经"，指《诗》《书》《礼》《乐》《易》《春秋》。

[6] 汉语"六英"是指古乐名。《淮南子·齐俗训》："《咸池》《承云》《九韶》《六英》，人之所乐也。"高诱注：《六英》，帝颛顼乐。

[7] "少峰"是中国古代山名。

[8] 盛唐时长安是当时世界上最大最繁华的国际大都市。长安城开十二座城门，东西分别为芳林门和光化门。

[9] 嵩山位于中国中东部河南省西部，中国五岳之一。由太室山与少室山组成。

törü bölükintäki bitkäčilä<Chin. 礼部尚书 [①]（21-22/5），即回鹘语 törü（法律，礼）+bölük（部分，部）+intäki [②] +bitkäčilär（书记官）；

ič tapïɣčï<Chin. 内给事 [③]（5/42），即回鹘语 ič（内）+tapïɣčï（佣人）；

uzadï enčgülüg<Chin. 长安（2-3/44），即回鹘语 uzadï（长）+ enčgülüg（平安的）；

qut ornanmïs qapïɣlïɣ<Chin. 安福门 [④]（5/46），即回鹘语 qut（福）+ ornanmïs（位于）+qapïɣlïɣ（门）；

soɣïqï turulmïš soɣïnɣu<Chin. 凌阴殿 [⑤]（5-6/94），即回鹘语 soɣïqï（冷）+turulmïš（使立）+soɣïnɣu（冷）；

ayaɣlïɣin bütmïš ordu<Chin. 肃诚殿（10-11/190），即回鹘语 ayaɣlïɣin（尊敬）+bütmïš（完成）+ordu（宫殿）；

ädgü yašaɣuluq yaylïq<Chin. 嘉寿殿（11-12/191），即回鹘语 ädgü（好）+yašaɣuluq（生活的）+yaylïq（夏住地）；

tümän yašazun<Chin. 万年（3-4/44），即回鹘语 tümän（万）+yašazun（活着）；

kedin änätkäk eli<Chin. 西州 [⑥]（8/272），即回鹘语 kedin（西部）+änätkäk（印度）+eli（国），直译为"西印度国"。

四　意译

意译是指根据原文大意来翻译，不作逐字逐句翻译。在原语与译

---

① "礼部尚书"是主管朝廷中的礼仪、祭祀、宴飨、贡举的大臣。礼部，中国古代官署，北周始设。隋唐为六部之一，历代相沿。长官为礼部尚书。

② in（工具格）+tä（位格）+ki（表示来自名词的体词），intäki 附属根词 bölük 之后。

③ "内给事"是宦官官名。汉少府有给事黄门。常侍皇帝左右，在内宫门联系内外及中官以下众事。唐内给事，属内侍省，员额十人。

④ 唐代长安由宫城、皇城和京城三部分组成。皇城又称子城，北边无墙，和宫城联为一体。在皇城西墙和东墙的北部，分别矗立着安福门和延喜门两座城门。文献中此类记载很多。古代城门上均建有阁楼，故史料中"安福楼"、"安福门楼"与"安福门"指一个地方。

⑤ "凌阴殿"是宫殿名称。长安大内凝阴殿。王亚荣：《玄奘译场助译僧考述》，《长安佛教史论》，宗教文化出版社，2005，第187页。

⑥ 唐在今新疆境内所置三州之一。唐贞观十四年（640年）灭麹氏高昌，以其地置西州。西州是唐朝经营西域的军事重地，其州治还是中西经济、文化交流的重要城市。

语之间存在很大差异的情况下，一般采用意译的方式。意译的方法是在直译存在困难，或勉强翻译使得读者（或听者）都无法正确理解原来语言的意义的时候，舍弃原来语言里的文化特色，根据具体语境来进行意译，从而保持原来语言意义的完整性。从跨文化语言交际来看，意译强调的是翻译语言文化体系和原来语言文化体系的相对独立性。精通汉语的胜光法师在翻译《玄奘传》时也常常采用意译法。例如：

ïduq nom<Chin. 道教（5-6/78），即回鹘语 ïduq（神圣的）+nom（经）。汉语与回鹘语之间的语言文化存在差异，这里采用等效译法，视道教为一种神圣的经，这里翻译就起到了异曲同工的效果。

qamaɣ<Chin. 孟诸（16/259）。回鹘语 qamaɣ 有"所有的"之义。汉语"诸"与回鹘语 qamaɣ 相对应。"孟诸"，古大泽，《尔雅·释地》："鲁有大野。晋有大陆。秦有杨陓。宋有孟诸。楚有云梦。吴越之间有具区。"若仅仅从回鹘语 qamaɣ 看，其意义是很难理解的，这里是结合汉语言文化及语境来理解。

bulïtlar<Chin. 云梦（16/259）。回鹘语 bulïtlar 有"云"之义。云梦，即云梦泽。若仅仅从回鹘语 bulïtlar 看，其意义是很难理解的，这里是结合汉语言文化及语境来理解。

ot sani<Chin. 草书圣（15/29），即回鹘语 ot（草）+sani（数）。汉语"草书圣"是用回鹘语 ot sani 来翻译，这里"草书圣"应指张旭，唐代大书法家。若仅仅从回鹘语 ot sani 看，其意义很难理解，这里是结合汉语言文化及语境来理解。

at savï<Chin. 白马祠（22/19），即回鹘语 at（马）+savï（祠），若仅仅从回鹘语 at savï 看，其意义是很难理解的。洛阳白马寺创建于东汉永平十一年，是佛教传入中国后兴建的第一座寺院，为中国第一古刹，有中国佛教"祖庭"和"释源"之称。这里结合汉语言文化及语境来理解。

tolp tavɣač eli<Chin. 虞夏（11/270），即回鹘语 tolp（全部）+tavɣač（中国）+eli（国家），"虞、夏"是我国古代王朝。舜帝名重华，号有虞氏，谥号曰舜。国号有虞。中国第一个世袭王朝是夏朝。若仅仅从回鹘语 tolp tavɣač 看，其意义也是很难理解的，这里要结合汉语文化及上

下文语境来理解。

此外，käzig<Chin. 草书（15/59），回鹘语 käzig 有"次序"之义；tartïɣ<Chin. 行书（16/59），回鹘语 tartï 有"拉、拔"之义；aqladï<Chin. 飞白书（18/59），回鹘语 aqla- 有"白"之义。上述词仅仅从回鹘语来看，其意义是很难理解的，这些翻译都采用一种意译的方式。汉语文化里的草书、行书、飞白都是汉字书法的一种字体。

中国译经史上，自安世高到鸠摩罗什这两个半世纪的译绩，统称"古译"；鸠摩罗什开创了译经史上的新时期，即"旧译"时期；玄奘开创了"新译"[1]。安世高偏直译；支娄迦谶多音译；鸠摩罗什在总结前人经验的基础上，注重译文的质量，他和他的弟子倾向于意译。[2]玄奘法师的翻译要求文和义切合原作，不得有损于原典的意旨；同时又要求文从字顺，便于读者了解。这种不拘泥于直译和意译的翻译方法最终形成了一种独创的"精严凝重"的翻译文体，而不是梵化的汉文。[3]

玄奘法师曾提出"五不翻"理论，这种翻译实际上就是音译。[4]汉语借词在回鹘文文献里的音译形式，保留汉语原有的语言文化内涵。玄奘法师的"五不翻"理论同样适用于汉语与回鹘语之翻译。

---

[1] 孙昌武：《中国佛教文化史》，中华书局，2010，第 437 页。

[2] 热扎克·买提尼牙孜主编《西域翻译史》，新疆大学出版社，1997，第 81 页。

[3] 王继红：《玄奘译经四言文体的构成方法——以〈阿毗达磨俱舍论〉梵汉对勘为例》，《中国文化研究》2006 年第 2 期。

[4] "秘密故、多义故、无此故、顺古故、生善故等五种情况不翻译，而不翻即音译"，郭虹宇：《重读玄奘译论"五种不翻"——论宗教类、文化类外来词语的翻译策略》，《天津外国语学院学报》2009 年第 4 期。

第十二章　汉语与回鹘语语音对音研究

第一节　汉语与回鹘语对音研究相关问题

一　对音研究的几个问题

1. 对音概念

对音是指两种语言之间语音片段音读的对译。从音质来看，对译可以是一个音素或音节或音位，也可以是成段的语料。对音是一种民族语言与另一种民族语言之间的语音对比，即用一种语言文字记录另一语言的语音。回鹘文记录汉语语音可以称为回鹘语与汉语对音。汉语借词主要指音译词，因此，下文汉语借词与回鹘语对音研究其实是汉语音译词与回鹘语对音研究。

2. 对音研究历史回顾

一般来说，对音研究多见于番汉对音研究。聂鸿音把针对汉语和外民族语言音译材料对勘的研究方法称为番汉对音。[①]据聂鸿音研究，最早使用对音法研究汉字古音的例子见于艾约瑟的《汉字研究导论》。番汉对音正式作为一种研究方法的时间是 20 世纪 20 年代，其标志是北京大学《国学季刊》上发表的两篇文章，一篇是俄国学者钢和泰（Baro von stael Holstein）的《音译梵书与中国古音》[②]；另一篇是汪荣宝的

---

① 聂鸿音：《番汉对音简论》，《固原师专学报》1992 年第 2 期。

② 钢和泰：《音译梵书与中国古音》，胡适译，《国学季刊》1923 年第 1 卷第 1 号，第 47~56 页。

《歌戈鱼虞模古读考》①。此后，俞敏的《后汉三国梵汉对音谱》②；罗常培先生的《知彻澄娘音值考》③与《唐五代西北方音》④等论著，在梵汉对音和汉藏对音方面进行了卓有成效的探索。

利用西夏文材料来研究汉语方言的学者主要有王静如、龚煌城等。龚煌城的《十二世纪末汉语的西北方音》⑤，归纳出宋代西北话的声母系统。此外，龙果夫《八思巴字与古汉语》⑥曾利用八思巴字对音来研究汉语音韵。

下面简要列举对音研究的部分论文：徐通锵与叶蜚声的《译音对勘与汉语的音韵研究——"五四"时期汉语音韵研究方法的转折》⑦；施向东的《梵汉对音资料：从上古音到中古音》⑧；储泰松的《梵汉对音概说》⑨；孙伯君的《胡汉对音和古代北方汉语》与《西夏译经的梵汉对音与汉语西北方音》等⑩；张铁山与彭金章的《敦煌莫高窟北区 B77 窟出土木骨上的回鹘文题记研究》⑪；李建强的《伯希和 2855 号残卷于阗文咒语对音研究》⑫；许良越的《梵汉对音法的提出及其在音韵研究中的影响》⑬；朱国祥的《回鹘文〈金光明经〉中的粟特语借词对音研究》与

① 汪荣宝：《歌戈鱼虞模古读考》，《国学季刊》1923 年第 1 卷第 2 号，第 242 页。
② 收入《俞敏语言学论文集》，商务印书馆，1999，第 1~66 页。
③ 收入《中央研究院历史语言研究所集刊》第三本第一分，后收入《罗常培语言学论文选集》，第 29~69 页。
④ 罗常培：《唐五代西北方音》，中央研究院历史语言研究所，1933。
⑤ 龚煌城：《十二世纪末汉语的西北方音（声母部分）》，《中央研究院历史语言研究所集刊》第五十二本第一分，1981。
⑥ A.Dragunov. The hphags-pa Soript and Ancient Mandarin, ИзвестИя АкадемИИ Наук, 1930.
⑦ 徐通锵、叶蜚声：《译音对勘与汉语的音韵研究——"五四"时期汉语音韵研究方法的转折》，《北京大学学报》（哲学社会科学版）1980 年第 6 期。
⑧ 施向东：《梵汉对音资料：从上古音到中古音》，《辞书研究》2020 年第 4 期。
⑨ 储泰松：《梵汉对音概说》，《古汉语研究》1995 年第 4 期。
⑩ 孙伯君：《胡汉对音和古代北方汉语》，《语言研究》2005 年第 1 期；孙伯君：《西夏译经的梵汉对音与汉语西北方音》，《语言研究》2007 年第 1 期。
⑪ 张铁山、彭金章：《敦煌莫高窟北区 B77 窟出土木骨上的回鹘文题记研究》，《敦煌学辑刊》2018 年第 2 期。
⑫ 李建强：《伯希和 2855 号残卷于阗文咒语对音研究》，《语言研究》2008 年第 4 期。
⑬ 许良越：《梵汉对音法的提出及其在音韵研究中的影响》，《西南民族大学学报》（人文社会科学版）2009 年第 1 期。

《回鹘文〈慈悲道场忏法〉中的吐火罗语借词对音研究》等①。值得注意的是，牛汝极《从借词看粟特语对回鹘语的影响》②一文分析了回鹘语中粟特语借词的九个特点，其所涉及两种民族语言的语音问题，对音译对勘研究有着重要的价值。

在语音对音方面，聂鸿音发表了系列论文，如《慧琳译音研究》（《中央民族学院》1985 年第 1 期）、《回鹘文〈玄奘传〉中的汉字古音》（《民族语文》1998 年第 6 期）、《〈金史〉女真译名的音韵学研究》（《满语研究》1998 年第 2 期）、《番汉对音简论》（《固原师专学报》1992 年第 2 期）、《番汉对音和上古汉语》（《民族语文》2003 年第 2 期）、《粟特语对音资料和唐代汉语西北方言》（《语言研究》2006 年第 2 期）等，引起很大反响。聂鸿音在对音研究上，不仅把对音研究广泛应用于梵文、女真文、回鹘文、粟特文等诸民族语文上，而且还把它上升到理论和方法论高度，其影响无疑是深远的。

从上文可看出，在对音研究上，所取得的成果主要集中在梵汉、汉藏语等方面，而回鹘语与汉语的对音研究相对比较少。梵汉对音法的提出，使汉语音韵学的研究从此获得了新观点、新材料和新方法，并进而完成了传统音韵学向现代音韵学的转变。③

回鹘文广泛使用的时间与汉语中古音的存续时间有大致对应关系。④回鹘文献中某些汉语借词有可能下延至近代汉语。但从总体上看，我们用汉语中古音来与回鹘语进行译音对勘，应是科学的、切实可行的。

---

① 朱国祥:《回鹘文〈金光明经〉中的粟特语借词对音研究》,《民族语文》2019 年第 5 期; 朱国祥:《回鹘文〈慈悲道场忏法〉中的吐火罗语借词对音研究》,《民族语文》2020 年第 4 期。

② 牛汝极:《从借词看粟特语对回鹘语的影响》,《新疆师范大学学报》(哲学社会科学版) 2015 年第 1 期。

③ 杨剑桥:《汉语现代音韵学》,复旦大学出版社,1996,第 9 页。

④ 王力认为，汉语语音分为上古、中古、近代与现代四个时期。公元 3 世纪以前为上古（3~4 世纪为过渡期）；公元 4~12 世纪（东晋至南宋前半时期）为中古（12~13 世纪为过渡期）；公元 13~19 世纪为近代；20 世纪（五四运动后）为现代。（王力:《汉语史稿》,中华书局,1980,第 35 页。）邵荣芬认为，汉语语音有四个历史阶段：上古期（4 世纪以前,晋代以前);中古期（4~12 世纪,东晋至北宋以前);近古期（12~17 世纪）；现代期（17 世纪至现代）。（邵荣芬:《汉语语音史讲话》,天津人民出版社,1979,第 4 页。）

二　汉语与回鹘语对音应注意的问题

1. 汉语与回鹘语语音差异

汉语属于汉藏语系。回鹘语属于阿尔泰语系突厥语族。汉语与回鹘语性质迥异，语音系统完全不同。语音对音时要遵循以下原则。

（1）有的汉语音位，回鹘语也有这个音位，汉语与回鹘语音对音则准确而严格。

（2）有的汉语音位，回鹘语无这个音位，则用回鹘语发音部位或发音方法相近似的语音来"代替"汉语语音。

（3）回鹘语有而汉语没有的音位，一般是很难对音的。

汉字是意音文字。回鹘文是音素文字，回鹘文标注汉语语音较古代汉字标注语音显得更准确。因此，回鹘文文献中的汉语借词是研究古代汉语语音的珍贵材料。分析回鹘文文献汉语借词译音材料，可以帮助我们分析和归纳出汉语中古语音规律。

2. 字与词的概念

回鹘文文献存在大量汉语借词。当汉语借词"词"与"字"不一致时，汉语借词也就是指汉语"借字"。这是"字音"，也是"词音"。

三　汉语与回鹘语对音材料

汉语与回鹘语对音材料主要是源自回鹘文文献《玄奘传》，如有例外则注释说明。此外，汉语借词若在前文中没有出现，我们在语音对音时加以注释标明出处。

国内外学者对回鹘文中的汉语借词所作拉丁字母转写各不相同，因此，对音时采取一个比较统一的拉丁字母转写形式，这有利于汉语与回鹘语对音更严谨、统一。

第二节　汉语与回鹘语声母系统语音对音研究

一、中古汉语声母与回鹘语辅音系统

（一）中古汉语声母系统

下文以汉语中古时期语音为基础，采用王力先生《汉语史稿》中的中古音 5 类 35 声母。[①]

唇音：帮（p）　滂（pʰ）　並（bʰ）　明（m）

舌音：端（t）　透（tʰ）　定（dʰ）　泥（n）　来（l）

　　　知（ȶ）　彻（ȶʰ）　澄（ȡʰ）

齿音：精（ts）　清（tsʰ）　从（dzʰ）　心（s）　邪（z）

　　　庄（ʧ）　初（ʧʰ）　崇（ʤʰ）　山（ʃ）

　　　章（tɕ）　昌（tɕʰ）　船（dʑʰ）　书（ɕ）　禅（ʑ）　日（ŋʑ）[②]

牙音：见（k）　溪（kʰ）　群（gʰ）　疑（ŋ）

喉音：影（o）　徐（j）　晓（x）　匣（ɣ）

（二）回鹘语辅音系统

回鹘语辅音系统由 b、č、ḍ、f、k、g、ḥ、j、l、m、n、ŋ、p、q、r、s、t、v、w、š、y、z、γ、h、ž、d 等 26 个辅音组成。[③]

辅音按照其发音部位、发音方法、发音时声带是否振动（区分清浊）等三个方面可以作以下分类。

1. 按发音部位分类

双唇音：b, p, m, w;

唇齿音：f, v;

齿尖音：d;

舌尖音：d, t, n, l, s, z, r;

[①]　王力：《汉语史稿》，中华书局，1980，第 50~51 页。

[②]　潘悟云：《汉语历史音韵学》，上海教育出版社，2000，第 61 页。

[③]　张铁山：《回鹘文献语言的结构与特点》，第 58 页。早期回鹘文字母与粟特文一样，只有 21 个辅音音位，后期回鹘语辅音系统吸收一些外来语言中的辅音，如 f、j、ŋ、d 与 h 进入辅音系统。此处采取回鹘语后期完整的辅音系统。

198

舌叶音：j，č，š，ž；

舌面中音：y；

舌根音：g，k，ŋ（ng）；

小舌音；q，h，ɣ；

声门音：h。

2.按发音方法分类

塞音：b，p，d，t，k，g，q；

擦音：w，f，v，d，s，š，z，ž，y，ɣ，h，h；

塞擦音：j，č；

鼻音：m，n，ŋ（ng）；

边音：1；

颤音：r。

3.按清浊分类（发音时声带振动与否）

清辅音：p，t，k，q，f，s，š，č，h，h；

浊辅音：b，d，g，m，n，ŋ（ng），z，ž，j，l，r，v，d，w，y，ɣ。

综上，可以做出以下辅音描写：

b—双唇浊塞音　　　　　p—双唇清塞音

m—双唇鼻音　　　　　　w—双唇浊擦音

f—唇齿清擦音　　　　　v—唇齿浊擦音

d—舌尖浊塞音　　　　　t—舌尖清塞音

s—舌尖清擦音　　　　　z—舌尖浊擦音

l—舌尖边音　　　　　　n—舌尖鼻音

r—舌尖颤音　　　　　　y—舌面浊擦音

š—舌叶清擦音　　　　　č—舌叶清塞擦音

j—舌叶浊塞擦音　　　　ž—舌叶浊擦音

k—舌叶浊擦音　　　　　g—舌根浊塞音

h—小舌清擦音　　　　　ŋ（ng）—舌根后鼻音

q—小舌清擦音　　　　　h—声门浊擦音

ɣ—小舌浊擦音　　　　　d—齿间浊擦音

二 中古汉语声母系统与回鹘语辅音对音

（一）唇音

主要有：帮（p）滂（pʰ）並（bʰ）明（m）。

1. 帮（p）

（安）福 pǐuk（门）=fuq①，博 pɑk（州）=bäg，班 pan（超）=ban，班 pan（倕）=pan，宝 pɑu（昌寺）=pao，版 pan=ban，伯 pɐk（英）=bex，碑 pǐe=pi，丙 pǐɐŋ=bi，笔 pǐet（墨）=bïr，布 pu 施=bu，法 pǐwɒp（师）=fab，法 pǐwɒp（显）=fap，夫 pǐu（人）=fu，发 pǐwɐt（智论）=far，傅 pǐu（毅）=fu，方 pǐwaŋ（等）=fo，（李义）甫 pǐu=wu，（李淳）风 pǐuŋ=fung，（螺）贝 pɑi=bay，（问罪辽）滨 pǐěn=bin。

2. 滂（pʰ）

（程桃）捧 pʰǐwoŋ=fung，普 pʰu（贤）=pu，衯 pʰǐuɐn（襟）=fen，（天）峰 pʰǐwoŋ=fung，丰 pʰǐwoŋ（德寺）=ving，普 phu（救寺）=pu，普 phu（光寺）=pu。

3. 並（bʰ）

佛 bʰǐuət（僧）=bur，符 bʰǐu（姚）=fa，伏 bʰǐuk（羲）=fug，佛（图澄）bʰǐuət=fo，般 bʰuɑn（若）=ban，汴 bʰǐɛn（州）=pin，（大）毗婆（沙论）bʰi bʰuɑ=bi ba，菩 bʰu（提留志）=bo，部 bʰəu=buu，（文）备 bʰi=bi，（高季）辅 bʰǐu=fu，白 bʰɐk（马寺）=pag，辩 bʰǐɛn（机）=pin，蒲 bʰu（州）=pu，仆 bʰuk（射）=pu，（神）肪 bʰǐwaŋ=vu，房 bʰɑŋ（州）=vo，（生）平 bʰǐɐŋ=pe，梵 bʰǐwɒm（赞）=vam。

4. 明（m）

（笔）墨 mək=mäk，面 mǐɛn（曲池）=men，明 mǐɐŋ（潸）=me，（理）门 muən（论）=men，绵（州）mǐɛn=min，铭（石章）mieŋ=mi，（安福）门 muən=min，戊 məu=bou，（玄）谟 mu=buu，（白）马（寺）ma=ba，（姬）穆 mǐuk=bux，（靖）迈 mæi（法师）=bai，庑（廊）mǐu=pu，明（琰）mǐɐŋ=

---

① 王力构拟中古音源自查询网络"上海师范大学语言研究所·上海高校比较语言学 - 研究院"，http://www.eastling. org/zgycx.php。"="前面是汉语中古音，后面是回鹘文字音，下同。

pu，（魏）武 mǐu（帝）=vu，文 mǐuən（备）=vin，问 mǐuən（罪辽滨）=vin，（王）文 mǐuən（训）=vin，物 mǐuət（弋猎）=v(u)r。

从以上对音材料可看出：

（1）帮滂並母字都可与回鹘语辅音 f-/b-/p- 对音，滂並母字可与 v- 对音。帮滂並 3 个声母同用回鹘文 p- 对音，是因为早期回鹘字母不能区分 b-、p- 这两种形式，并不证明当时汉语方言中的这 3 个声母没有区别。以下端透定母字、精清从母字、知彻照穿母字、见溪群母字仿此。[①]

（2）帮滂並母合口三等字与回鹘语 f-/v- 对音。

值得注意的是：轻唇音非（f）、敷（fʰ）、奉（v）、微（ɱ）在回鹘文对音中各家表述有异。聂鸿音先生归为 v，如：法 vap，风 vïŋ；丰 viŋ；父 vuu，佛 vu(t)；无 vu，文问 vin。[②]庄垣内正弘把非敷奉都归为 f，把微归为 v，如：福 <fiuk → fu>vw；覆 <fʰɪəu → fu>pw；佛 <vɪuət → fu>vyr；文 <ɱɪuɐn>vyn，无 <ɱɪu>'w~ww~www，武 <ɱɪu>ww，微 <ɱɪuɐɪ>vy，万 <ɱɪuɐn>v̇n。[③]

笔者根据一些回鹘语对音材料归纳如下：

非（f）：法 fab，发 far，方 fo，夫 fu，风 fung，府 fu，福 fuq。

敷（fʰ）：（程桃）捧 fung，衯（襟）fen，（天）峰 fung。

奉（v）：伏 fug，辅 fu，肪 vu，梵（赞）vam，房 vo，冯 vung。

微（ɱ）：无 vu，武 vu，文 vin，问 vin，物 v(u)r（弋猎）。

f-/v- 为声母，多用于拼写外来语借词。"辅音 f/v 始终没有能够进入到突厥语族语言辅音系统的核心。"[④]对于辅音 f，回鹘文字母中没有专门表示该音的符号；同时辅音 v 与 w 在回鹘文书写时共用一个符号，回鹘文字母中的 v 也没有专门表示该音的符号。因此，古汉语的轻唇音非敷奉微与回鹘文对音用 v 表示，则更显得简洁明了。中古后期出现"非敷奉"读为唇齿塞擦音 f、fʰ、v，但是不久以后这三个声母合并为一个唇齿摩擦音 f。

---

①　聂鸿音：《回鹘文〈玄奘传〉中的汉字古音》，《民族语文》1998 年第 6 期。

②　聂鸿音：《回鹘文〈玄奘传〉中的汉字古音》，《民族语文》1998 年第 6 期。

③　庄垣内正弘『ロシア所蔵ウィゲル語文献の研究』、50~51 頁。

④　张铁山：《回鹘文献语言的结构与特点》，第 55~57 页。

（3）明（m）母可与回鹘语的 m-/b-/p-/v-/w- 对音，明母字合口三等字与回鹘语辅音 v- 对音。明母字在收阳声（鼻韵尾）时一般与回鹘语辅音 m- 对音；明母字收阴声和入声时多数与回鹘语辅音 p- 对音，但也有例外情况，如（笔）墨 mǝk=mäk，明 mǐɐŋ（琰）=pu 等。请看庄氏明母字的对音情况 [①]：

A 类	B 类
魔 \<muâ\>p'	满 \<muân\>m'n
弥 \<miě\>py	面 \<mɪɛn\>myn
貌 \<mau\>p['w]	门 \<muǝn\>mwn
妙 \<miɛu\>pyw ~ p'w	猛 \<muǝn\>mwn
母 \<mǝu\>pw	命 \<mɪaŋ\>my
谬 \<miǝu\>pyw	明 \<mɪaŋ\>my
末 \<muât\>p'	名 \<miɛŋ\>my
灭 \<miɛt\>pyr ~ vyr	
默 \<mǝk\>pyk	
觅 \<miek\>pyk	

（二）舌音

主要有：端（t）透（tʰ）定（dʰ）泥（n）来（l）知（ȶ）彻（ȶʰ）澄（ȡʰ）。

1. 端（t）

（麟）德 tǝk=tik，德 tǝk（业寺）=tig，（张）德 tǝk（志）=tik，丁 tien=ti，（魏）帝 tiei=di，（方）等 tǝŋ=teng，都 tu（统）=tu。

2. 透（tʰ）

太 tʰai（子）=tai，太（子观）tʰai=tay，汤 tʰaŋ（王）=to，（神）泰 tʰai=tai，天 tʰien（使）=ten，天 tʰien（峰）=teu，天 tʰien（宫寺）=ti，（都）统 tʰuoŋ=tung。

3. 定（dʰ）

道 dʰau（安）=tau，（大）唐 dʰaŋ=to，（真）檀 dʰan=tan，（圆）

① 庄垣内正弘『ロシア所蔵ウィゲル語文献の研究』、49 頁。

定 dʰieŋ=tee，（佛）图 dʰu（澄）=tu，（信）度 dʰu=to，蠹 dʰuok（旛）= touɣ，（纤）莚 dʰieŋ=ti，窦（师伦）dʰəu=teu，（草）堂 dʰaŋ（寺）= to，弟 dʰiei（子）=ti，同 dʰuŋ（泰寺）=tung，杜（正伦）dʰu=tuo。

4. 泥（n）

南 nɒm（山）=nam，（终）南 nɒm（山）=nam，年 nien=dien，（永）宁 nieŋ =ni，（大力）奴 nu=du，（无）念 niem=dem。[①]

5. 来（l）

梨 li=li，（室）利 li（薛瑟得迦）=rï[②]，梁 lĭaŋ（朝）=lö，李 lĭə（君信）=li，檩 lĭĕm=lim，麟 lĭĕn（德）=lin，莲 lien（花）=lin，灵 lieŋ（润）=li，弄 luŋ（砖）=lung，隆 lĭuŋ（周）=lung，龙 lĭwoŋ（朔）=lüng，笼 luŋ（子）=lung，庐 lĭo（山）=lu，吕 lĭo（才）=lü，流 lĭəu（沙）=liu，理 lĭə（门论）=li，（房玄）龄 lieŋ=li，（物弋）猎 lĭɛp=lib, 辽 lieu（滨）= liu，（晋昌）里 lĭə=li，楼 ləu=lau，（光）禄 luk（大夫）=lev，（窦师）伦 lĭuĕn=lün，（褚遂）良 lĭaŋ=lö，李 lĭə（义甫）=li，洛 lɑk（京）=lag。

从以上对音材料可看出：

（1）端、透、定三母都可与回鹘语辅音 t-/d- 对音（回鹘文 t、d 书写上无区别）。中古汉语透（tʰ）、定（dʰ）母字送气音与端（t）母字不送气音都与回鹘语辅音 t-、d- 对音，因为回鹘语辅音无送气与否区别。

（2）泥母可与回鹘语 n-/d- 对音，声母泥（n）在回鹘语言中有的还保留着汉语语音，有的在回鹘文中写作 d，如（无）念 niem=dem、（大力）奴 nu=du、年 nien=dien 等。这一现象是唐西北方音造成的。罗常培先生在研究敦煌汉藏对音时对这一语音现象进行诠释，他列举了《千字文》字例有内 ’dei、纳 ’dab；《大乘中宗见解》字例有纳 ’dab、涅 ’der、泥 ’de、恼 ’de、内 ’dwe、暖 ’dwan；《阿弥陀经》字例有难 ’dan、脑 ’de’u；《金刚经》字例有耨 ’dog/nog、那 ’da’、能 ’diṅ 等[③]。

---

① tai lig du＜大力奴，uu dem＜无念。庄垣内正弘『ウイグル文 アビグルマ論書の文献學的研究』、101 頁。

② Ceval Kaya, *Uygurca Altun Yaruk, Giriş, Metin ve Dizin*, p.676.

③ 罗常培：《唐五代西北方音》，《中央研究院历史语言研究所单刊》甲种之十二，1933，第 19 页。

至于泥母仍然要考虑到脱鼻音化（denasalization）的不稳定性，何时为 /t/，何时为 /n/，应根据不同情况区别对待。"点"被"念"来注音的情况下，念作 /t/，如《法华经音》第 11 字。[①]

庄垣内正弘也列举泥母字例[②]，如：

那 <nâ>d'-t'   念 <niem>dym-tym

乃 <nậ>t'y   难 <nân> t'n-d'n

泥 <niei>ty   涅 <niet>try

内 <nuậi>-dwy   能 <nəŋ>nynk-tynk

恼 <nâu>t'v-d'w   溺 <niek>dyk

南 <nậm>t'm

庄垣内正弘先生列举的这些字也是与 d-t 或 d'-t' 对音的。这些泥母字例说明了在唐代西北方音中有 /n/ 和 /d/ 两读现象。回鹘文中汉语借词声母泥发 /n/ 和 /d/ 音，这正是当时语音现象的真实记录。不过（烦）恼 nɑu=tau[③]，（大力）奴 nu=du，（无）念 niem=dem，对音的是 t-，其实在前面已经说明：回鹘文字母 t 与 d 在书写时有区别，但在实际使用中 t、d 却经常相混使用。

（3）来母基本上与回鹘语 l- 对音，有一例外，如（室）利 li（薛瑟得迦）=rï[④]，来母与回鹘语 r- 对音。汉语无舌尖浊颤音，回鹘语 r-（舌尖浊颤音）辅音居音节开头，在听感上汉族人似乎觉得回鹘语 r 音值与汉语 l 很接近。回鹘语舌尖浊颤音 r- 可居词中、词尾，若处于词首位置，多为借词。[⑤]

6. 知（ȶ）

贞 tĭɛŋ（观）=če，智 tĭe（严）=čï，长 tĭaŋ（安）=čoo，张 tĭaŋ

---

① 〔日〕高田时雄:《敦煌·民族·语言》，钟翀等译，第 169 页。

② 庄垣内正弘『ロシア所蔵ウィゲル語文献の研究』、55 頁。

③ 阿不都热西提·亚库甫:《一件回鹘文书写汉语文献残片初释》，中国少数民族语言·古籍·文化语言学研讨会暨张公瑾教授 80 华诞庆祝活动，北京: 2013 年 10 月 31 日。朱国祥、张铁山:《回鹘佛教文献中的汉语借词研究》，第 61 页。

④ şïrïpïvïsï〈Chin.shih-li-pi-sê-tê-chia（室利薛瑟得迦）ş.476/2，Ceval Kaya, *Uygurca Altun Yaruk, Giriş, Metin ve Dizin*, p.676.

⑤ 张铁山:《回鹘文献语言的结构与特点》，第 64 页。

（德志）=co，中 tĭuŋ（郎）=čung，（道）卓 tɔk=čay，（慈恩）传 tĭwɛn（去声）=cuen[①]，（李）忠 tĭuŋ= čung，张 tĭaŋ（掖）=čuu。

7. 彻（tʰ）

（薛元）超 tʰɛu=čäu，（班）超 tʰɛu=čau，褚 tʰĭo（令）=čüö，褚 tʰĭo（遂良）=čuu。

8. 澄（ɖʰ）

赵 ɖʰĭɛu（公）=čau，晁 ɖʰĭɛu（错）=čao，（隋）朝 ɖʰĭɛu=čeü，程 ɖʰĭɐŋ（桃捧）=čĭ，（佛图）澄 ɖʰĭɐŋ=čeng，（面曲）池 ɖʰĭe=čĭ，帙 ɖʰĭet=čik，（阙）泽 ɖʰɐk=čax，（尉）迟 ɖʰi=čĭ，（仍）择 ɖʰɐk（山）=čax，（道）场 ɖʰĭaŋ=čang，（高）储 ʤʰĭo（子）=tsu。

从以上三条对音材料可看出：知、彻、澄母都可以与回鹘语舌叶清塞擦音 č- 对音，即中古汉语全清不送气知（t）、次清送气彻（tʰ）、全浊送气澄（ɖʰ）母都与回鹘语不送气 č- 对音。

（三）齿音

主要有：精（ts）清（tsʰ）从（ʣʰ）心（s）邪（z）庄（ʧ）初（ʧʰ）崇（ʤʰ）山（ʃ）章（tɕ）昌（tɕʰ）船（ʥʰ）书（ɕ）禅（ʑ）日（ŋʑ）。

先看精组字。

1. 精（ts）

（太）子 tsĭə=tsi，（水）精 tsĭɛŋ=tsi[②]，（绍）宗 tsuoŋ=tsung，蒋 tsĭaŋ（孝璋）=tso，（实）际 tsĭɛi（寺）=tsĭ，（玄）则 tsək=tsi，尊 tsuən=tsun，（道）宗 tsuoŋ=sung，（梵）赞 tsan=tsan，晋 tsĭĕn（帝）=dsin，晋 tsĭĕn（昌里）=dsin，梓 tsĭə（树）=čĭn，（薛）氏 tsĭɛŋ =či。

---

2. 清（tsʰ）

草 tsʰɑu（书）=tsao，寸 tsʰuən=tsun，崔 tsʰuɒi（殷礼）=tsoaɣ，（晃）错 tsʰu=tsay，（春）秋 tsʰĭəu=tsi(n)。（曼）倩 tsʰien=tsai。

3. 从（dzʰ）

（彦）惊 dzʰuoŋ=tsung，（三）藏 dzʰɑŋ=tso，（福）聚 dzʰĭu（寺）=tsu，（玄）奘 dzʰɑŋ=tso，（吕）才 dzʰɒi=tsai，靖 dzʰĭɛŋ（迈法师）=tse，（大）慈 dzʰĭə（恩寺）=tsi，（问）罪 dzʰuɒi（辽滨）=tsuy，齐 dzʰiei（朝）=tsi，秦 dzʰĭĕn（王）=tsin，层 dzʰəŋ=tsïng，寂（照）dzʰiek=tsink，赵 dʑĭɛu（公）=čau。

4. 心（s）

楼（岩寺）siei=tsï，（王）思 sĭə（慕）=tsi，（佛）僧 səŋ=sang，三 sɑm（藏）=sam，（冯义）宣 sĭwɛn=tsuen，（李君）信 sĭĕn=sin，（明）潘 sĭuĕn=sin，薛（氏）sĭɛt=ser，小 sĭɛu（乘）=seu，萧 sieu（锐因）=seu，箫 sieu（璟）=seu，苏 su（州）=su，栖 siei（玄）=si，西 siei（明寺）=si，辛 sĭĕn=sin，信 sĭĕn（度）=sin，锁 suɑ=so，襄 sĭɑŋ（州）=so，嵩 sĭuŋ（山）=sung，纤 sĭɛm（莲）=suy。

5. 邪（z）

（宏福）寺 zĭə=sï，（褚）遂 zwi（良）=süi，隋（朝）zĭwe=sü，隋 zĭwe（帝）=sui，俗 zĭwok（事）=suq，（法）祥 zĭɑŋ=siu，像 zĭɑŋ=soo。

从以上对音材料可看出：

（1）精母与回鹘语 ts-/s-/č- 对音（晋 tsĭĕn=dsin，ds 则是由于前期回鹘文字母 t 与 d 在书写时无区别，但在实际使用中 t、d 经常相混使用所致）；清母与回鹘语 ts- 对音；从母可与回鹘语 ts-/č- 对音；心母与回鹘语 ts-/s- 对音；邪母与回鹘语 s- 对音。精、清、从三母都可与 ts- 对音，心、邪两母都可与回鹘语 s- 对音[①]。

（2）邪母字已经清化。聂鸿音曾明确指出，"邪母（寺隋）在当时

---

① Masahiro Shōgaito, Setsu Fujishiro, Noriko Ohsaki, Mutsumi Sugahara, Abdurishid Yakup. The Berlin Chinese Text U 5335 Written in Uighur Script: A Reconstruction of the Inherited Uighhur Pronunciation of Chinese, Brepols Publishers n.v., Turnhout, Belgium, 2015, pp.12.

已经清化"①。

下面请看照二组中的庄初崇山母字。②

6. 庄（ʧ）

斋 ʧei（事）=čay，斋 ʧei（食）=čai③。

另有庄垣内正弘构拟的"净、庄"两字对音：净 <tʂǎŋ>cy，庄 <tʂǎŋ>cw④。

7. 初（ʧʰ）

忏 ʧʰam（悔）=čam⑤，抄 ʧʰau（本）=tsau，钞 tʧʰau=cao⑥，初 ʧʰĭo（江王）=čo。⑦

8. 崇（ʤʰ）

（贾敦）赜 ʤʰæk=šĭg，（詹）事 ʤʰĭə=šä，（俗）事 ʤʰĭə=su，（斋）事 ʤʰĭə=sĭ。

9. 山（ʃ）

笙 ʃɐŋ（歌）=čim，（刺）史 ʃĭə=ši，（终南）山 ʃæn=šan，（法）师 ʃi=ši，（龙）朔 ʃok=šoq，生 ʃɐŋ（平）=ša，（天）使 ʃĭə=šĭ，沙 ʃa（州）=ša。

从以上四条对音材料可看出：庄母初母都可与回鹘语 č- 对音；浊声母崇母与回鹘语 š-/s- 对音，证明崇母字在西北方音中已清化；山母与回鹘语 č-/š- 对音。

① 聂鸿音：《回鹘文〈玄奘传〉中的汉字古音》，《民族语文》1998 年第 6 期。

② 唐作藩先生认为《广韵》有 35 个声母系统中的庄（ʧ）、初（ʧʰ）、崇（ʤʰ）、生（ʃ），这里的生母与王力先生山母略有区别。唐作藩：《音韵学教程（第 3 版）》，北京大学出版社，2002，第 109~110 页。

③ 庄垣内正弘拟音：čaiši<Chin. 斋食。〔日〕庄垣内正弘『ロシア所蔵ウィゲル語文献の研究』，354 頁。

④ 庄垣内正弘『ロシア所蔵のウィゲル語文献の研究』，60 頁。王力先生构拟中古音：净 tʃæn、庄 ʃĭaŋ。

⑤ 另，卡亚拟音：çambuy<Chin.chʻan huɪ（忏悔）ç.25/22. Ceval Kaya, Uygurca Altun Yaruk, Giriş, Metin ve Dizin, p.455.

⑥ 耿世民：《回鹘文〈亦都护高昌王世勋碑〉研究》，《考古学报》1980 年第 4 期。

⑦ 杨富学：《回鹘文献与回鹘文化》，第 385~386 页。

再看照三组中的章昌船书禅母字。①

10. 章（tɕ）

（沙）州 tɕĭəu=čiu，（杜）正 tɕĭɛŋ（伦）=če，（寂）照 tɕĭɛu=ceu，周 tɕĭəu（朝）=čeü，（于）志 tɕĭə（宁）=či，章 tɕĭaŋ（亥）=čo，钲 tɕĭɛŋ=čang，专 tɕĭwɛn= cuen，真 tɕĭĕn=čĭn，颛 tɕĭwɛn（项）=cuən，振 tɕĭĕn（响寺）=čing，终 tɕĭuŋ（南山）=čung，（蒋孝）璋 tɕĭaŋ=co，朱 tɕĭu=tsun。

11. 昌（tɕʰ）

尺 tɕʰĭɛk=čĭg/čĭɣ，（会）昌 tɕʰĭaŋ（寺）=čo，（晋）昌 tɕʰĭaŋ（里）=čo，春 tɕʰĭuĕn（秋）=cün。

12. 船（dʑʰ）

（斋）食 dʑʰĭək=ši，神 dʑʰĭĕn（泰）=šin，神 dʑʰĭĕn（肪）=šin，（大）乘 dʑʰĭəŋ=šing。

13. 书（ɕ）

（布）施 ɕĭe=šĭ，湿 ɕĭəp=šĭ，赏 ɕĭaŋ=šoo，若 ɕĭa=ša，（李）叔 ɕĭuk（慎）=šĭn，守 ɕĭəu（中书侍郎）=šiu，声 ɕĭɛŋ（明论）=še，（少）ɕĭɛu 室 ɕĭĕt（山）=šaošĭr，胜 ɕĭəŋ（光阇梨）=šĭng，戍 ɕĭu=sür，舜 ɕĭuĕn（王）=šün，（道）深 ɕĭĕm=šim，水（精）ɕwi=šu。

14. 禅（z）

（梓）树 zĭu=žu，邵 zĭɛu=čou，（李）淳 zĭuĕn（风）=šüin，（李叔）慎 zĭĕn=šin，剡 zĭɛm=šĭm，鄯善 zĭɛn zĭɛn=šin šin，上（座）zĭaŋ=šo，（班）倕 zĭwe=šui，常 zĭaŋ（州）=šou，绍 zĭɛu（宗）=šäv。

① 中古汉语声母系统，前期以《切韵》音系为代表（即《广韵》音系，即中古前期），后期是宋代三十六字母（实际是古代 36 个声母，即中古后期）。《广韵》声母：唇音——帮滂并明；舌音——端透定泥来知彻澄；齿音——精清从心邪，庄初崇生，章昌船书禅；牙音——见溪群疑；喉音——晓匣影喻。宋代三十六字母：唇音——帮滂并明（重唇），非敷奉微（轻唇）；舌音——端透定泥（舌头），知彻澄娘（舌上）；齿音——精清从心邪（齿头），照穿床审禅（正齿）；牙音——见溪群疑；喉音——晓匣影喻；半舌音——来；半齿音——日。（唐作藩：《音韵学教程（第3版）》，北京大学出版社，2002，第33、109~111 页。）由此看出，从《广韵》到宋元时期三十六字母声母系统发生结构性变化，即唇音分两套系统分轻重唇音，庄系（庄初崇生）与章系（章昌船书禅）合二为一一套照系（照穿床审禅），泥母分为泥娘，匣母与三等韵相拼时分化出来与喻母合并。

15. 日（ŋz）

（般）若 ŋzǐak（经）=ža，（真）如 ŋzǐo=žo，（怀）仁 ŋzǐěnn=zin，壬 ŋzǐěm=žim，任 ŋzǐěm=zim，仍 ŋzǐəŋ（择山）=žing，（灵）润 ŋzǐuěn=žuin，绒 ŋzǐuŋ（锦）=žŭng。

从照三组对音材料可看出：

（1）章母与回鹘语 č-/ts- 对音；昌母与回鹘语 č- 对音；船母、书母与回鹘语 š- 对音；禅母与回鹘语 č-/š-/ž- 对音。全浊船母字与回鹘语辅音 š- 对音，全浊禅母字与回鹘语辅音 č-/š- 对音，这表明了船母已清化，不过全浊禅母字少数还有没有清化，如（梓）树 zǐu=žu。这一现象聂鸿音曾明确指出："回鹘文字母表里有 ž，却把床禅两个古浊声母译作 š，证明床禅在当时已经清化。"①

（2）日母与回鹘语 z-/ž- 对音。高本汉的日母构拟为 ŋz-，大多数音韵学者接受了高本汉的这个拟音。长安方言的标准语地位使日母的读音 ⁿʥ- 为其他方言所接受，塞擦音又演变为擦音，ⁿʥ->ʑ->z->ʐ-。② 浊擦音 ʐ- 与回鹘语的浊擦音 z-/ž- 对音。

（四）牙音

主要有：见（k）溪（kʰ）群（gʰ）疑（ŋ）。

1. 见（k）

见母开口一等字与回鹘语 q-/ɣ-/k- 对音：（金）刚 kaŋ（经）=qo，缑（氏）kəu=ɣïu，纲 kaŋ（维寺）=ka。

见母开口二等字与回鹘语 q-/k- 对音③：夹 kɐp=kap，戒 kɐi（贤律师）=qai，贾 ka（敦踤）=ka，芥（子）kɐi=qay，简 kæn（州）=qan，甲 kap=qap，家 ka=qa，架 ka（子）=qa，街 kai=qay，（净）觉 kɔk（寺）=kog，（演）觉 kɔk（寺）=quɣ，（法）讲（寺）kɔŋ=sing，庚 kɐŋ=kï，嘉 ka（尚）=ge。

见母开口三等字与回鹘语 k- 对音：（袽）襟 kǐěm=kin，憍 kǐeu（赏弥）=kau，（绒）锦 kǐěm=kim，己 kǐə=ki，敬 kǐɐŋ（明）=ki，姬 kǐə

---

① 聂鸿音：《回鹘文〈玄奘传〉中的汉字古音》，《民族语文》1998 年第 6 期。
② 潘悟云：《汉语历史音韵学》，第 52~53 页。
③ 拉丁字母 g 系转写差别所致。参见张铁山《回鹘文献语言的结构与特点》，第 32 页。

（后）=gi，（辩）机 kǐəi=ki，（普）救 kǐəu（寺）=kyu。

见母开口四等字与回鹘语音相同：经 gi（藏）=gi。

见母合口三等字与回鹘语 k-/g-/č-q-/ 对音：（箫）璟 kǐwɐŋ=ke，（道）恭 kǐwoŋ（法师）=küng，（天）宫 kǐuŋ（寺）=gung，（高）季 kwi（辅）=či，龟 kwi（文）=ken，（慧）贵 kǐwəi=guy，拱 kǐwoŋ（子）=güng，桂 kiwei（林）=guy，卷 kǐwɛn=guɛn，弓 kǐuŋ=gung，（李）君 kǐuən（信）=gün，（王）君 kǐuən（德）=gün，（李孝）恭 kǐwoŋ=qüng，癸 kwi=kui。

见母合口一等字与回鹘语音相同：縠 kuk（州）=kug。

2. 溪（kʰ）

溪母开口一、二等字与回鹘语 q- 对音：榼 kʰɑp（子）=qap；阚 kʰɑm（泽）kʰɑm=qam。

溪母开口三等字与回鹘语 k- 对音：（显）庆 kʰǐɐŋ=ki，器 kʰi（炉）=kǐ。

溪母合口一、三等字与回鹘语 k-/q- 对音：廓 kʰuɑk（州）=quɣ，（牙）旷 kʰuɑŋ=ki，曲 kʰǐwok=küx，窥 kʰǐwe（基）=kuy。

3. 群（gʰ）

群母开口三等字与回鹘语 k-/g-/q- 对音：（长孙无）忌 gʰǐə=ki，旧 gʰǐəu（情）=kiu，（道宇）祈 gʰǐəi（场）=qǐ，（李）乾 gʰǐɛn（裕）=gin，（太）极 gʰǐək（殿）=ging。

4. 疑（ŋ）

疑母开口三等字与回鹘语 k-/g-/h- 对音：（慧）严 ŋǐem=hui，彦 ŋǐɛn（惊）=gen/kin，义 ŋǐe（和）=hin，（大）业 ŋǐɒp=gip。

疑母开口二等字与回鹘语 y- 对音：牙 ŋa（旷）=yox。

疑母合口一等字与回鹘语 ɣ- 对音：吴 ŋu（主）=ɣu。

疑母合口三等字与回鹘语 h-/g-/ɣ- 对音：魏 ŋǐwəi（帝/后）=huǐ/guy，玉 ŋǐwok（华宫）=güx，（薛）元 ŋǐwɐn（超）=güen，（楼）岩 ŋǐɐm（寺）=ɣam，虞 ŋǐu（王）=huiz，（汉）元 ŋǐwɐn=guen。

对于牙音，聂鸿音曾明确指出，见溪母一、二等字与回鹘语 q- 对音；见群母三、四等字与回鹘语 k- 对音；疑母一、二等字与回鹘语 q-

对音；疑母三等字与回鹘语 q-/h- 对音。[①]

（五）喉音

主要有：影（o）馀（j）晓（x）匣（ɣ）。

1. 影母（o）

影母与回鹘语对音材料都是零声母。

影母开口一等字：安 ɑn（福门）=an。

影母开口三等字：英 ĭɐŋ（公）=i，殷 ĭən（帝）=in，因（明论）ĭěn=in，乙 ĭět=ir。

影母合口三等字：雍（州）ĭwoŋ=in，（颥）郁 ĭuət=ür，尉 ĭuət（迟）=ür。

2. 馀母（j）

馀母即喻四，或称以母（王力）。[②]

馀母开口三等字与回鹘语 y- 对音：

瀛 jĭɐŋ（州）=yen，（显）扬 jĭaŋ（论）=yo，（赏）瑶 jĭɛu=yeu，样 jĭaŋ=yang，演 jĭɛn（觉寺）=yin，（物）弋 jĭək（猎）=yig，姚 jĭɛu（王）=yeu，（仆）射 jĭa=šia，（明）琰 jĭɛm=hin。

值得注意的是：（仆）射 jĭa=šia、（明）琰 jĭɛm=hin，这两个对音材料不符合声母对音规律，这或许是译者根据自己所理解语音加上一个舌叶擦音与小舌音造成的。

馀母合口三等字与回鹘语 w-、y-、o（零声母）对音：（萧）锐 jĭwɛi（因）=wi，疫 jĭwɛk=ig，（李乾）裕 jĭu=yuu，用 jĭwoŋ=yung，矍（子）jĭo=ü。

3. 晓（x）

晓母一、二等字与回鹘语 h-/q- 对音：

汉 xɑn（明）=han，（法）海 xɒi（寺）=hay，（李）孝 xau（恭）=hau，（蒋）孝 xau（璋）=qa，（忏）悔 xuɒi=hui，花 xwa=hua。

晓母三、四等字与回鹘语 h-/k- 对音：

（振）响 xĭaŋ（寺）=huu，义 xĭe（和）=ki，轩 xĭuɐn（辕）=hen，（大）兴 xĭəŋ（善寺）=hing，（王）羲 xĭe（之）=ki，显 xien（扬论）=hen，（颛）

① 聂鸿音：《回鹘文〈玄奘传〉中的汉字古音》，《民族语文》1998 年第 6 期。
② 王力先生构拟以母（j）。潘悟云：《汉语历史音韵学》，第 53 页。

项 xǐwok=hün，（王文）训 xǐuən=hün，许 xǐo（玄备）=hiu，（永）徽 xǐwəi=huy。

4. 匣（ɣ）

匣母可分出云母（喻三），拟音都是 ɣ。[1] 又，黄典诚构拟语音，即中古音系匣（ɦ）、云（ɣ）、以（j）。[2]

匣母一、二等字与回鹘语 x-/q-/h- 对音：

（章）亥 ɣɒi=xay，（姬）后 ɣəu=xiu，鹤 ɣak（林寺）=haɣ，河（东郡）ɣɑ=ha，恒 ɣəŋ（州）=hung；行 ɣəŋ（友）=hï，（薛道）蘅 ɣɐn=hï，（江）夏 ɣa（王）=ha；鸿 ɣuŋ（胪寺）=qung，（义）和 ɣuɑ=xua，弘 ɣuəŋ（福寺）=hung，会 ɣuɑi（昌寺）=quɣ；华 ɣwa 山 =hua，怀 ɣwɐi（仁）=hoi，槐 ɣwɐi（子）=qay。

匣母四等字与回鹘语 h- 对音：

（普）贤 ɣien=hin，玄 ɣiwən（奘）=huen，慧 ɣiwei（贵）=hui。

再看云母（ɣ）（云母又称为于母）。

云母开口三等字与回鹘语 y- 对音：炎 ɣǐɛm（汉）=yim，右 ɣǐəu=yuu。

云母合口三等字与回鹘语 w-/y-/u- 对音：王 ɣǐwaŋ（君德）=wang，（轩）辕 ɣǐwɐn=uen，永 ɣǐwɐŋ（徽）=ü，于 ɣǐu（志宁）=üu，韦 ɣǐwəi（王）=wi，（道）宇（祈场）ɣǐu=yu。

从以上对音材料可看出：徐母与回鹘语 y-、w-、o（零声母）对音。徐母合口三等字与回鹘语 o（零声母）、w-、y- 对音；徐母开口三等字与回鹘 y- 对音。邵荣芬曾指出："云、以已经不能分辨。汉藏对音里已经出现了这种现象。……云有 'w-，y-，以也有 'w-，y-，不能分辨。"[3]

三 中古汉语声母与回鹘语辅音对音规律与原因

（一）汉语声母与回鹘语辅音对音规律

通过对上述汉语与回鹘语对音材料的分析，我们可以得出如下几条

---

① 郭锡良：《汉字古音手册》（增订本），商务印书馆，2010，例言第 6 页。

② 黄典诚：《汉语语音史》，安徽教育出版社，1993，第 93 页。

③ 邵荣芬：《敦煌俗文学中的别字异文和唐五代西北方音》，《中国语文》1963 年第 3 期。

规律。

第一，帮滂並、端透定、精清从、知彻澄、章昌船庄初崇、见溪群等母在回鹘语中不能区分送气与否，并不证明汉语方言中这些声母没有区别。全浊声母並奉定澄从崇船邪禅群匣母在回鹘语中发生清化。其中，澄崇母字在回鹘文辅音中完全清音化（如澄母与回鹘语清塞擦音 č- 对音，崇母与回鹘语清擦音 s/ṣ- 对音），並母与回鹘语清塞音 p- 对音，定母与回鹘语清塞音 t- 对音，群母与回鹘语清塞音 t-/k- 对音，匣母与回鹘语清塞音 q- 或清擦音 h[χ]- 对音。

第二，重唇音中开始分化轻唇音；来母字几乎都与回鹘文辅音 l- 对音。

第三，精清从母可与回鹘语 ts- 对音，心邪母可与回鹘语 s- 对音。

第四，知彻澄庄初章昌母可与回鹘语 č- 对音；船禅山书崇母可与回鹘语 š- 对音。

第五，影母与回鹘语零声母对应；徐母开口三等字与回鹘语 y- 对音；匣母一、二、四等字都可与回鹘语 h- 对音。

第六，汉语牙音、喉音与回鹘语发音部位靠后的舌根音、小舌音对音。

（二）汉语声母与回鹘语不同辅音对音之原因

汉语声母与回鹘语不同辅音对音，主要有以下几个原因。

第一，发音越是接近的音，其对音范围就越小；发音越模糊，其对音范围就越广。如汉语来母与回鹘语辅音 l- 对音、心母与回鹘语辅音 s- 对音；反之，发音越模糊，其对音的范围就越广，如汉语帮母与回鹘语辅音（f-/v-/w-/b-/p-）对音。"这说明不同民族对语音的感知差别是不同的。在一种语言中差别很小的语音，在其他的民族听起来也许会感觉差别很大。"[①]

第二，回鹘文本身书写原因造成的差异。部分回鹘语元音、辅音在文字上书写无区别，如 o 和 u、ö 和 ü、i 和 ï、g/k、w/v、b/p 等写法不区分。

---

① 张铁山：《回鹘文献语言的结构与特点》，第 136 页。

第三，不同学者对回鹘文拉丁字母转写的差异也是造成汉语声母与回鹘语不同辅音对音的原因。

第三节　汉语与回鹘语韵母系统语音对音研究

一　中古汉语韵母与回鹘语元音系统

（一）中古汉语韵母系统

中古汉语韵母以《广韵》韵母系统为基础，我们把《广韵》的 206 个韵分成 61 个韵类 92 韵母[①]，具体如下：

平上去声　　　　　　　　　　　入声

1. 东董送（uŋ/ĭuŋ）　　　　　　　屋（uk/ĭuk）

2. 冬 O 宋（uoŋ）　　　　　　　　沃（uok）

3. 锺肿用（ĭwoŋ）　　　　　　　　烛（ĭwok）

4. 江讲绛（ɔŋ）　　　　　　　　　觉（ɔk）

5. 支纸寘（ĭe/ĭwe）

6. 脂旨至（i/wi）

7. 之止志（ĭə）

8. 微尾未（ĭəi/ĭwəi）

9. 鱼语御（ĭo）

10. 虞麌遇（ĭu）

11. 模姥暮（u）

12. 齐荠霁（iei/iwei）

13. OO 祭（ĭɛi/ĭwɛi）

14. OO 泰（ɑi/uɑi）

15. 佳蟹卦（ai/wai）

16. 皆骇怪（ɐi/wɐi）

17. OO 夬（æi/wæi）

---

① 王力:《汉语史稿》，第 51~55 页。

18. 灰贿队（uɒi）

19. 哈海代（ɒi）

20. OO 废（ĭɐi/ĭwɐi）

21. 真轸震（ĭěn/ĭwěn）　　　质（ĭět/ĭwět）

22. 谆準稕（ĭuěn）　　　術（ĭuět）

23. 臻 OO（ĭen）　　　栉（ĭet）

24. 文吻问（ĭuən）　　　物（ĭuət）

25. 欣隐焮（ĭen）　　　迄（ĭət）

26. 元阮願（ĭwɐn）　　　月（ĭɐt/ĭwɐt）

27. 魂混慁（uən）　　　没（uət）

28. 痕很恨（ən）　　　O

29. 寒旱翰（ɑn）　　　曷（ɑt）

30. 桓缓换（uɑn）　　　末（uɑt）

31. 删谏潸（an/wan）　　　鎋（at/wat）

32. 山产裥（æn/wæn）　　　黠（æt/wæt）

33. 先铣霰（ien/iwen）　　　屑（iet/iwet）

34. 仙狝線（ĭɛn/iwɛn）　　　薛（ĭɛt/ĭwɛt）

35. 萧篠啸（ieu）

36. 宵小笑（ĭɛu）

37. 肴巧效（au）

38. 豪皓号（ɑu）

39. 歌哿箇（ɑ）

40. 戈果过（uɑ/ĭɑ/ĭuɑ）

41. 麻马祃（a/ĭa/wa）

42. 阳养漾（ĭaŋ/ĭwaŋ）　　　药（ĭak/ĭwak）

43. 唐荡宕（ɑŋ/uɑŋ）　　　铎（ak/uak）

44. 庚梗映（eŋ/ĭeŋ/weŋ/ĭweŋ）　　　陌（ɐk/ĭɐk/wɐk）

45. 耕耿诤（æŋ/wæŋ）　　　麦（æk/wæk）

46. 清静劲（ĭɛŋ/ĭwɛŋ）　　　昔（ĭɛk/ĭwɛk）

47. 青迥径（ieŋ/iweŋ）　　　锡（iek/iwek）

48. 蒸拯证（ĭəŋ） 职（ĭək/ĭwək）

49. 登等嶝（əŋ/əŋ） 德（ək/uək）

50. 尤有宥（ĭəu）

51. 侯厚候（əu）

52. 幽黝幼（iəu）

53. 侵寝沁（ĭĕm） 缉（ĭĕp）

54. 覃感勘（ɒm） 合（ɒp）

55. 谈敢阚（ɑm） 盍（ɑp）

56. 盐琰艳（ĭɛm） 葉（ĭɛp）

57. 添忝掭（iem） 帖（iep）

58. 咸赚陷（ɐm） 洽（ɐp）

59. 衔槛鑑（am） 狎（ap）

60. 严俨酽（ĭɐm） 业（ĭɐp）

61. 凡范梵（ĭwɐm） 乏（ĭwɐp）

一等韵元音有 u、ɒ、ɑ、ə、o；二等韵元音有 ɐ、a、æ、ɔ。

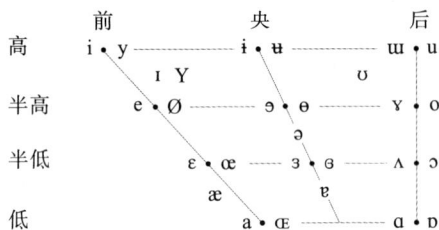

元音舌位图

下文对音以阴声韵、阳声韵、入声韵顺序进行对音。

阴声韵（7 个）：果、假、遇、蟹、止、效、流等摄。

阳声韵（9 个）：咸、深、山、臻、宕、江、曾、梗、通等摄。

入声韵（9 个）：咸、深、山、臻、宕、江、曾、梗、通等摄。

（二）回鹘语元音系统

国内外学界对回鹘语的元音系统有不同的观点。张铁山教授认为回鹘语的元音系统由 16 个元音构成，16 个元音又有长短之别，可以分为短元音和长元音两大类。短元音——a、ä、ĭ、i、o、ö、u、ü；长元音——a：、ä：、ï：、i：、o：、ö：、u：、ü：。①

庄垣内正弘就回鹘元音系统舌位前后、高低所列如下②：

　　　前舌　后舌　前舌　后舌

高　　i　　ï　　ü　　u

　　　　　e

低　　ä　　a　　ö　　o

e=[e] ä=[e-ε] ï=[ɨ-ɯ] ö=[a-œ] ü=[y] a=[ɑ]

二　中古汉语韵母系统与回鹘语韵母对音

（一）中古汉语阴声韵与回鹘语韵母对音

1.果摄（歌戈韵目）

歌韵开口一等字：河 ɣɑ（东）=ha，河 ɣɑ（南）=hï，（长）阿 ɑ（含）=a③，罗 lɑ（汉寺）=lo。

歌韵合口一等字：螺 luɑ（贝）=la，（义）和 ɣuɑ=xua，（上）座 dʐʰuɑ=tsua，锁 suɑ=so，（大毗）婆 bai（沙论）=ba，（维）摩 muɑ（经）=ba。

戈韵合口一等字：波 puɑ=pa，破 pʰuɑ=pa。④

说明：果摄歌韵一等 ɑ，戈韵三等 ǐɑ。⑤中古汉语歌韵开口一等字与回鹘语 -a/-o/-ï 对音，如河 ɣɑ（南）=hï。值得注意的是：回鹘语元音 ï 为后、高、展唇元音，汉语 ɑ 为后、低、展唇元音，回鹘语 hï 之对音应是 ï 受到小舌清擦音 h 的影响，但这种情况较为特殊。高田时雄曾论道，"下"（ɣa）的音注 χï 是一个例外的对音。中古汉语的韵母 -a 在前面接牙喉音声母时，后世会生成介音 -i-。为强调表达该声母的颚性，用 -i 来音写此文字也并非不可能之事。要以回鹘文来正确音写此文字

---

① 张铁山：《回鹘文献语言的结构与特点》，第 39 页。

② 庄垣内正弘『ロシア所蔵ウィグル語文献の研究』，71 页。

③ č-a-ɣam<长阿含（2237）。庄垣内正弘『ウイグル文　アビダルマ論書の文献学的研究』，542 页。

④ 庄垣内正弘『ロシア所蔵ウィグル語文献の研究』，126 页。

⑤ 字母代表元音，前面是韵类在韵图中的称呼。"所谓开口呼，指不圆唇的韵母；所谓合口呼，指圆唇的韵母，即韵头带 u 或 w 的，或主要元音是 u 的。"（王力：《汉语史稿》，第 55 页）说明时，如果例字开口呼、合口呼都有，仅统计开口呼。下同。有的韵目没有对音材料，则不再列举。

的字音是困难的，使用 χï 是不得已而为之的权宜之计。①回鹘文《玄奘传》中有同样的用例，"嘉"（ka）字被写作 ki "下"，它与"嘉"毫无疑问是相同韵母的文字。②

歌韵合口一等字与回鹘语 -ua、-o、-a 对音。回鹘语元音无复元音，若出现仅限于借词。庄垣内正弘也曾明确指出果摄歌韵与回鹘语元音 -o 对音，戈韵与 -a 对音。③

2. 假摄（麻韵目）

麻韵开口二等字：嘉 ka（尚）=ge，贾 ka（敦赜）=ka，架 ka（子）=qa，家 ka=qa，沙 ʃa（州）=ša，牙 ŋa（旷）=yoq。

麻韵开口三等字：（朱）赭 tɕïa=ža，（仆）射 jïa=šia。

麻韵合口二等字：华 ɣwa（山）=hua，（法）华 ɣwa（经）=hua，花 xwa=hua，（桃）花 xwa（石）=ɣa。

说明：假摄麻韵二等 a，三等 ïa。假摄麻韵主要元音是 a。

假摄麻韵开口字与回鹘语 -a、-o 来对音，二、三等字无区别，说明当时中古汉语假摄开口二、三等字语音上已无区分。回鹘语本来无复元音，但汉语借词有复元音。

庄垣内正弘曾说，麻韵二等字与回鹘语 -ua、-a 来对音，麻韵三等字与回鹘语 -i、-ia、-ä 来对音。④

"嘉 ka（尚）=ge"中的回鹘语元音之 e 的问题，我们采纳"e"这个元音音素，只是作为 ä 和 i 的变体来使用，并不构成音位观点。⑤

再来分析"牙（旷）ŋa=yoq"，阴声韵杂有 -q、-k 等塞音韵尾，入声韵中也有纯元音，这一方面说明当时汉语入声韵尾已消失或混同；另一方面也说明当时回鹘语塞音处于音节韵尾时，其读音已弱化。⑥邵荣

① 〔日〕高田时雄：《回鹘字注音的吐鲁番汉文写本残片》，《敦煌·民族·语言》，钟翀等译，第 206 页。
② Л.Ю.Тугушева, *Уйгурская Версия Биографии Сюань-цзана*, Москва,1991,стр.160（XI,8）.
③ 庄垣内正弘『ロシア所蔵ウイゲル語文献の研究』、96 页。
④ 庄垣内正弘『ロシア所蔵ウイゲル語文献の研究』、43 页。
⑤ "世俗文书语言里虽然存在 e 这个元音音素，但只是作为 ä 和 i 的变体来使用，并不构成音位。"阿不里克木·亚森：《吐鲁番回鹘文世俗文书语言结构研究》，第 41 页。
⑥ 祁宏涛：《〈高昌馆杂字〉研究》，博士学位论文，中央民族大学，2013，第 183 页。

芬曾就汉语中的阴声韵与入声韵关系论道，属于前元音韵的有阴声通 -t 例子三项（止质、旨质、微迄代用）；阴声通 -k 例子三项（微职、志昔、霁职代用）；阴声通 -p 例子一项（未辑代用）。后元音韵都是阴声通 -k。[①]汉语西北方音中的阴声韵与入声韵关系在回鹘语对音中也有所体现。

3. 遇摄（模虞鱼韵目）

模韵合口一等字：布 pu（施）=bu，（晁）错 tsʰu=tsay，（玄）谟 mu=buu，（器）炉 lu=lu，普 pʰu（贤）=pu，吴 ŋu（主）=ɣu，蒲 bʰu（州）=pu，（信）度 dʰu=to，苏 su（州）=si[②]，都 tu（统）=tu，杜 dʰu（正伦）=tuo[③]。

虞韵合口三等字：（吴）主 tɕĭu=qux，符 bʰĭu（姚）=fa，傅 pĭu（毅）=fu，夫 pĭu（人）=fu，朱 tɕĭu（赭）=ču，树 zĭu（基）=sun，庑 mĭu（廊）=pu，（魏）武 mĭu=wu，禹 ɣĭu（汤）=hui，虞 ŋĭu（王）=huiz，（李义）甫 pĭu= wu，（李乾）裕 jĭu=yuu，（太）府 pĭu 卿=fuu，戍 ɕĭu=sür，（道）宇（祈场）ɣĭu=yu，（福）聚 dzʰĭu（寺）=tsu，于 ɣĭu（志宁）=üu[④]。

鱼韵合口三等字：（真）如 ȵzĭo=žo，褚 tʰĭo（令）=čüö，（高）储 dʒʰĭo（子）=tsu，许（玄备）xĭo=hiu，庐 lĭo（山）=lu，吕 lĭo（才）=lü，（鸿）胪 lĭo（寺）=lu，序 zĭo=sü，瞿 jĭo（子）=ü。

说明：遇摄模韵一等 u、虞韵三等 ĭu、鱼韵三等 ĭo。

中古汉语模韵合口一等字与回鹘语 -u 对音。（晁）错 tsʰu=tsay、符 bʰĭu（姚）=fa 等对音材料中，其主要元音是 a，这是古音的残留，这应验了汪荣宝考证的结论：魏晋以上，凡鱼、虞、模之字亦皆读 a 音，不读 u 音或 ü 音。[⑤]

---

① 邵荣芬:《敦煌俗文学中的别字异文和唐五代西北方音》,《中国语文》1963 年第 3 期。

② 苏 su（州）=si, 回鹘语韵母 i 对应的元音是 ü, i 与 ü 只是展唇与圆唇之别，出现这种情况可能是译者方音之故。

③ 回鹘文元音双写现象，如谟 buu、湖 quu、杜 tuo（回鹘文 u 与 o 书写不分，视为 u 双写）、裕 yuu、府 fuu、序 süü、于 üü、符 vuu 等属于回鹘语的长元音，而不是复元音。

④ 这里 "üu", 应是 üü 双写。中古汉语有两个介音 [i]、[u]，今天的 ü 韵头在中古是没有的，它是由中古 [i][u] 合音 [iu] 演变而来的。

⑤ 汪荣宝:《歌戈鱼虞模古读考》,《国学季刊》1923 年第 1 卷第 2 号。

聂鸿音曾明确指出，"禹"的对音为 hui，是因为回鹘文总是习惯把古汉语的 iu 译作 ui。合口三四等字也是同样道理。① 此外，还有虞 ŋĭu（王）=huiz 等。

下面依次分析（吴）主 tɕĭu =qux、树 zĭu（基）=sun、戌 ɕĭu=sür 等对音材料，这几个回鹘语中带有韵尾 -x、-n、-r 现象作何解释？

回鹘文字母转写 ɣ[ʁ]、q[q]、h[χ] 无差别，回鹘文 qux 也可转写作 quh、quq 等形式。如上文"牙（旷）ŋa=yoq"对音材料所分析的。

再分析对音材料戌 ɕĭu=sür。回鹘语韵尾 -r 反映当时汉语入声韵韵尾消失或混同的现象。邵荣芬曾讨论阴声韵与入声韵代用现象，他分析了汉藏对音入声韵尾依次作 -b、-r、-g。至于用 -r 而不用 -d 对译 -t，就更不难理解了，因为对于塞而不裂的 -t，用 -r 对译实际上比用 -d 对译更切合实际。② 由此可看出，这种情况在汉语与回鹘语中也有类似的现象。

再看一个对音材料较为特殊的语音现象，树 zĭu（基）=sun。这里疑是 -ŋ 尾和 -n 尾混用所造成的，其合理的推测应是回鹘语 sung/su 译音。邵荣芬曾讨论汉语里的 -ŋ 尾和阴声韵互相代用字例（如耕皆代用，敬三等、霁代用，清齐代用，青齐代用）③。

4. 蟹摄（泰哈灰佳皆夬祭齐韵目）

泰韵开口一等字：（章）亥 ɣɑi=xay，太 tʰɑi（府卿）=tai，（螺）贝 pɑi=bay，（神）泰 tʰɑi=tai。

哈韵开口一等字：（吕）才 dʑʰɒi=tsai，（法）海 xɒi（寺）=hay。

皆韵开口二等字：斋 ʧɐi（事）=čai，戒（贤律师）kɐi=qai，芥（子）kɐi=qay。

佳韵开口二等字：街 kai=qay。

夬韵开口二等字：（靖）迈 mæi（法师）=bai。

祭韵开口三等字：（实）际（寺）tsĭɛi=tsĭ。

齐韵开口四等字：（武）帝 tiei=di，栖（玄）siei=si，西 siei（明寺）=

① 聂鸿音：《回鹘文〈玄奘传〉中的汉字古音》，《民族语文》1998 年第 6 期。
② 邵荣芬：《敦煌俗文学中的别字异文和唐五代西北方音》，《中国语文》1963 年第 3 期。
③ 邵荣芬：《敦煌俗文学中的别字异文和唐五代西北方音》，《中国语文》1963 年第 3 期。

si，弟 dʰiei（子）=ti，楼（岩寺）siei=tsï。

灰韵合口一等字：(忏) 悔 xuɒi=hui，罪 dzʰuɒi=suy，崔（殷礼）tsʰuɒi=tsaɣ，槐（子）ɣuɒi=qay。

泰韵合口一等字：会 ɣuɑi（昌寺）=quɣ。

皆韵合口二等字：怀 ɣwɐi（仁）=hoi。

祭韵合口三等字：(萧) 锐 jǐwɛi（因）=wi。

齐韵合口四等字：桂（林）kiwei=guy，慧 ɣiwei（贵）=hui。

说明：蟹摄泰韵一等 ɑi，哈韵一等 ɒi，灰韵一等 uɒi，佳韵二等 ai，皆韵二等 ɐi，夬韵二等 æi，祭韵三等 ǐɛi，齐韵四等 iei。

蟹摄泰、哈、皆、佳、夬韵开口一、二等字用回鹘语的 ai① 来对音，一、二等字无区别，说明当时汉语蟹摄开口一、二等字韵母在读音上已经不加区分。

祭、齐韵开口三、四等字用回鹘语的 i、ï 来对音，三、四等字无区别，说明当时汉语蟹摄开口三、四等字韵母在读音上已经不加区分。蟹摄灰、泰、皆韵合口一、二等字与回鹘语 -ui、a、-u、-oi 等对音，蟹摄合口一、二等字无区别。蟹摄祭韵合口三等字与回鹘语 -i 对音，蟹摄齐韵合口四等字与回鹘语 -ui 对音。

5. 止摄（支脂之微韵目）

之韵开口三等字：(晋昌) 里 lǐə=li，(弟) 子 tsǐə=tsï，忌 gʰǐə（龙）=kï，(法海) 寺 zǐə=sï，(薛) 氏 zǐe=či，史 ʃǐə（书）=čïn，梓（树）tsǐə=čïn，(刺) 史 ʃǐə=si，(天) 使 ʃǐə=šï，姬（后）kǐə=gi，(斋) 事 dʒʰǐə=šï，(树) 基 kǐə=gi，李 lǐə（义甫）=li，理（门论）lǐə=li，侍 zǐə（中）=ši，(詹) 事 dʒʰǐə=sä，(于) 志 tɕǐə（宁）=či。

支韵开口三等字：(布) 施 ɕǐe=šï，智 tǐe（玄）=či，(面曲) 池 dʰǐe=či。

支韵开口重钮三等字：(李) 义 ŋǐe（甫）=gi，(大总) 持 dʒǐe（寺）=či，(王) 羲 xǐe（之）=ki。

脂韵开口重钮三等字：(辩) 机 ki=ki，(尉) 迟 dʰi=či，器 kʰi（炉）=kï。

———————————

① 回鹘文音节末尾的 y 在音值上相当于 i，下文如出现 ay 一般用 ai 表示。

微韵开口三等字：（傅）毅 ŋĭəi=gi，（道宇）祈 gʰĭəi（场）=qï。

支韵合口三等字：（班）倕 zĭwe=šui，隋 zĭwe（朝）=sü。

脂韵合口三等字：（褚）遂 zwi（良）=sui，（纲）维 jwi（寺）=vi，水 ɕwi（精）=su，维 jwi（摩经）=wi。

脂韵合口重钮三等字：龟 kwi（文）=ken[①]。

微韵合口三等字：魏 ŋĭwəi（帝）=güi，（慧）贵 kĭwəi=guy，（永）徽 xĭwəi=huy，韦 ɣĭwəi（王）=wi。

脂韵合口重钮四等字：（高）季 kwi（辅）=čï，癸 kwi=kui。

说明：止摄支韵三等 ĭe，脂韵三等 i，之韵三等 ĭə，微韵三等 ĭəi。

止摄开口三、四等字韵母与回鹘语 -i、-ï 对音，止摄三、四等字无区别，说明当时汉语止摄开口三、四等字韵母在读音上已经不加区分。

止摄合口三、四等字韵母与回鹘语 -ui 对音，说明当时汉语止摄合口三、四等字韵母在读音上已无区分。邵荣芬曾指出，止摄各韵不分，止、脂、之、微四韵两两相代的例子。[②]

"（纲）维 jwi（寺）=vi"与"维 jwi（摩经）=wi"中"维"的合口介音是通过回鹘语声母 v-、w- 来表现的。

"魏 ŋĭwəi（帝）=güi"，其韵腹是 ü，与 u 有差别，这应该是译者方音所致，这也解释了"隋（朝）zĭwe=sü"之类语音现象。

脂韵合口重钮三等"龟 kwi（文）=ken"推测应是 -n 与回鹘语 -iŋ 或 -i 对音，其原因如上文对音材料"树 zĭu（基）=sun"所分析的。

6. 效摄（豪肴宵萧韵目）

豪韵开口一等字：宝 pɑu（乘）=pao，桃 dʰɑu（花石）=tav，道 dʰɑu（人）=to，宝 pɑu（昌寺）=pao，草 tsʰɑu（书）=tsao。

肴韵开口二等字：抄（本）ʧʰau=tsau，（李）孝 xau（恭）=hau，（蒋）孝 xau（璋）=qa[③]。

宵韵开口三等字：（班）超 tʰĭɛu=čao，（薛元）超 tʰɛu=čäu，赵 ɖʰĭɛu

---

① e 这个元音音素，只是作为 ä 和 i 的变体来使用，并不构成音位，e 视为 i 的变体。下同，如 -eu 视为 -iu。

② 邵荣芬：《敦煌俗文学中的别字异文和唐五代西北方音》，《中国语文》1963 年第 3 期。

③ 根据对音规律，回鹘语应是 qau。

（国）=čao，晁 ɖʰĭɛu（错）=čao，昭 tɕĭɛu（仁寺）=čao，邵 zĭɛu=čou，（符）姚 jĭɛu=yeu，少 ɕĭɛu（林寺）=šao，（赏）瑶 jĭɛu=yeu，（周）朝 ɖʰĭɛu= čeü，（寂）照 ɖʰĭɛu=čeu，小 sĭɛu（乘）=seu。

宵韵开口重钮三等字：憍 kĭɛu（赏弥）=kau。

萧韵开口四等字：尧（王）ŋieu=geu，萧（锐因）sieu=seu，箫 sieu（璟）=seu，（问罪）辽（滨）lieu=liu。

说明：效摄豪韵一等 ɑu，肴韵二等 au，宵韵三等 ĭɛu，萧韵四等 ieu。

效摄开口一、二等字韵母用回鹘语元音 -au[1] 对音，说明当时汉语效摄开口一、二等字韵母在读音上已经不加区分。

效摄开口四等字韵母与回鹘语 -iu 对音。

效摄开口三等字韵母与回鹘语 -ao、-ou、-iu[2] 对音，效摄开口三、四等字韵母在读音上相近。庄垣内正弘指出，效摄中的豪、肴韵与回鹘语 -au 对音，萧、宵韵与回鹘语 -eu、äu、u（uu）对音。[3]

根据回鹘语元音和谐律，对音材料 "（周）朝 ɖʰĭɛu=čeü"，韵母应为 -iü；"（薛元）超 tʰɛu=čäu" 中的 "超"，回鹘语韵母 äu 应为 ao。

7. 流摄（侯尤韵目）

侯韵开口一等字：部 bʰəu=buu，戊 məu=buu，猴 kəu（氏）kəu=ɣĭu，（魏）后 ɣəu=xiu，窦 dʰəu（师伦）=teu。

尤韵开口三等字：旧 gʰĭəu（情）=kiu，（常）州 tɕĭəu=čeü，周 tɕĭəu（朝）=čeü，周 tɕĭəu（王）=čiü，（沙）州 tɕĭəu=čiü，（菩提）留 lĭəu（志）=ru，（行）友 ɣĭəu=čĭ，流 lĭəu（沙）=liu，柳 lĭəu（宣）=liu，（普）救 kĭəu（寺）=kyu，守 kĭəu（中书侍郎）=šiu。

说明：流摄侯韵一等 əu，尤韵三等 ĭəu。

流摄侯韵开口一等字与回鹘语 -uu、-ĭu、-iu 对音。流摄尤韵开口

---

[1] 回鹘文字母 o 与 u 书写不分，不同转写所致。

[2] 效摄中的宵、萧韵与回鹘文 "ev、eu、äu" 对音。庄垣内正弘『ロシア所蔵ウィゲル語文献の研究』，97 頁。不过我们认为回鹘语中不存在元音 e，e 是 ä 和 i 的变体，不构成音位，下文如在对音材料中出现就不列举了，而把 "ev、eu" 分别视为 iv、iu。

[3] 庄垣内正弘『ロシア所蔵ウィゲル語文献の研究』，44 頁。

三等字与回鹘语 -iu、-u、-ĭu 对音。流摄一、三等字无区别，说明流摄开口一、三等字韵母在读音上已不加区分。

聂鸿音论道，效流两摄的三等字韵母都可用 -iu 对音，说明它们在当时当地读音相同。回鹘文对于三等字 -i- 介音的使用则不稳定，如照 čao/čio，周 čiü/čü 二字各有带 -i- 介音和不带 -i- 介音的两读。[①]庄垣内正弘指出，流摄侯、尤韵与回鹘语 -u（uu）、-iu 对音。[②]

（二）中古汉语阳声韵与回鹘语韵母对音

1. 咸摄（谈覃衔盐严凡添韵目）

谈韵开口一等字：三 sɑm（藏）=sam，阚 kʰɑm（泽）=qam。

覃韵开口一等字：南 nɒm（山）=nam。

衔韵开口二等字：（楼）岩 ŋam（寺）=ɣam。

盐韵开口三等字：（明）琰 jĭɛm=hin，（慧）严 ŋĭɛm=kim，纤 sĭɛm（莛）= suy，剡 zĭɛm=šim，炎 ɣĭɛm（汉）=yim。

凡韵合口三等字：梵（赞）bʰĭwɐm=vam。

说明：咸摄谈韵一等 ɑm，覃韵一等 ɒm，衔韵二等 am，盐韵二等 ɐm，盐三等 ĭɛm，严韵三等 ĭɛm，凡韵三等 ĭwɐm，添韵四等 iem。

咸摄开口一、二等字韵母与回鹘语 -am、-an 对音，咸摄一、二等字无区别。从上述对音材料中能看出：当时汉语方言仍然有收 -m 鼻韵尾的。以 -m 收尾的只有深、咸二摄，-m 收尾的韵母在汉语一些方言中仍有保留，但大部分已与 -n 韵尾等合并。咸摄开口三等字韵母与回鹘语 -in、-im 对音。咸摄合口三等字韵母与回鹘语 -am 对音。

2. 深摄（侵韵目）

侵韵开口三等字：（道）深 ɕĭɛm=šim，（桂）林 lĭɛm=lim，壬 n̠ʑĭɛm= žim，任 nzĭɛm=zim，（道）琳 lĭɛm=lim，檩 lĭɛm=lim。

侵韵开口重钮三等字：（绒）锦 kĭɛm=gim，（袷）襟 kĭɛm=kin，金 kĭɛm（刚经）=kim。

说明：深摄侵韵三等 ĭɛm。

① 聂鸿音：《回鹘文〈玄奘传〉中的汉字古音》，《民族语文》1998 年第 6 期。
② 庄垣内正弘『ロシア所蔵ウイゲル語文献の研究』、44 頁。

深摄侵韵三等字韵母与回鹘语 -im、-in 对音。收 -n 鼻韵尾的只有山、臻摄，收 -m 鼻韵尾的只有深、咸摄。为何中古汉语的深、咸摄的开口三等字韵母都与回鹘语收 -m、-n 鼻韵尾的对音？汉语西北方音中 -m、-n 就有混合的趋势。邵荣芬曾指出，咸摄字和山摄字互相代用（如寒覃代用、願梵代用、仙添代用），深摄字和臻摄字互相代用（如真侵代用、殷侵代用），说明唐末的确有 -n、-m 尾混合的方言，但山、咸、臻、深四摄一共才有十个例子，至少表明 -m 跟 -n 的混淆还不是当时西北方音的普遍现象。[①]中古汉语方言西北方言中收鼻韵尾的 -m、-n 混合现象在回鹘语译音中也有所反映。

咸摄三等字（如"严 ŋĭem=kim"类字）与深摄字（如"林 lĭĕ=lim"类字）韵母与回鹘语 -im 对音，这并不表明咸摄三等字与深摄字实际读音相同，这是因为回鹘语不能译出汉语韵母 e 与 ĕ 之故。

3. 山摄（寒桓删山仙元先韵目）

寒韵开口一等：安 ɑn（福门）=an，（真）檀 dʰɑn=tan，汉 xɑn（明）=han，（梵）赞 tsɑn=tsan。

删韵开口二等字：班 pan（超）=ban，版 pan=ban。

山韵开口二等字：简（州）kæn=qan。

仙韵开口三等字：鄯善 zĭɛnzĭɛn=šin šin，演 jĭɛn（觉寺）=yin，绵 mĭɛn（州）=min，面 mĭɛn（曲池）=men。

仙韵开口重钮三等字：（李）乾 gʰĭɛn（裕）=gin，彦 ŋĭɛn（惊）=gen/kin，汴 bʰĭɛn（州）=pin，辩 bʰĭɛn（机）=pin。

先韵开口四等字：莲 lien（花）=lin，（普）贤 ɣien=hin，（太极）殿 dʰien=tin，天 tʰien（使）=ten，年 nien=dien，（法）显 xien=hin。

桓韵合口一等字：（贞）观 kuan=kuan，般 bʰuan（若）=ban。

仙韵合口三等字：颛（项）tɕĭwɛn=cuən，圆 ɣĭwɛn（定）=ven，（冯义）宣 sĭwɛn=tsuen。

仙韵合口重钮三等字：卷 kĭwɛn=guen。

元韵合口三等字：（慧）远 ɣĭwɐn=ün，专 tɕĭwɐn=cuen，（薛）元 ŋĭwɐn

① 邵荣芬：《敦煌俗文学中的别字异文和唐五代西北方音》，《中国语文》1963 年第 3 期。

（超）=güen，（轩）辕 ɣĭwɐn=uen，（汉）元 ŋĭwɐn=guen，（虋）旛 pʰĭwɐn=pan。

先韵合口四等字：玄 ɣiwən（奘）=huen，玄 ɣiwən（忠）=huin，玄 ɣiwən（则）=huin。

说明：山摄寒韵一等 ɑn，桓韵合口一等 uɑn，删韵二等 an，山韵二等 æn，仙韵三等 ĭɛn，元韵三等 ĭɐn，先韵四等 ien。

山摄开口一、二等字韵母与回鹘语 -an 对音，一、二等字无区别，说明山摄开口一、二等字韵母在读音上不加区别。山摄开口三、四等字韵母用回鹘语 -in 对音。值得注意的是：辩 bʰĭɛn（机）=pin、莲 lien（花）=lin，回鹘语的"辩""莲"韵母译音都是 -in，但这并不说明仙韵开口三等字与先韵开口四等字读音相同。

山摄合口一、三、四等字韵母与回鹘语 -an、-uan、-uən、-en、-ün、-uen、-üen、-ün、-uin 等对音，山摄合口字对音庞杂，其主要原因是山摄中的主要元音有寒桓 ɑ、删 a、山仙 ɛ、元韵 ɐ、先韵 e，回鹘语无法精确地区别山摄主要元音，回鹘文中用一个近似元音来表示，再加上不同译者方言语音差别，便造成回鹘文汉语借词古音庞杂现象了。

4. 臻摄（真谆文欣魂痕韵目）

痕韵开口一等字：（大慈）恩 ən（寺）=ïn。

真韵开口三等字：晋 tsĭĕn（帝）=dsin，晋 tsĭĕn（后）=dsiun，（夫）人 nzĭĕn=žen，振 tɕĭĕn（响寺）=čing，神 dʑĭĕn（泰）= šin，真 tɕĭĕn（书）=čin，信 sĭĕn（度）=sin，麟 lĭĕn（德）=lin，（李叔）慎 zĭĕn=šin，辛 sĭĕn=sin，秦 dzʰĭĕn=sïn，（怀）仁 nzĭĕn=zin。

欣韵开口三等字：殷 ĭən（帝）ĭən=in。

真韵开口重钮四等字：因 ĭĕn（明论）=in，（问罪辽）滨 pĭĕn=bin。

魂韵合口一等字：（理）门论 muən luən=menlun，（抄）本 puən=bun，寸 tsʰuən=tsun。

文韵合口三等字：问 mĭuən（罪辽滨）=vin，妢 pʰĭuən（襟）=fen，（李）君 kĭuən（信）=gün，（王）君 kĭuən（德）=gün，（王）文训 mĭuən xĭuən=vinkün。

谆韵合口三等字：（杜正）伦 lĭuĕn=lüin，（窦师）伦 lĭuĕn=lün，（李）

淳 ʑĭuěn（风）=šüin，（灵）润 nʑĭuěn= žuin，（明）濬 sĭuěn=süin，舜 ɕĭuěn（王）=šüin，春 tɕʰĭuěn（秋）=čün。

谆韵合口重钮三等字：颙（郁）ĭuěn=ün。

说明：臻摄痕韵一等 ən，魂韵一等 uən，真韵三等 ĭěn，谆韵合口三等 ĭuěn，文韵合口三等 ĭuən，欣韵三等 ĭən。

臻摄开口一、三、四等字韵母与回鹘语 -ĭn、-ing、-iun、-in 等对音，臻摄阳声韵杂有后鼻音 -ŋ，说明当时汉语方言阳声韵前后鼻音不分。

臻摄合口一、三等字韵母与回鹘语 -in、-un、-uən、-ün、-uin、-üin[1] 等对音。聂鸿音曾论道，臻摄开口一等字主要元音和山摄三、四字等主要元音都译作 i，但从汉语语音史上看，二者的实际音值应是不同的，臻摄是 [ə] 而山摄是 [e]。回鹘文无法精确地区别这两个音，所以只好把它们都译成一样的。[2]

5. 宕摄（唐阳韵目）

唐韵开口一等字：纲 kɑŋ（维寺）=ka，（草）堂 dʰɑŋ（寺）=to，（金）刚 kɑŋ（经）=ho，（经）藏 dʐʰɑŋ=tso，（玄）奘 dʐɑŋ=tso，（禹）汤 tʰɑŋ=to，（中）郎 lɑŋ=lo，汤（王）tʰɑŋ=to，房 bʰɑŋ（州）=vo，（大）唐 dʰɑŋ=to，（庞）廊 lɑŋ=lang。

阳韵开口三等字：（振）响 xĭɑŋ（寺）=huu，梁 lĭɑŋ（王）=löü，梁 lĭɑŋ（朝）=lö，梁 lĭɑŋ（武帝）=lo，张 tĭɑŋ（德志）=čo，张 tĭɑŋ（弘）=čoo，张 tĭɑŋ（掖）=čuu，常 zĭɑŋ（州）=šou[3]，长 dʰĭɑŋ（孙无忌）=čang，（褚遂）良 lĭɑŋ=lö，长 tĭɑŋ（安）=čoo，章 tɕĭɑŋ（亥）=čo，蒋 tsĭɑŋ（孝）璋 tɕĭɑŋ= tso（qa）co，（宝）昌 tɕʰĭɑŋ（寺）=čo，（晋）昌 tɕʰĭɑŋ（里）=čo，赏 ɕĭɑŋ=šoo，（显）扬 jĭɑŋ（论）=yo，（铭石）章 tɕĭɑŋ=co，像 zĭɑŋ=soo，（法）祥 zĭɑŋ=siu，样 jĭɑŋ=yang，（道）场 dʰĭɑŋ=čang。

唐韵合口一等字：光 kuɑŋ=ɣoo/qoo，（秦）皇 ɣuɑŋ=xoo，（牙）旷 kʰuɑŋ= ki。

---

[1] 回鹘语原来是没有复元音的，很少有连续出现两个元音的现象，汉语借词进入便出现复元音现象，复元音最终未能进入回鹘语的元音系统，仅仅出现在借词当中。

[2] 聂鸿音：《回鹘文〈玄奘传〉中的汉字古音》，《民族语文》1998 年第 6 期。

[3] 回鹘文字母 o 与 u 书写不分，这可看作 oo 或 uu。

阳韵合口三等字：王 ɣĭwęŋ（文训）=wang，（神）肪 bʰĭwaŋ=vu。

说明：宕摄唐韵一等 ɑŋ，阳韵三等 ĭaŋ。

从宕摄字对音材料看出，回鹘语仅有少数是用软腭鼻音 -aŋ 来对音，一般是用零韵尾的音节来译音。如（庑）廊 lɑŋ=lang、样 jĭaŋ= yang、（道）场 dʰĭaŋ=čang、长 ḍʰĭaŋ（孙无忌）=čang、王 ɣĭwęŋ（文训）=wang 等。有学者列举了宕摄 38 个例字属于零韵尾的音节对译。《玄奘传》中宕摄大多数对音 -o 或者 -oo，也有对应 -au、ou 的。这正说明回鹘人用 -au 来对译汉语的 -ɑŋ，以后发生了音变：-au>-ou>-oo>-o。[1] 由此看出，宕摄字很多字鼻韵尾失落，其主要元音高化。

值得注意的有一个较为特殊的对音材料。（牙）旷 kʰuaŋ=ki 这个对音材料，其合理回鹘语译音应为 ka/kaŋ，但之所以回鹘语译音表现为 ki，与上文高田时雄分析"下"（ɣa）的道理是一样的。

再来分析不带韵尾零形式情况，"宕、梗两摄字不带鼻韵尾是唐、宋时期汉语西北方音的普遍现象，敦煌唐代汉藏对音《千字文》、11 世纪的回鹘汉对音《玄奘传》以及 12 世纪的夏汉对音《番汉合时掌中珠》等文献都可以提供此类例证"[2]。聂鸿音曾论道，我们若认定当时西北地区汉语方言的宕梗两摄是既不带韵尾也不带鼻化的纯元音韵，这个结论无疑将更稳妥。[3] 罗常培曾说，《千字文》汉藏对音显示，唐阳两韵 -ŋ 尾消失，主要元音变成 o。[4]

6. 江摄（江韵目）

江韵开口二等字：江 kɔŋ（夏王）=kong，（法）讲（寺）kɔŋ=sing。

说明：江摄江韵二等 ɔŋ。

江摄开口二等字韵母用回鹘语 -oŋ、-iŋ 来对音，江摄回鹘文汉字古音都带有后鼻音 -ŋ。

---

① 林巽培：《回鹘文慈恩传转写与汉字音研究》，博士学位论文，上海师范大学，2012，第 77~79 页。
② 孙伯君：《西夏译经的梵汉对音与汉族西北方音》，《语言研究》2007 年第 1 期。
③ 聂鸿音：《回鹘文〈玄奘传〉中的汉字古音》，《民族语文》1998 年第 6 期。
④ 罗常培：《唐五代西北方音》，《中央研究院历史语言研究所单刊》甲种之十二，1933。

7. 曾摄（登蒸韵目）

登韵开口一等字：僧 səŋ（会）=šing，恒 ɣəŋ（州）=xung，层 ʣʰəŋ=tsïng，（方）等 təŋ=teng①。

蒸韵开口三等字：（大）兴 xĭəŋ（善寺）=hing，升 ɕĭəŋ=tsing，冯 bʰĭəŋ（义宣）=vung，仍 nʑĭəŋ（择山）=žing，（大）乘 ʣʰĭəŋ=šing。

登韵合口一等字：弘 ɣuəŋ（福寺）=qung。

说明：曾摄登韵一等 əŋ，蒸韵三等 ĭəŋ。

曾摄一、三等字在回鹘语音译中都带有后鼻音 -ŋ。

8. 梗摄（庚耕清青韵目）

庚韵开口二等字：行 ɣɐŋ（友）=hï，生 sɐŋ（平）=ša，笙 ʃɐŋ（歌）=čim，（佛图）澄 ḍʰɐŋ=čing，（薛道）蘅 ɣɐŋ=hï，庚 kɐŋ=qï。

庚韵开口三等字：明 mĭɐŋ（濬）=me，明 mĭɐŋ（藏禅师）=mi，（生）平 bʰĭɐŋ=pe，英 ĭɐŋ（公）=i，京 kĭɐŋ（州）=ki，（显）庆 kʰĭɐŋ=ki，敬 kĭɐŋ（明）=ki，（生）平 bʰĭɐŋ=pe，（太府）卿 kʰĭɐŋ=ke。

耕韵开口二等字：净 ʦɐŋ=cï。②

清韵开口三等字：程 ḍʰĭɛŋ（桃捧）=čï，（杜）正 tɕĭɛŋ（伦）=cï，（旧）情 ʣʰĭɛŋ=qe，贞 tĭɛŋ（观）=če，（褚）令 lĭɛŋ=li，净 ʣʰĭɛŋ（觉寺）=tsï，瀛（州）jĭɛŋ=yen，声 ɕĭɛŋ（明论）=še，（水）精 tsĭɛŋ=tsi，靖 ʣʰĭɛŋ（迈法师）=tse，（曼）倩 tsʰĭɛŋ=tsai。

青韵开口四等字：（金刚）经 kieŋ=ki，（圆）定 dʰieŋ=te，铭 mieŋ（石章）=mi，（纤）莛 dʰieŋ=ti，灵 lieŋ（润）=li，丁 tieŋ=ti，（永）宁 nieŋ=ni。

庚韵合口三等字：（箫）璟 kĭwɐŋ=ke，永 ɣĭwɐŋ（徽）=ü，永 ɣĭwɐŋ（宁）=ü。

说明：梗摄庚韵二等 ɐŋ，耕韵二等 æŋ，庚韵三等 ĭɐŋ，清韵三等 ĭɛŋ，青韵四等 ieŋ。

梗摄开口二、三、四等字韵母与回鹘语 -im、-iŋ、-a、-i、-ü 等对音。

回鹘语译音中，庚韵三等字的鼻韵尾 -ŋ 失落，其主要元音高化。

---

① 根据回鹘语和谐律，这里疑为 ting。

② 庄垣内正弘『ロシア所蔵ウィゲル語文献の研究』、135 页。

这种语音现象与宕摄唐韵一样。梗摄青韵回鹘语译音中没有鼻韵尾 -ŋ，完全消失。

周祖谟曾说，宋代西北方言区的"青""忙""经"等阳声字已失落了鼻韵尾 -ŋ，变得与收元音的"萋""萝""稽"等阴声字韵母相同了。[①]罗常培曾说，《千字文》汉藏对音显示，庚清青韵 -ŋ 尾失落。[②]聂鸿音论道，汉语宋代西北方言中有不少阳声韵字失落了鼻韵尾，这并不仅仅反映在西夏文献里，还可以在其他地方找到根据。[③]不过，我们又在回鹘语音译材料中找到了证据。

再来分析较为特殊的一个对音材料：（曼）倩 tsʰĭɛŋ=tsai。

庄垣内正弘指出，清韵 iɛŋ 与回鹘语 e 对音，在清韵字例中，如并 /pe/py、名 /me/my、令 /le/ly、精 /se/sy、清 /se//tse/sy、请 /se/sy、净 //se//tse/sy、情 /se/sy、静 /se/sy、性 /se/sy、正 /če/cy、圣 /čă/še/š̌-ʾ、声 /še/šy、成 /še//seŋ/ šy 等字例中无 a、ai 读音[④]。以下是庄氏的对音：

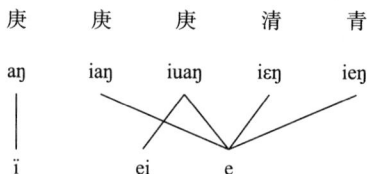

清韵开口三等"倩"字译音应为 e 或 ei，作 ai，疑为译者方音所致。

9. 通摄（东冬锺韵目）

东韵合口一等字：（赵）公 kuŋ=qung，（河）东 tuŋ=tung，笼 luŋ（子）=lung，鸿 ɣuŋ（胪寺）=qung，同 dʰuŋ（泰寺）=tung，（大）总 tsuŋ（持寺）=tsüng。

冬韵合口一等字：（上官）琼 dʑʰuoŋ=siung，（都）统 tʰuoŋ=tung，（彦）惊 dʑʰuoŋ=tsung，（道）宗 tsuoŋ=sung，（绍）宗 tsuoŋ=tsung。

① 周祖谟：《宋代方音》，《问学集》（下册），中华书局，1966，第656~658页。
② 罗常培：《唐五代西北方音》，《中央研究院历史语言研究所单刊》甲种之十二，1933，第37页。
③ 聂鸿音：《西夏语音商榷》，《民族语文》1985年第3期。
④ 庄垣内正弘『ロシア所蔵ウイゲル語文献の研究』，46、135页。两斜线表示的是回鹘语"模拟"形式，后面的是回鹘文转写形式，下同。

东韵合口三等字：终（南山）tɕĭuŋ=čung，弓 kĭuŋ=gung，中（郎）tĭuŋ=čung, 隆 lĭuŋ（周）=lung，（玉华）宫 kĭuŋ=güng/kung，（天）宫 kĭuŋ（寺）=gung，绒（锦）nzĭuŋ=žüng。

锺韵合口三等字：（程桃）捧 pʰĭwoŋ=fung，拱 kĭwoŋ（子）=güng，封 pĭwoŋ（禅）=fung，（李孝）恭 kĭwoŋ=qüng，雍（州）ĭwoŋ=in，龙 lĭwoŋ（朔）=luu/lüng，（道）恭 kĭwoŋ（法师）=küng，（天）峰 pʰĭwoŋ=fung，丰 pʰĭwoŋ（德寺）=ving，用 jĭwoŋ=yung。

说明：通摄东韵一等 uŋ，东韵三等 ĭuŋ，冬韵一等 uoŋ，锺韵三等 ĭwoŋ。

通摄一、三等字在回鹘语音译中几乎都带有后鼻音 -ŋ，雍（州）ĭwoŋ=in 对音材料例外。有学者列举《玄奘传》在回鹘语译音也用软腭音对译 -ŋ，通摄与曾摄字例共有 38 个。[1]

聂鸿音曾论道，回鹘文《玄奘传》为我们提供了一套新颖的阳声韵尾格局，即 -m、-n、-ŋ、-ø（零形式）四种形式，似可从中体会到一种未知的语音演化步骤。原来认为鼻韵尾 -m 是最不稳定的，但是回鹘语对音材料让我们看到，汉语鼻韵尾在另一些方言中最不稳定的还可以是 -ŋ，这应该看作鼻韵尾演化的又一条规律。[2]

（三）中古汉语入声韵与回鹘语韵母对音

1. 咸摄（合盍葉洽狎业乏韵目）

合韵开口一等字：（六离）合 kɒp（释）[3]=qab。

盍韵开口一等字：榼 kʰɑp（子）=qap。

狎韵开口二等字：甲 kap=qap。

洽韵开口二等字：夹 kɐp=kap。

葉韵开口三等字：念 jĭəp=gep。[4]

业韵开口三等字：（德）业 ŋĭɐp（寺）=geb，（物弋）猎 lĭɛp=lib。

---

① 林巽培：《回鹘文慈恩传转写与汉字音研究》，博士学位论文，上海师范大学，2012，第 75~76 页。

② 聂鸿音：《回鹘文〈玄奘传〉中的汉字古音》，《民族语文》1998 年第 6 期。

③ luɣ-li-qap-šeg<Chin. 六离合释。庄垣内正弘『ウイグル文 アビグルマ論書の文献学的研究』、580 頁。

④ 庄垣内正弘『ロシア所蔵ウィグル語文献の研究』、131 頁。

乏韵合口三等字：法 pĭwɐp（师）=fab/wap。

说明：咸摄入声合 ɒp，盍 ɑp，叶 ĭɛp，洽 p，狎 ap，业 ĭɛp，乏 ĭwɐp。

咸摄入声字韵尾 -p 与回鹘语 -b、-p 对音。

庄垣内正弘指出，咸摄入声合、乏、业、叶韵与深摄缉韵对音如下[①]：

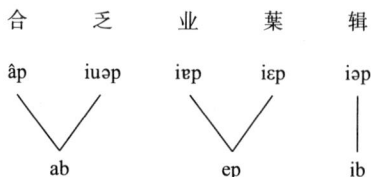

合　　乏　　业　　叶　　辑

âp　iuəp　iɐp　iɛp　iəp

ab　　　　ep　　　　ib

此外，庄垣氏还就咸摄入声字对音列举了例子。咸摄：合韵的合 /qab/ǧ˙p；盍韵的塔 /tab/t˙p；乏韵的法 /fab//pab/v˙p；业韵的摄 /šeb/syp[②]，业 /geb/kyp[③]。

2. 深摄（缉韵目）

缉韵开口三等字：（慧）立 lĭɛp=lip，湿 ɕĭɛp=šǐ。

说明：深摄入声缉 ĭɛp。

深摄入声字韵尾 -p 与回鹘语 -p、-ø 对音。

深摄缉韵"湿 ɕĭɛp"韵尾 -p 在回鹘语对音中为何脱落？原本在汉语中入声与阴声互相代用，在回鹘语中也有所体现。邵荣芬曾就汉语中的阴声韵与入声韵关系举"未（mĭwəi）"阴声韵与"缉（tsʰĭep）"入声韵可替代使用，这样的例子只有 1 个。[④]

庄垣氏列举深摄入声字对音例子：缉韵的执 /čib/cyp、十 /šib/šyp、入 /žib/ šyp 及 /kib/kyp[⑤]。

3. 山摄（月曷末黠薛韵目）

曷韵开口一等字：喇 lɑt（叭）[⑥]=la。

---

① 庄垣内正弘『ロシア所蔵ウィゲル語文献の研究』、44 頁。

② 根据王力先生构拟，"摄"应属于咸摄入声中的书母叶韵开口三等 ɕĭɛp，或者属于咸摄泥母贴韵开口四等 niep。疑庄垣内正弘先生混淆了咸摄中的叶、业韵。

③ 庄垣内正弘『ロシア所蔵ウィゲル語文献の研究』、131 頁。

④ 邵荣芬：《敦煌俗文学中的别字异文和唐五代西北方音》，《中国语文》1963 年第 3 期。

⑤ 庄垣内正弘『ロシア所蔵ウィゲル語文献の研究』、131 頁。

⑥ labay<Chin. 喇叭（17/267）。耿世民：《回鹘文哈密本〈弥勒会见记〉研究》，第 267 页。

末韵合口一等字：脱 tʰuɑt=tar。

黠韵开口二等字：（喇）叭 pʰæt=bay，八 pæt（阳经）[1] =p(a)r。

薛韵开口三等字：薛 sĭɛt（氏）=ser，薛（元超）sĭɛt=ser，薛 sĭɛt（道薾）=ser。

薛韵开口重钮三等字：别 pĭɛt=per。[2]

月韵合口三等字：发 pĭwet（智论）=far。

说明：山摄入声月 ĭwet，曷 ɑt，末 uɑt，黠 æt、wæt，薛 ĭɛt。

山摄入声字韵尾 -t 与回鹘语 -t、-r、-ø 等韵尾对音。

庄垣内正弘指出，山摄入声曷、黠、薛、屑、月韵对音如下[3]：

曷	黠	薛	屑	月
ât	uât	iɛt	iet	iuɛt

ar　　　　　er

此外，庄垣氏还就山摄入声字对音列举了例子。山摄：曷韵的达 /tar/tʼr、萨 /sar/sʼr、遏 /ɦât/（Skt.）kʼ，末韵的跋 /par/pʼr、末（Skt.）pʼ、脱 /tar/tʼr，黠韵的八 /far/vʼr、刹 /čar/cʼr，月韵的发 /var/vʼr、伐 /var/vʼr、阙 /kur/kwr、月 /gur/kwr，薛韵的别 /per/pyr、灭 /ber/ver/pyr、舌 /šer/sʼyr、说 /šur/šuur/šwr，屑韵的涅 /der/tyr、结 /ker/kyr。

汉语舌尖塞音韵尾 -t（-d）的入声字在回鹘语译音中为何成了 -r？聂鸿音认为，这显然说明当时当地汉语方言的山臻两摄已不像《切韵》时代那样读 -t，而是读作颤音 -r 了。其中的 -r 显然可以看作 -t（-d）的弱化形式。[4] 这种语音现象在汉藏对音材料中也出现过。罗常培曾推想"山摄"入声的 -t 收声，变化过程是 t>d>r>0。[5]

喇、叭等字在回鹘文里是阴声韵现象如何解释？一种可能是汉语入声韵已经消失，上述回鹘文等少数民族对音材料印证了周德清《中原音

---

① pryoki<Chin. 八阳经。杨富学：《印度宗教文化与回鹘民间文学》，第 247 页。

② 庄垣内正弘『ロシア所蔵ウィグル語文献の研究』、132 頁。

③ 庄垣内正弘『ロシア所蔵ウィグル語文献の研究』、44~45 頁、132~133 頁。

④ 聂鸿音：《回鹘文〈玄奘传〉中的汉字古音》，《民族语文》1998 年第 6 期。

⑤ 罗常培：《唐五代西北方音》，《中央研究院历史语言研究所单刊》甲种之十二，1933.

韵》"入派三声"理论；另一种可能是有势无声的状态，正如孙伯君所言："近古官话中还是有入声，但已不存在 -p、-t、-k 韵尾的严格区分，入声可能只是保留一种促声音势而已。"①

4. 臻摄（质术物没韵目）

质韵开口三等字：帙 ḍʰĭet=čik，（少）室 ɕĭet（山）=šïr。

质韵开口重钮三等字：笔 pĭet=bïr，乙 ĭet=ir。

物韵合口三等字：佛 bʰĭuət（图澄）=fo/vu，物 mĭuət（弋猎）=v(u)r，尉 ĭuət（迟）=ür，（颡）郁 ĭuət=ür。

术韵合口三等字：律 lĭuĕt（师）=lür。

没韵合口一等字：muət=bïr。②

说明：臻摄入声质 ĭet，术 ĭwĕt，物 ĭwət，没 uət。

臻摄入声字韵尾 -t 与回鹘语 -r、-k、-ø 等韵尾对音。

庄垣内正弘指出，臻摄入声物韵、质韵与宕摄药韵、铎韵对音如下③：

```
         物       质       铎       药
        iuət     iĕt      âk      iâk
         |        |        \      /
                               \  /
        uir[uir]  ir           er
```

此外，庄垣氏还就臻摄入声字对音列举了例子。臻摄：没韵的没 /bïr/pyr，物韵的佛 /fïr/vyr，质韵的毕 /pir/pyr、密 /bir/pyr、蜜 /bir/pyr、七 /sir/syr、疾 /sir/syr、悉 /fïr/syr、实 /šir/sÿr、日 /žir/sÿr、吉 /kir/kyr、一 /ïr/'yr，术韵的出 /čur/cwr、术 /šur/sïwr。④

5. 宕摄（药铎韵目）

铎韵开口一等字：博 pɑk（州）=bäg，鹤 ɣɑk（林寺）=haɣ，洛 lɑk（州）=laɣ。

药韵开口三等字：（般）若 ȵʑĭak（经）=žaɣ。

① 孙伯君：《胡汉对音和古代北方汉语》，《语言研究》2005 年第 1 期。
② 庄垣内正弘『ロシア所蔵ウィゲル語文献の研究』、133 頁。
③ 庄垣内正弘『ロシア所蔵ウィゲル語文献の研究』、45 頁。
④ 庄垣内正弘『ロシア所蔵ウィゲル語文献の研究』、133～134 頁。

铎韵合口一等字：廓 kʰuɑk（州）=quɣ。

说明：宕摄入声药 ĭak，铎 ak。

宕摄入声塞音韵尾 -k 与回鹘语 -g、-ɣ 等韵尾对音。

庄垣氏还就宕摄入声字对音列举了例子。宕摄：铎韵的药 /laɣ/lˈq̇、作 /saɣ//tsaɣ/sˈq̇、各 /qaɣ/q̇-ˈq、恶 /ˈaɣ/ˈˈq̇，药韵的著 /čaɣ/cˈɣ、若 /žaɣ/šˈq̇、药 /yaɣ/yˈq̇[①]。

6. 江摄（觉韵目）

觉韵开口二等字：（演）觉 kɔk（寺）=quɣ，（净）觉 kɔk（寺）= koɡ，（龙）朔 ʃɔk=šoq，（道）卓 tɔk=čay。

说明：江摄入声觉 ɔk。

江摄入声字韵尾 -k 与回鹘语 -ɣ、-g、-q、-ø 等韵尾对音。

7. 曾摄（德职韵目）

德韵开口一等字：（德）tək（业寺）=tig，（丰）德 tək（寺）=ti，（玄）则 tsək=tsi，（笔）墨 mək=mäk。

职韵开口三等字：（斋）食 dʑʰĭək=ši，（物）弋 jĭək（猎）= yig，（太）极 gʰĭək（殿）=ging。

德韵合口一等字：（柱）国 kuək=gök。

说明：曾摄入声职 ĭək，德 ək。

曾摄入声字韵尾 -k 与回鹘语 -g、-k、-ø 等韵尾对音。

庄垣内正弘指出，曾摄入声德韵、职韵对音如下[②]：

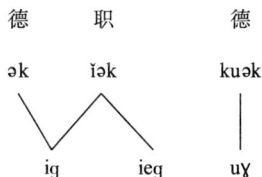

庄垣氏还就曾摄入声字对音列举了例子。曾摄：德韵的北 /pïg/pyk、默 /bïg/pyk、得 /tïg/tyk、德 /tïg/tyk、勒 /lïg//luu/lyk、塞 /sïg/syk、国 /

① 庄垣内正弘『ロシア所蔵ウィゲル語文献の研究』、134 頁。
② 庄垣内正弘『ロシア所蔵ウィゲル語文献の研究』、45、134~135 頁。

quɣ/quɣ，职韵的息 /sig/syk、色 /šïɣ/šyq、力 /lig/lyk、刺 /čig/cyk、即 /sig/syk、识 /šig/šyk、极 /ckig/kyk、忆 / ïg/ ˙yk、亿 / ïg//yig/ ˙yk。

8. 梗摄（陌麦昔锡韵目）

陌韵开口二等字：伯 pɐk（英）=bex，白 bʰɐk（马寺）=pag，（贾敦）赜 ʤʰæk=šïg，（阒）泽 ḍʰɐk=čax，（仍）择 ḍʰɐk（山）=čax。

昔韵开口三等字：尺 tɕʰïɛk=čïg/čïɣ，（张）掖 jïɛk=yig，（铭）石 zïɛk（章）=šïk，易 jïɛk=yäg。

锡韵开口四等字：寂 ʣʰiek（照）=ʦink。

麦韵合口二等字：获 ɣwæk=χak。①

昔韵合口三等字：疫 jïwɛk=ig。

说明：梗摄入声陌 ɐk，麦 æk，昔 ïɛk，锡 iek。

梗摄入声字韵尾 -k 与回鹘语 -g、x、-ɣ、-k 等韵尾对音。

庄垣内正弘指出，梗摄入声陌韵、昔韵、锡韵与通摄入声屋韵、沃韵、烛韵对音如下②：

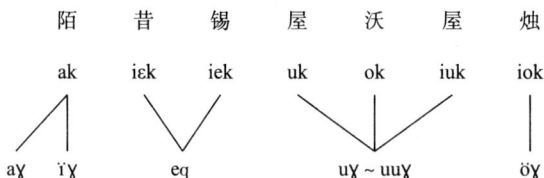

庄垣氏还就梗摄入声字对音举了例子。梗摄：陌韵的百 /paɣ/p˙q、白 /paɣ/p˙q̇，麦韵的获 /χaɣ/q̇˙q̇，昔韵的掷 /čeg/cyk、释 /šeg/šy（k）、益 /yeg/yyk、亦 /yeg/yyk，锡韵的觅 /beg/pyk、溺 /beg/dyk、寂 /seg/syk③。

9. 通摄（屋沃烛韵目）

屋韵合口一等字：毂 kuk（州）=kug，仆 bʰuk（射）=pu。

沃韵合口一等字：纛 dʰuok 旞=tuɣ，督（统）tuok= tu。

屋韵合口三等字：（安）福 pïuk（门）=fuq，伏 bʰïuk（羲）=fug，

① 庄垣内正弘『ロシア所蔵ウィゲル語文献の研究』、135 頁。
② 庄垣内正弘『ロシア所蔵ウィゲル語文献の研究』、46 頁。
③ 庄垣内正弘『ロシア所蔵ウィゲル語文献の研究』、135~136 頁。

236

（李）叔 ɕĭuk（慎）=suγ。

烛韵合口三等字：曲 kʰĭwok=küx，玉 ŋĭwok（华宫）=güx，俗 zĭwok（事）=suq。

说明：通摄入声屋 ĭuk，沃 uok、烛 ĭwok。

通摄入声字韵尾 -k 与回鹘语 -g、x、-γ、-ø 等韵尾对音。

庄垣内正弘还就通摄入声字对音举了例子。通摄：屋韵平声的禄 /luγ/luq、速 /suγ/swä、穀 /quγ/qwq，屋韵去声的目 /buγ/pwä、福 /fu/vw、服 /fuγ/vwq、復 /fuγ/vwä、伏 /fuγ/vwä、六 /luγ/lwq、宿 /suγ/swq、肉 /žuγ/šwä、烛韵的足 /suγ/swä、续 /suγ/swq、触 /čuγ/cwä、辱 /žuγ/šwä、狱 /guγ/kwq、玉 /guγ/kwä、欲 /yuγ/ywq、浴 /yuγ/ywä。

罗常培对几种汉藏对音写本材料进行研究，指出古汉语 -p、-t、-k 三个入声韵尾在汉藏对音材料中被译作 -b、-d、-g 韵尾形式。[1]聂鸿音指出，回鹘文《玄奘传》的对音材料使我们知道，汉语入声韵尾的演化步骤即，始于 -t 的弱化（>-r），然后是 -k 的弱化（>-γ），然后是 -t 和 -k 的完全消失，最后才是 -p 的弱化和消失。唐宋时期的某些北方方言例中，古入声的韵尾最不稳定的是 -t，最不稳定的是 -p。回鹘文《玄奘传》中出现了入声韵 -b、-r、-γ 的三种新形式。[2]不过，回鹘文的对音材料还有一种 -ø 韵尾。如：深摄缉韵开口三等字"湿 ɕĭəp=ši"，曾摄职韵开口三等字"（斋）食 ʤʰĭək=ši"，通摄屋韵合口一等字"仆 bʰuk（射）=pu"。

三 中古汉语韵母系统与回鹘语韵母对音规律

通过上述汉语与回鹘语对音材料的分析，我们可以得出如下几条规律。

第一，汉语阴声韵字与回鹘语开音节对音，但偶有回鹘语韵尾杂有 -q、-γ、-x、-r、-n，如：牙 ŋa=yoq、会 γuai（昌寺）=quγ、（吴）主 tɕĭu= qux、戍 ɕĭu=sür、树 zĭu（基）=sun 等。

---

[1] 罗常培：《唐五代西北方音》，《中央研究院历史语言研究所单刊》甲种之十二，1933，第 68~69 页。

[2] 聂鸿音：《回鹘文〈玄奘传〉中的汉字古音》，《民族语文》1998 年第 6 期。

第二，汉语阳声韵在回鹘语里有 -m、-n、-ŋ、-ø（零形式）四种形式。咸、深两摄 -m 韵尾与回鹘语 -n、-m 韵尾对音；山、臻两摄 -n 韵尾与鹘语 -n 韵尾对音，臻摄阳声韵杂有 -ŋ[如：振 tɕĭěn（响寺）=čing]，说明当时汉语方言阳声韵前后鼻音不分。唐、宋时西北方音宕、梗二摄字回鹘语译音例 -ŋ 尾脱落，但回鹘语里也有 -aŋ 音，如（庑）廊 lɑŋ=lang、样 jĭɑŋ=yang 等。江、曾、通等摄字普遍收 -ŋ 鼻音尾。

第三，汉语入声韵在回鹘语里有 -b、-r、-ɣ、-ø 四种新形式。汉语入声韵字与回鹘语里零韵尾的纯元音对音，如：湿 ɕĭěp=šĭ、仆 bʰuk=pu 等。

第四，汉语复元音与回鹘语单元音对音。汉语复元音韵母在回鹘语对音中呈现单元音化趋势，回鹘语一般是用单元音与汉语复元音对应。回鹘语原本无复元音，借词里出现复元音。汉语复元音最终没能进入回鹘语元音系统，仅停留于回鹘语借词里，如：华 ɣwa（山）=hua，（法）华 ɣwa（经）=hua，禹 ɣĭu（汤）=hui，（靖）迈 mæi（法师）=bai 等。

附录 回鹘相关资料举要

中文文献（含译著）

（唐）李延寿撰《北史·西域》（卷九十七，列传第八十五），中华书局，2003年。

（后晋）刘昫等撰《旧唐书》（卷一百九十五），中华书局，1975年。

（宋）欧阳修、宋祁撰《新唐书》（卷二百十七上），中华书局，2003年。

（元）脱脱等撰《辽史·皇子表》卷六四，中华书局，2016年。

（元）脱脱等撰《宋史》（列传第二百四十九），中华书局，2004年。

（元）李志常：《长春真人西游记》（上卷），杨建新主编《古西行记选注》，宁夏人民出版社，1987年。

阿不都热西提·亚库甫：《敦煌北区石窟出土〈佛顶心大陀罗尼〉回鹘文文献的综合研究》，杨富学译，《回鹘学译文集》，甘肃民族出版社，2012年。

阿不都热西提·亚库甫：《敦煌北区石窟出土回鹘文佛教文献概述》，彭金章主编《敦煌莫高窟北区石窟研究》，甘肃教育出版社，2011年。

阿不都热西提·亚库甫：《古代维吾尔语赞美诗和描写性韵文的语文学研究》，上海古籍出版社，2015年。

阿不里克木·亚森：《吐鲁番回鹘文世俗文书语言结构研究》，新疆大学出版社，2001年。

阿布都热西提·艾里木阿吉：《论维吾尔历史民歌中的汉语术语》，《新疆社会科学》2007年第1期。

阿布都外力·克热木：《从汉语借词看汉族文化对维吾尔文化的影响》，《中国社会科学院研究生院学报》2007年第4期。

阿克穆尔:《一五五〇年前的中国基督教史》,郝镇华译,中华书局,1984 年。

阿依达尔·米尔卡马力、迪拉娜·伊斯拉非尔:《吐鲁番博物馆藏回鹘文〈慈悲道场忏法〉残叶研究》,《敦煌研究》2011 年第 4 期。

阿依达尔·米尔卡马力:《敦煌莫高窟北区石窟出土回鹘文〈梁朝傅大士颂金刚经〉残叶研究》,《新疆大学学报》(哲学社会科学版)2006 年第 3 期。

阿依达尔·米尔卡马力:《回鹘文诗体注疏和新发现敦煌本韵文研究》,上海古籍出版社,2015 年。

阿依达尔·米尔卡马力:《中国国家图书馆藏一叶回鹘文〈增阿含经〉研究》,《敦煌研究》2020 年第 6 期。

艾尚莲:《回鹘南迁初探》,《民族研究》1982 年第 4 期。

白玉冬:《〈苏吉碑〉纪年及其记录的"十姓回鹘"》,《西域研究》2013 年第 3 期。

白玉冬:《丝路景教与汪古源流——从呼和浩特白塔回鹘文题记 Text Q 谈起》,《中山大学学报》(社会科学版)2018 年第 2 期。

晁华山:《初寻高昌摩尼教寺的踪迹》,《考古与文物》1993 年第 1 期。

晁华山:《火焰山下无名的摩尼古寺》,《文物天地》1992 年第 5 期。

晁华山:《寻觅湮灭千年的东方摩尼寺》,《中国文化》1993 年第 8 期。

陈福康:《中国译学理论史稿》,上海外语教育出版社,2002 年。

储泰松:《梵汉对音概说》,《古汉语研究》1995 年第 4 期。

戴庆厦:《语言和民族》,中央民族大学出版社,1994 年。

戴庆夏:《中国各民族文字与电脑信息处理》,中央民族学院出版社,1991 年。

娣丽达买买提明编著《〈师事瑜伽〉与〈文殊所说最胜名义经〉》,新疆大学出版社,2001 年。

丁福保编《佛学大辞典》,文物出版社,1984 年。

敦煌研究院考古研究所、内蒙古师范大学蒙文系:《敦煌石窟回鹘蒙文题记考察报告》,《敦煌研究》1990 年第 4 期。

樊保良:《回鹘与丝绸之路》,《兰州大学学报》(社会科学版)1985 年第

4 期。

方梦之:《译学辞典》,上海外语教育出版社,2004 年。

冯承钧:《景教碑考》,商务印书馆,1935 年。

冯家昇:《1959 年哈密新发现的回鹘文佛经》,《文物》1962 年第 7、8
　　期合刊。

冯家昇:《冯家昇论著辑粹》,中华书局,1987 年。

冯家昇:《回鹘文写本菩萨大唐三藏法师传研究报告》(考古学专刊丙种
　　第一号),中国科学院,1953 年。

冯家昇:《刻本回鹘文佛说天地八阳神咒经研究——兼论回鹘人对于大藏
　　经的贡献》,《考古学报》1955 年第 1 期。

高莉琴:《不同时期维吾尔语中的汉语借词》,新疆大学出版社,2005 年。

高莉琴:《以科学的态度对待维吾尔语中的汉语借词》,《新疆大学学报》
　　(哲学社会科学版)2005 年第 5 期。

高莉琴:《早期维吾尔语中汉语借词的文化背景透视》,《西北民族研究》
　　2008 年第 2 期。

高士荣、杨富学:《汉传佛教对回鹘的影响》,《民族研究》2000 年第 5 期。

耿世民:《甘肃省博物馆藏回鹘文〈八十华严〉残经研究(二)》,《中央
　　民族学院学报》1986 年第 2 期。

耿世民:《耿世民新疆文史论集》,中央民族大学出版社,2001 年。

耿世民:《古代突厥文碑铭研究》,中央民族大学出版社,2005 年。

耿世民:《古代突厥语扬州景教碑研究》,《民族语文》2003 年第 3 期。

耿世民:《古代维吾尔文献教程》,民族出版社,2006 年。

耿世民:《回鹘文〈阿毗达磨俱舍论〉残卷研究》,《中央民族学院学报》
　　1987 年第 4 期。

耿世民:《回鹘文〈大白莲社经〉残卷(二叶)研究》,《民族语文》
　　2003 年第 5 期。

耿世民:《回鹘文〈大白莲社经〉残卷(另二叶)研究》,《中央民族大
　　学学报》2005 年第 1 期。

耿世民:《回鹘文〈大白莲社经〉一叶残卷研究》,《新疆师范大学学报》
　　(哲学社会科学版)2007 年第 4 期。

耿世民:《回鹘文〈圣救度佛母二十一种礼赞经〉残卷研究》,《民族语文》1990 年第 3 期。

耿世民:《回鹘文〈十业道譬喻故事花环〉哈密本残卷研究》,《中央民族大学学报》(哲学社会科学版) 2008 年第 1 期。

耿世民:《回鹘文〈土都木萨里修寺碑〉考释》,《世界宗教研究》1981 年第 1 期。

耿世民:《回鹘文〈玄奘传〉及其译者胜光法师》,《中央民族学院学报》1990 年第 6 期。

耿世民:《回鹘文哈密本〈弥勒会见记〉研究》,中央民族大学出版社,2008 年。

耿世民:《回鹘文摩尼教寺院文书初释》,《考古学报》1978 年第 4 期。

耿世民:《回鹘文社会经济文书研究》,中央民族大学出版社,2006 年。

耿世民:《回鹘文亦都护高昌王世勋碑研究》,《考古学报》1980 年第 4 期。

耿世民:《回鹘文主要文献及其研究情况》,《新疆文史论集》,中央民族大学出版社,2001 年。

耿世民:《试论古代维吾尔族翻译家胜光法师》,《民族翻译》2011 年第 1 期。

耿世民译《乌古斯可汗的传说》,新疆人民出版社,1980 年。

龚方震:《摩尼教传入所带来的伊朗文化》,黄盛璋主编,《亚洲文明》(第 3 集),安徽教育出版社,1995 年。

龚煌城:《十二世纪末汉语的西北方音(声母部分)》,《中央研究院历史语言研究所集刊》(52 本第 1 分),1981 年。

郭虹宇:《重读玄奘译论“五种不翻”——论宗教类、文化类外来词语的翻译策略》,《天津外国语学院学报》2009 年第 4 期。

韩中义:《西域苏菲主义研究》,中国社会科学出版社,2008 年。

弘学编《佛学概论》(第三版),四川人民出版社,2012 年。

胡振华、黄润华:《明代高昌馆来文及其历史价值》,《中央民族学院学报》1982 年第 1 期。

胡振华、黄润华:《明代汉文回鹘文分类词汇集〈高昌馆杂字〉》,《民族语文》1983 年第 3 期。

胡振华、黄润华整理《高昌馆杂记——明代汉文回鹘文分类词汇》,民族出版社,1984年。

黄文弼:《吐鲁番考古记》,中国科学院,1954年。

卡哈尔·巴拉提:《多罗郭德回鹘文碑的初步研究》,《新疆大学学报》(哲学社会科学版)1982年第4期。

卡哈尔·巴拉提:《基督教在新疆的传播及其文物》,《新疆大学学报(维文版)》1986年3期。

蓝吉富:《中华佛教百科全书》(第2册,第6册),收藏家艺术有限公司,1994年。

李建强:《伯希和2855号残卷于阗文咒语对音研究》,《语言研究》2008年第4期。

李进新:《丝绸之路宗教研究》,新疆人民出版社,2008年。

李经纬、靳尚怡、颜秀萍:《高昌回鹘文献语言研究》,新疆大学出版社,2003年。

李经纬:《古代维吾尔文献〈摩尼教徒忏悔词〉译释》,《世界宗教研究》1982年第3期。

李经纬:《回鹘文社会经济文书辑解》(上册),甘肃民族出版社,2012年。

李如龙:《略论语言人类学的一些课题》,《人类学研究》,1985年。

李树辉:《回鹘文开始用时间研究》,《青海民族研究》2011年第3期。

李树辉:《乌古斯和回鹘研究》,民族出版社,2010年。

林幹、高自厚:《回纥史》,内蒙古人民出版社,1995年。

林光明、林怡馨:《梵汉大辞典》,嘉丰出版社,2005年。

林梅村、陈凌、王海城:《九姓回鹘可汗碑校释》,《欧亚学刊》(第1辑),中华书局,1999年。

林悟殊:《本世纪来摩尼教资料的新发现及其研究概况》,《世界宗教文化》1984年第1期。

林悟殊:《从考古发现看摩尼教在高昌回鹘的封建化》,《西北史地》1984年第4期。

林悟殊:《摩尼教及其东渐》(增订本),中华书局,1987年。

林巽培:《回鹘文〈慈恩传〉收藏与研究》,《民族语文》2013年第1期。

林耀华:《民族学通论》,中央民族大学出版社,2011 年。

刘戈:《从格式与套语看回鹘文买卖文书的年代》,《西域研究》1998 年第 2 期。

刘戈:《回鹘文买卖契约译注》,中华书局,2006 年。

刘戈:《回鹘文买卖文书纪年月日研究》,《民族研究》1998 年第 5 期。

刘戈:《回鹘文契约断代研究——昆山识玉》,中华书局,2016 年。

刘戈:《回鹘文契约文书初探》,台湾五南图书出版公司,2000 年。

刘昭瑞:《考古发现与早期道教研究》,文物出版社,2007 年。

柳洪亮:《阿斯塔那未编号墓木楔文书》,《新出土吐鲁番文书及其研究》,新疆人民出版社,1997 年。

柳洪亮:《吐鲁番新出土的摩尼教文献》,文物出版社,2000 年。

罗常培:《罗常培语言学论文选集》,中华书局,1963 年。

罗常培:《唐五代西北方音》,《中央研究院历史语言研究所单刊》甲种之十二,1933 年。

罗常培:《语言与文化》,北京出版社,2004 年。

罗常培:《知彻澄娘音值考》,《中央研究院历史语言研究所集刊》(第三本第一分),1931 年。

马大正:《新疆史鉴》,新疆人民出版社,2006 年。

孟池:《从新疆历史文物看汉代在西域的政治措施和经济建设》,《文物》1975 年第 7 期。

纳日碧力戈:《语言人类学》,华东理工大学出版社,2010 年。

聂鸿音:《〈金史〉女真译名的音韵学研究》,《满语研究》1998 年第 2 期。

聂鸿音:《番汉对音和上古汉语》,《民族语文》2003 年第 2 期。

聂鸿音:《番汉对音简论》,《固原师专学报》1992 年第 2 期。

聂鸿音:《回鹘文〈玄奘传〉中的汉字古音》,《民族语文》1998 年第 6 期。

聂鸿音:《慧琳译音研究》,《中央民族学院》1985 年第 1 期。

聂鸿音:《粟特语对音资料和唐代汉语西北方言》,《语言研究》2006 年第 2 期。

牛汝极、杨富学:《敦煌出土早期回鹘语世俗文献译释》,《敦煌研究》1994 年第 4 期。

牛汝极、杨富学:《敦煌回鹘文书法艺术》,《敦煌吐鲁番学研究论集》, 书目文献出版社,1996年。

牛汝极、杨富学:《五件回鹘文摩尼教文献考释》,《新疆大学学报》(哲 学社会科学版)1993年第4期。

牛汝极:《从借词看粟特语对回鹘语的影响》,《新疆师范大学学报》(哲 学社会科学版)2015年第1期。

牛汝极:《敦煌吐鲁番回鹘佛教文献与回鹘语大藏经》,《西域研究》 2002年2期。

牛汝极:《敦煌榆林千佛洞第12窟回鹘文题记》,《新疆大学学报》(社 会科学版)2002年第1期。

牛汝极:《回鹘佛教文献——佛典总论及巴黎所藏敦煌回鹘文佛教文 献》,新疆大学出版社,2000年。

牛汝极:《回鹘文〈牟羽可汗入教记〉残片释记》,《语言与翻译》1987 年第2期。

牛汝极:《六件9~10世纪敦煌回鹘文商务书信研究》,《西北民族研究》 1992年第1期。

牛汝极:《泉州叙利亚一回鹘双语景教碑再考释》,《民族语文》1999年 第3期。

牛汝极:《十字莲花——中国元代叙利亚文景教碑铭文献研究》,上海古 籍出版社,2008年。

牛汝极:《四封9~10世纪的回鹘文书信译考》,《新疆大学学报》(哲学 社会科学版)1989年第2期。

牛汝极:《四件敦煌回鹘文书信文书》,《敦煌研究》1989年第1期。

牛汝极:《维吾尔古文字与古文献导论》,新疆人民出版社,1997年。

潘悟云:《汉语历史音韵学》,上海教育出版社,2000年。

彭金章、王建军:《敦煌莫高窟北区石窟》(第二、三卷),文物出版社, 2004年。

钱伯泉:《西州回鹘国在丝绸之路的地位与作用》,《新疆大学学报》(哲 学社会科学版)1991年第4期。

卿希泰、唐大潮:《道教史》,江苏人民出版社,2006年。

热扎克买提尼牙孜主编《西域翻译史》，新疆大学出版社，1997年。

热孜娅努日:《巴黎藏回鹘文诗体般若文献研究》，上海古籍出版社，
　　2015年。

任继愈主编《中国道教史》，上海人民出版社，1990年。

任继愈主编《宗教词典》，上海辞书出版社，1981年。

荣新江:《摩尼教在高昌初传》，新疆吐鲁番地区文物局编《吐鲁番新出
　　土摩尼教文献研究》，文物出版社，2000。

荣新江:《丝绸之路与东西文化交流》，北京大学出版社，2015年。

荣新江:《吐鲁番文书总目（欧美收藏卷）》，武汉大学出版社，2007年。

荣新江编《黄文弼所获西域文献论集》，科学出版社，2013年。

芮传明:《东方摩尼教研究》，上海人民出版社，2009年。

芮传明:《摩尼教突厥语〈忏悔词〉新译和简释》，《史林》2009年第6期。

萨仁高娃、杨富学:《敦煌本回鹘文〈阿毗达磨俱舍论实义疏〉研究》，
　　《敦煌研究》2010年第1期。

邵荣芬:《敦煌俗文学中的别字异文和唐五代西北方音》，《中国语文》
　　1963年第3期。

邵荣芬:《汉语语音史讲话》，天津人民出版社，1979年。

施向东:《梵汉对音资料：从上古音到中古音》，《辞书研究》2020年第
　　4期。

孙伯君:《胡汉对音和古代北方汉语》，《语言研究》2005年第1期。

孙伯君:《西夏译经的梵汉对音与汉语西北方音》，《语言研究》2007年
　　第1期。

孙昌武:《中国佛教文化史》，中华书局，2010年。

唐作藩:《音韵学教程》，北京大学出版社，2002年。

田卫疆:《高昌回鹘史稿》，新疆人民出版社，2006年。

田卫疆:《蒙古时代维吾尔人的社会生活》，新疆美术摄影出版社，1995年。

吐尔逊·阿尤甫、买提热依木·莎依提等整理《回鹘文〈金光明经〉》，
　　新疆人民出版社，2001年。

吐送江·依明:《回鹘文〈玄奘传〉国内外研究情况综述》，《敦煌学辑
　　刊》2017年第2期。

汪荣宝：《歌戈鱼虞模古读考》，《国学季刊》1923 年第 1 卷第 2 号。

王菲：《〈回鹘文摩尼教寺院文书〉再考释》，《欧亚学刊》第 2 辑，中华书局，2000 年。

王菲：《回鹘文〈梁朝傅大士颂金刚经〉的版本及翻译特色》，《西南民族大学学报》（人文社科版）2010 年第 4 期。

王菲：《回鹘语摩尼教故事一则》，《西北民族研究》2002 年第 2 期。

王菲：《四件回鹘文摩尼教祈愿文书译释》，《西北民族研究》1999 年第 2 期。

王红梅、杨富学：《回鹘文〈吉祥轮律曼陀罗〉前十页译释》，《西北民族研究》2003 年第 4 期。

王红梅、杨富学：《回鹘文〈吉祥轮律曼陀罗〉所见十六金刚天女研究》，《敦煌研究》2005 年第 2 期。

王红梅：《回鹘文藏传密宗文献〈转轮王曼陀罗〉第二十至三十页译释》，《敦煌学辑刊》2000 年第 1 期。

王红梅：《元代回鹘文刻本文献断代考论——以藏密经典〈观世音本尊修法〉为例》，《社会科学论坛》2013 年第 6 期。

王红梅：《元代畏兀儿倍斗信仰探析——以回鹘文〈佛说北斗七星延命经〉为例》，《民族论坛》2013 年第 5 期。

王继红：《玄奘译经四言文体的构成方法——以〈阿毗达磨俱舍论〉梵汉对勘为例》，《中国文化研究》2006 年第 2 期。

王静如：《突厥文回纥英武远毗伽可汗碑译释》，《辅仁学志》1938 年第 7 卷第 1~2 期合刊。

王力：《汉语史稿》，中华书局，1980 年。

王启涛：《道教在丝绸之路上的传播》，《西北民族大学学报》（哲学社会科学版）2019 年第 4 期。

王勤金：《元延祐四年也里世八墓碑考释》，《考古》1989 年第 6 期。

王亚荣：《玄奘译场助译僧考述》，《长安佛教史论》，宗教文化出版社，2005 年。

问永宁：《古回鹘文易经与道教因素之西传》，《世界宗教研究》2011 年第 1 期。

新疆博物馆编《新疆石窟吐鲁番柏孜克里克石窟》，上海人民美术出版社，1990年。

新疆社会科学院民族文学研究所编《福乐智慧》，民族出版社，1984年。

刑欣、廖泽余：《维吾尔词汇演变研究》，新疆大学出版社，1997年。

徐思益、马俊民：《发展少数民族语言的列宁主义原则——驳斥苏修对我党民族语文政策的攻击》，《新疆大学学报》（哲学社会科学版）1978年第2期。

徐通锵、叶蜚声：《译音对勘与汉语的音韵研究——"五四"时期汉语音韵研究方法的转折》，《北京大学学报》（哲学社会科学版）1980年第6期。

许良越：《梵汉对音法的提出及其在音韵研究中的影响》，《西南民族大学学报》（人文社会科学版）2009年第1期。

薛宗正：《隋唐汉音与突厥、回鹘古译名的还原》，《新疆社会科学研究》1984年第18期。

薛宗正：《突厥史》，中国社会科学出版社，1992年。

杨富学、邓浩：《吐鲁番出土回鹘文〈七星经〉回向文研究——兼论回鹘佛教之功德思想》，《敦煌研究》1997年第1期。

杨富学、樊丽沙译《回鹘学译文集》，甘肃民族出版社，2012年。

杨富学、牛汝极：《安西榆林窟25窟前室东壁回鹘文题记译释》，《中国民族古文字研究》（第三辑），1991年。

杨富学、牛汝极：《牟羽可汗与摩尼教》，《敦煌学辑刊》1987年第2期。

杨富学、牛汝极：《沙州回鹘及其文献》，甘肃文化出版社，1995年。

杨富学、张海娟：《从蒙古豳王到裕固族大头目》，甘肃文化出版社，2017年。

杨富学：《柏孜克里克石窟第20窟的供养图与榜题》，《新疆艺术》1992年第6期。

杨富学：《德国新刊布的几件回鹘文租佃契约》，《文史》（第39辑），中华书局，1994年。

杨富学：《敦煌本回鹘文〈阿烂弥王本生故事〉写卷译释》，《西北民族研究》1994年第2期。

杨富学:《敦煌吐鲁番文献所见回鹘古代历法》,《青海民族学院学报》
　　2004 年第 4 期。

杨富学:《高昌回鹘医学稽考》,《敦煌学辑刊》2004 年第 2 期。

杨富学:《回鹘道教杂考》,《中国道教》2004 年第 4 期。

杨富学:《回鹘摩尼教研究》, 中国社会科学出版社, 2016 年。

杨富学:《回鹘文〈牟羽可汗入教记〉残卷译释》,《回鹘摩尼教研究》,
　　中国社会科学出版社, 2016 年。

杨富学:《回鹘文献与回鹘文化》, 民族出版社, 2003 年。

杨富学:《回鹘之佛教》, 新疆人民出版社, 1998 年。

杨富学:《酒泉文殊山: 回鹘佛教文化的最后一方净土》,《河西学院学
　　报》2012 年第 6 期。

杨富学:《居庸关回鹘文功德记 uday 考》,《民族语文》2003 年第 2 期。

杨富学:《宋元时代维吾尔族景教略论》,《新疆大学学报》(社会科学
　　版) 1989 年第 3 期。

杨富学:《吐鲁番出土回鹘文借贷文书概论》,《敦煌研究》1990 年第 1 期。

杨富学:《维吾尔族历法初探》,《新疆大学学报》(哲学社会科学版)
　　1988 年第 2 期。

杨富学:《一件珍贵的回鹘文寺院经济文书》,《西北民族研究》1992 年
　　第 1 期。

杨富学:《印度宗教文化与回鹘民间文学》, 民族出版社, 2007 年。

杨富学:《印度宗教文化与回鹘民间文学》, 民族出版社, 2007 年。

杨富学:《元代畏兀儿税役考略》,《西北民族研究》1988 年第 2 期。

杨剑桥:《汉语现代音韵学》, 复旦大学出版社, 1996 年。

杨进智主编《裕固族研究论文集》, 兰州大学出版社, 1996 年。

姚大力:《谁来决定我们是谁——中国民族史研究的三把钥匙》,《东方
　　早报》, 2011 年 3 月 20 日 B4、B5 版。

伊斯拉菲尔·玉素甫、张宝玺:《文殊山万佛洞回鹘文题记》, 新疆吐鲁
　　番学研究院编《语言背后的历史——西域古典语言学高峰论坛论文
　　集》, 上海古籍出版社, 2012 年。

伊斯拉菲尔·玉素甫:《回鹘文领钱收据一件》,《内陆アジア言語の研

究》(第 10 号),1995 年。

伊斯拉菲尔·玉素甫:《回鹘文文献二种》,《中国民族古文字研究》(第 4 辑),天津古籍出版社,1994 年。

余太山:《西域通史》,中州古籍出版社,2003 年。

余欣:《回鹘文中的汉语借词》,《西域研究》2000 年第 4 期。

俞敏:《后汉三国梵汉对音谱》,《俞敏语言学论文集》,商务印书馆,1999 年。

袁焱:《语言接触与语言演变》,民族出版社,2001 年。

张畅:《论道教在新疆地区的传播》,《天中学刊》2010 年第 4 期。

张公瑾主编《民族古文献概览》,民族出版社,1997 年。

张公瑾:《文化语言学发凡》,云南大学出版社,1998 年。

张公瑾:《语言的文化价值》,《民族语文》1989 年第 5 期。

张铁山、〔德〕彼特·茨默:《两页回鹘文〈华严经光明觉品〉写本残卷研究》,《民族语文》2012 年第 4 期。

张铁山、彭金章、〔德〕皮特·次默:《敦煌莫高窟北区 B464 窟回鹘文题记研究报告》,《敦煌研究》2018 年第 3 期。

张铁山、彭金章:《敦煌莫高窟北区 B77 窟出土木骨上的回鹘文题记研究》,《敦煌学辑刊》2018 年第 2 期。

张铁山、王梅堂:《北京图书馆藏回鹘文〈阿毗达磨俱舍论〉残卷研究》,《民族语文》1994 年第 2 期。

张铁山、赵永红:《古代突厥文〈占卜书〉译释》,《喀什师范学院学报》(哲学社会科学版)1993 年第 2 期。

张铁山:《〈阿含经〉在回鹘人中的传译及其社会历史原因》,《西域研究》2003 年第 4 期。

张铁山:《北京大学图书馆藏两叶敦煌本回鹘文残片研究》,《西北民族研究》2001 年第 3 期。

张铁山:《北京大学图书馆馆藏敦煌本回鹘文〈杂阿含经〉残叶研究》,《中央民族学学报》(哲学社会科学版)2002 年第 4 期。

张铁山:《从回鹘文〈俱舍论颂疏〉残叶看汉语对回鹘语的影响》,《西北民族研究》1996 年第 2 期。

张铁山:《敦煌出土回鹘文〈大乘无量寿经〉残叶研究》,《民族语文》
　　2005 年第 5 期。

张铁山:《敦煌莫高窟北区 B159 窟出土回鹘文〈别译杂阿含经〉残卷研
　　究(二)》,《民族语文》2003 年第 1 期。

张铁山:《敦煌莫高窟北区 B159 窟出土回鹘文〈别译杂阿含经〉残卷研
　　究》,《民族语文》2001 年第 6 期。

张铁山:《敦煌莫高窟北区出土回鹘文〈中阿含经〉残叶研究》,《中央
　　民族大学学报》(人文社会科学版)2001 年第 4 期。

张铁山:《敦煌莫高窟北区出土三件回鹘文佛经残片研究》,《民族语文》
　　2003 年第 6 期。

张铁山:《古代维吾尔语诗体故事、忏悔文及碑铭研究》,上海古籍出版
　　社,2015 年。

张铁山:《汉－回鹘文合璧〈六十甲子纳音〉残片考释》,《敦煌学辑刊》
　　2014 年第 4 期。

张铁山:《回鹘文〈妙法莲华经普门品〉校勘与研究》,《喀什师范学院
　　学报》1990 年第 3 期。

张铁山:《回鹘文〈增壹阿含经〉残卷研究》,《民族语文》1997 年第 2 期。

张铁山:《回鹘文献语言的结构与特点》,中央民族大学出版社,2005 年。

张铁山:《两叶回鹘文〈维摩诘所说经〉译注——兼谈回鹘文佛经的翻译
　　方式》,《新疆大学学报》(哲学·人文社会科学版)2012 年第 6 期。

张铁山:《莫高窟北区 B125 窟出土回鹘文〈增壹阿含经〉残卷研究》,
　　《敦煌学辑刊》2005 年第 3 期。

张铁山:《莫高窟北区 B128 窟出土回鹘文〈慈悲道场忏法〉残叶研究》,
　　《民族语文》2008 年第 1 期。

张铁山:《莫高窟北区出土三件珍贵的回鹘文佛经残片研究》,《敦煌研
　　究》2004 年第 1 期。

张铁山:《三叶回鹘文〈中阿含经〉残卷研究》,《民族语文》2000 年第
　　3 期。

张铁山:《突厥语族文献学》,中央民族大学出版社,2005 年。

张铁山:《吐鲁番柏孜克里克出土回鹘文〈妙法莲华经〉残叶研究》,

《首届中国少数民族古籍文献国际学术研讨会论文集》，民族出版社，2012 年。

张铁山：《吐鲁番柏孜克里克出土两叶回鹘文〈慈悲道场忏法〉残叶研究》，《民族语文》2011 年第 4 期。

张铁山主编《回鹘文〈居庸关碑〉研究》，《中国少数民族碑铭研究》，民族出版社，2019 年。

赵相如：《维吾尔语中的古代汉语借词——从语言看历史上维汉人民的密切联系》，《语言与翻译》1986 年第 2 期。

赵永红：《回鹘文佛教诗歌〈观音经相应譬喻谭〉研究》，载《中国少数民族文学与文献论集》，辽宁民族出版社，1997 年。

周有光：《文字演进的一般规律》，《中国语文》1957 年第 7 期。

周有光：《字母的故事》，上海教育出版社，1958 年。

周祖谟：《宋代方音》，《问学集》（下册），中华书局，1966 年。

朱国祥、张铁山：《回鹘文佛教文献中的汉语借词研究》，甘肃文化出版社，2018 年。

朱国祥：《回鹘文〈慈悲道场忏法〉中的吐火罗语借词对音研究》，《民族语文》2020 年第 4 期。

朱国祥：《回鹘文〈金光明经〉中的粟特语借词对音研究》，《民族语文》2019 年第 5 期。

朱国祥：《回鹘文世俗文书中汉语借词对音研究——以山田信夫和李经纬著版本为例》，《江西教育学院学报》2013 年第 6 期。

朱悦梅，杨富学：《甘州回鹘史》，中国社会科学出版社，2013 年。

〔德〕A. 冯加班：《古代突厥语语法》，耿世民译，内蒙古教育出版社，2004 年。

〔苏〕C.T. 克里亚什托尔内：《铁尔浑碑（研究初稿)》，伊千里译，《民族译丛》1981 年第 5 期。

〔法〕James Hamilton、牛汝极：《赤峰出土景教墓砖铭文及族属研究》，《民族研究》1996 年第 3 期。

〔苏〕阿巴耶夫：《语言史和民族史》，李毅夫译，《民族问题译丛》，湖北教育出版社，1957年。

〔英〕埃得蒙·利奇：《列维-斯特劳斯》，王庆仁译，生活·读书·新知
三联书店，1985年。

〔美〕爱德华·萨丕尔：《萨丕尔论语言、文化与人格》，高一虹译，商
务印书馆，2011年。

〔苏〕巴尔胡达罗夫：《语言与翻译》，中国对外翻译出版公司出版，
1985年。

〔日〕百济康义：《回鹘译〈俱舍论颂注〉一叶》，《印度学佛教学研究》
（第二十八卷第二号），日本印度学佛教学会，昭和55年（1980
年）。

〔德〕彼特·茨默：《吐鲁番文献所见古突厥语行星名称》，杨富学译，
《回鹘学译文集》，甘肃民族出版社，2012年。

〔德〕彼特·茨默：《回鹘文刻本〈圣救度佛母二十一种礼赞经〉进一步
研究》，李雪译，《民族古籍研究》（第一辑），中国社会科学出版
社，2012年。

〔美〕布龙菲尔德：《语言论文化上的借用》，袁家骅、赵世开、甘世福
译，商务印书馆，1980年。

〔俄〕纲和泰：《音译梵书与中国古音》，胡适译，《国学季刊》1923年第
1卷第1号。

〔日〕高田时雄：《敦煌民族语言》，锺翀等译，中华书局，2005年。

〔德〕格里姆：《论语言的起源》，〔苏〕兹维金采夫编《19世纪和20世
纪语言学史：概要和摘录》（第1册），1960年。

〔法〕哈密顿、杨富学、牛汝极：《榆林窟回鹘文题记译释》，《敦煌研
究》1998年第2期。

〔法〕韩百诗：《马可波罗的〈世界志〉》，巴黎，1955年。

〔美〕克拉克：《牟羽可汗对摩尼教的皈依》，杨富学译，《回鹘学译文
集》，甘肃民族出版社，2012年。

〔英〕克劳森：《早期突厥诸族天文学术语综考》，杨富学译，《回鹘学译
文集》，甘肃民族出版社，2012年。

〔德〕克林凯特：《突厥语摩尼教写本的重要性》，杨富学、樊丽沙译，

《回鹘学译文集》,甘肃民族出版社,2012 年。

〔法〕莫尼克·玛雅尔:《古代高昌王国物质文明史》,耿昇译,中华书局,1995 年。

〔日〕森安孝夫:《漠北回鹘汗国葛啜王子墓志新研究》,白玉冬译,《胡风西来——西域史语译文集》,上海古籍出版社,2021 年。

〔法〕沙畹、伯希和:《摩尼教流行中国考》(Un traité manichéen retrouvé en Chine),《亚洲杂志》(Journal Asiatique)(第 1 卷),1913 年。

〔日〕松川节:《蒙古语译〈佛说北斗七星延命经〉中残存的回鹘语要素》,杨富学译,《回鹘学译文集》,甘肃民族出版社,2012。

〔日〕松井太:《高昌 α 寺遗址所出摩尼教、佛教寺院回鹘文帐历研究》,《中山大学学报(社会科学版)》2019 年第 2 期。

〔日〕松井太:《榆林窟第 16 窟叙利亚字回鹘文景教徒题记》,王平先译,《敦煌研究》2018 年第 2 期。

〔日〕武邑尚邦:《佛教思想辞典》,教育新潮社,1982 年。

〔日〕羽田亨:《西域文明史概论等五种》,耿世民译,中华书局,2005 年。

阿克孜·塔里甫:《〈乌古斯传〉的修辞研究》,硕士学位论文,新疆师范大学,2011 年。

阿依达尔·米尔卡马力:《从敦煌出土回鹘文佛教文献看汉语对回鹘文佛典语言的影响》,博士学位论文,新疆大学,2007 年。

巴克力·阿卜杜热西提:《古代维吾尔医学文献的语文学研究》,博士学位论文,中央民族大学,2013 年。

桂林:《回鹘摩尼教研究》,博士学位论文,兰州大学,2006 年。

何湘君:《回鹘景教文献研究》,博士学位论文,中央民族大学,2016 年。

林巽培:《回鹘文慈恩传转写与汉字音研究》,博士学位论文,上海师范大学,2012 年。

米热古丽·黑力力:《回鹘汗国时期突厥文碑铭词汇考释》,博士学位论文,中央民族大学,2015 年。

木沙江·艾力:《古代维吾尔语历法和占卜文献的语文学研究》,博士学位论文，中央民族大学，2016 年。

祈宏涛:《〈高昌馆杂记〉研究》，博士学位论文，中央民族大学，2013 年。

徐丹:《从不同的视野研究汉语》，第五届当代语言学国际圆桌会议论文，南京，2013 年 10 月。

杨富学:《回鹘与丝绸之路》，腾讯会议号 ID：359 253 145，2020 年 6 月 30 日。

外文文献

东京大学附属图书馆编『东京大学所藏仏教关系贵重书展一展示资料目録』、东京大学附属図书馆、2002。

護雅夫「ウイグル文葡萄園売渡文書」『東洋学報』第 42 卷第 4 期、1960。

山田信夫（著），小田壽典 · P. Zieme · 梅村坦 · 森安孝夫（編）『ウイグル文契文書集成』2. 大阪大学出版会、1993。

山田信夫「ウイグル文売買契約書の書式」『西域文化研究》』第 6 卷、京都法蔵館、1963。

山田信夫「大谷探検隊将来ウイグル売買貸借文書」『西域文化研究』第 4 卷、京都法蔵館、1961。

石田幹之助『東亞文化史叢考』、東洋文庫、1973。

藤枝晃「ウイグル小字刻文」村田治郎編『居庸関』I、京都大学工学部、1957。

西脇常記『ベルリン · トルフアン · コレクション漢語文書研究』京都大学総合人間学部国際文化学科、1997。

羽田亨「回鶻譯本安慧の倶舎論実義疏」『白鳥博士還暦記念東洋史論叢』岩波書店、1925。

羽田亨「回鶻文女子売渡文書」『東洋学報』第 6 卷第 2 期、1916。

庄垣内正弘「ウイグル語寫本 · '観音経相応' - 観音経に関する 'avadana' - 」『東洋学報』第 58 卷第 1-2 号、1976。

庄垣内正弘『ウイグル文アビグルマ論書の文獻學的研究』

(Uighur Abhidharma Texts: A Philological Study by Masahiro SōHGAITO)、中西印刷株式会社、松香堂、2008。

庄垣内正弘『ロシア所蔵ウイグル語文献の研究』京都大学大学院文学研究科、2003。

庄垣内正弘·L. トゥゲーシェヮ·藤代節『ウィゲル文 Daśakarmapathāvadānamālā の研究—サンクィパテルブルゲ所蔵ウィゲル文「十業道物語」—』松香堂、1998。

A,Gruenwede, *Altbuddhistische Kultstaetten in Chinesisch-Turkestan,*Berlin,1912.

A.Stein, .Vol.Ⅳ,repr,New Delhi,plan 30,1948.

A.von Gabain, *Alttürkische Grammatik,*Leipzig.1941.

A.von Gabain, *Maitrisimit, Faksimile der alttürkischen Version eines Werkes der buddhistischen Vaibhāṣ ika-schul,* Teil Ⅱ Beiheft Ⅱ, Wiesbaden,Franz Steiner Verlag,1961.

A.von Gabain,*Maitrisimit,Faksimile der alttürkischen Version eines Werkes der buddhistischen Vaibhāṣ ika-schule,* Teil I mit Beiheft I, Wiesbaden, Franz Steiner Verlag,1957.

A.von Le Coq , *Ein christliches und ein manichaichaisches Manuskriptfragment in Türkischer Sprache aus Turfan,Berlin,*Sitzungsberichte der Koniglich Preussischen Akademie der Wissenschaften,pl.Ⅷ-ⅩⅣ,1909.

A.von Le Coq, *Buried Treasures of Chinese Turkestan,* London,1928.

A.von Le Coq, *Chuastuaniſt, ein Sündenbekenntnis derMmanichäischen Auditores. Gefunde*n in Turfan (Chineischen Turkistan, APAW,Berlin,1911.

A.Von Le Coq, Dr Stein's Turkicsh Khuastuanift from Tun-huang, Being a Confession-Prayer of the Manichaean Auditores, *Journal of the Royal Asiatic Society* ,1911.

B.Gharib, Sogdian Dictionary (Sogdian –Persian—English), Tehran: Farhangan Publication, 2004.

Ceval Kaya, *Uygurca Altun Yaruk, Giriş, Metin ve Dizin*, Ankara: Görsel Sanatlar Ltd. Şti, 1994.

D.Chwolson, Syrische Grabin schriften aus Semirjetsche, *Memoires de I'Académie Imperiale des science de St.Petersbourg,*ser.7,vol,34-4,1886.

D.Chwolson, Syrisch-nestorianische Grabin schriften aus Semirjetsche, *Memoires de I'Académie Imperiale des science de St.Petersbourg*,s-er.7,vol,34-8,N.F., 1890,1897.

D.Maue, *An Uighur Version of Vāgbhata's Astgahrdayasamhitā, Asia Medicine* 4, 2008.

Desmond Durkin-Meisterernst,*Dictionary Manichaean Middle Persian and Parthian*t,Brepols, Publishers,Turnhout,Belgium,2004.

Dragunov, The hphags-pa Soript and Ancient Mandarin ,*ИзвестИя АкадемИИ Наук*,1930.

F.Geissler,P.Zieme, Uigurische Pañcatantra-Fragmente, *Turcica* II,1970.

F.H.Andrews,*Wall Paintings from Ancient Shrines in Central Asia*, London,Plate C,1948.

F.W.K.Müller, Uigurica III, *Abhandlungen der Preussischen Akademie der Wissenschaften,* Nr.2, Berlin, 1920.

F.W.K.Müller, Uigurica, *Abhandlungen der Preussischen Akademie der Wissenschaften,* Berlin, Nr.2,1908.

F.W.K.Müller,Uigurica II, *Abhandlungen der Preussischen Akademie der Wissenschaften,* Nr.3, Berlin, 1910.

F.W.K.Müller-A.von Gabain, *Uigurica* IV, *Sitzungsberichte der Preußischen Akademie der Wissenschaften* (SPAW), *Phil.-hist. Klasse* 24 ,Berlin, 1931.

G.J.Ramstedt, *Four Uigurian Documents, C.G.Mannerheim, Across Asia from West to East in 1906-1908*, II, Helsinki,1940.

G.R.Rachamati, *Türkische Turfan-Texte VII*, Berlin,1936.

Geng Shimin,H.J.Klimkeit, J.P.Laut, Prolegomena zur Edition der Hami-Handschrift der Uighurischen Daśakarmapathāvadāna-mālā,*Türk Dilleri Arastirmalari*,1993.

Geng Shimin,hans-Joachim Klimkeit,Jens Peter Laut, *Manis Wettkampf mit dem Prinzen, Zeitschrift der Deutschen Morgenlaendischen Gesellschaft* 137,1987.

Georges-Jean Pinault, Bilingual hymn to Mani: Analysis of the Tocharian B parts. *SIAL XXIII, Papers in honour of Professor Takao Moriyasu on his 60th birthday,* 2008.

H.A.Giles, *Chinese-English Dictionary*, London,1912.

H.H.Schaeder, Der Manichäismus nach neuen Funden Forschungen, *Morgenland*

28, Lepzig, 1936.

H.J.Klimkeit,Christentum und Buddhismus in der innerasiatischen Religionsbe-
wegung, *Zeitschrift für Religious und Geistesgeschichte*,35,1983.

H.J.Klimkeit,*Gnosis on the Silk Road .Gnosis Texts from Central Asia*,San Fran-
cisco,1993.

J.Hamilton, *Le conte bouddhique du Bon et du Mauvais Prince en version
ouïgoure.Mission Paul Pellion. Documents conservés a la Bibliothèque
Nationale*, Ⅲ, *Manuscrits ouïgoures de Touen-houang*,Paris,1971.

J.Hamilton,*Manuscrits ouïgours du Lxe-xe siècle de Touen-houang*.1-2,Par-
is,1986.

J.P. Laut, Zwei Fragmente eines Höllenkapitels der uigurischen Daśakarmapa-
thāvadānamālā, *Ural-Altaische*r N.F.4, 1984.

J.P.Asmussen, *Xuāstvānīft-Stidies in Manichaeism(Acta Theol.Danica.7)*, Ko-
penhagen,1965.

Jens.Wilkens,*Das Buch Von Der Sündentilgung,Edition des alttürkisch buddhis-
tischen Kšanti Kıilguluk Nom Bitig*,Brepols Publisher n.v,Turnhout,Bel-
gium,2007.

Johan Elerskog,*Silk Road StudiesI:Uygur Buddhist Literature,* Brepols,1997.

K.Röhrbom & Osman Sertkaya, Die alttürkische Iinschrift am Tor-Stūpa von
Chü-yung-kuan, *Zeitschrift der Deutschen Morgenländischen Gesellschaft*
130,1980.

Kahar Barat,*XUANZANG—Ninth and Tenth Chapters*, Indiana University Re-
search Institute for Inner Asian Studies Bloomington, Indiana, 2000.

L.Ligeti,Le Mérite d'ériger un stupa et l'histoire de l'éléphant d'or, *Proceedings
of the Csoma de Körös Memorial Symposium,*held at Matrafüred,Hunga-
ry24-30 September 1976, Budapest 1978.

L.R.Palmer, *An Introduction to Modern Lingistics,* London: Macmillan and
Co,Limited,1936.

L.V.Clark, The Turkic Manichaean Literature, P. Mirecki-J. Beduhn (eds.),
Emerging from Darkness. Studies in the Recovery of Manichaean Sources,
Leiden-NewYork-Köln,1997.

L.V.Clark,*The Conversion of Bügü Khan to Manichaeism, Studia Manichaica*.Ⅳ,
*Internationaler Kongreß zum Manichäismus,*Berlin 14-18.Juli 1997,Ber-
lin,2000.

Lilija,Tugusheva,Yusufzhanovna,*Fragmenty Rannesrednevekovykh Tjurkskikh Gadatel'nykh Knig is Rukopisnogo Sobranija Sankt-peterburgskogo Filiala Instituta Vostokovedenija*,Pis'mennya Pamjatniki Vostoka,St.Petersburg,2007.

Louis Bazin,*Les Systèmes Chronologiques Dans Le Monde Turc Ancien*, Paris,Bibliothéca Orientalis Hugarica Broché,1991.

M.ölmez, Ein weiteres alttürkischen Pañcatantra-Fragment, *Ural-AltaischeJahrbücher* N.F.12,1993.

Masahiro Shōgaito, Setsu Fujishiro,Noriko Ohsaki,Mutsumi Sugahara,Abdurishid Yakup. *The Berlin Chinese Text U 5335 Written in Uighur Script: A Reconstruction of the Inherited Uighhur Pronunciation of Chinese*, Brepols Publishers n.v, Turnhout,Belgium,2015.

Matsui,Dai,Uyghur Almanac Divination Fragments from Dunhuang,Irina.Popova and Liu Yi eds.) *Dunhuang Studies:Prospects and Problems for the Coming Second Century of Research* ,St.Petersburg,2012.

P.Zieme, "The 'Sutrs of Complete Enlightenment' in Old Turkish Buddhism", *Collection of Essays ,1993, Buddhism Across Boundaries –Chinese Buddhism and the Western Regions*,by E.Zureher , L.Sander, and others, Taipei,1999.

P.Zieme, AltuigurischeTexte der Kirche des Ostens aus Zentralasien,*NewJersy:Gorgias Press,*2015.

P.Zieme, *Buddhistische Stabreimdichtung der alten Uiguren,* Berlin,1985.

P.Zieme, Ein Uigurisches Fragment der Rāma-Erzählung, *Acta Orientalia Academiae Scientiarum Hungaricae* 32,1978.

P.Zieme, Ein uigurisches Turfanfragment der Erzählung von guten und vom bösen Prinzen, *Acta Orientalia Academiae Scientiarum Hungaricae* 28,1974.

P.Zieme, Note on Uighur Medicine,especially on the Uighur Siddhasara Tradition, *Asian Medicine* 3,2007.

P.Zieme,*Magische Texte des Uigurischen Buddhismu*s,Berlin,Herausgegeben von der Kommission Turfanforschungder Berlin-Brandenburgischen Akademie der Wissenschaften,2005.

P.Zieme,*Manichäisch-türkische texte*,Berliner Turfan Texte V,Berlin,1975.

R.Rahmeti Arat, *Zur Heilkunde der UigurenI-II*, SPAW, Berlin, 1930.

R.Rahmeti Arat,*Türkische Turfantexte,Abhandlungen der* Preußischen Akademie der Wissenschaften,Berlin,1936.

Röhrborn,Klaus, *Eine üiğurische Totenmesse,*Berliner TurfantexteII,Berlin:Akademie Verlag, Facsimiles:plate I-LXIV,1971.

S.G.Clauson,Early Turkish Astrological Terms,*Ural-Altaische Jahrbücher*, vol. XXXV,Wiesbaden,1964.

Ş.Tekin, Abhidharma-kośa-bhāsya-tika Tattvārtha-nama—*The Uigur translation of Sthirmati's Commentary on the Vasubhandu's Abhidh-armakośaśāstra* , New York,1970.

Ş.Tekin,*Maitrisimit.Nom Bitig: Die uigurische übersetzung eines Werkes der buddhistischen Vaibhāṣika-schule.*Schriften zur Geschichte und Kultur der Alten Orient, Berlin Turfantexte IV (Berlin:Akademie Verlag,1980). ITeil:Transliteration,übersetzung,Anmerkungen-II.Teil: Analytischer und rückläufiger Index, Berlin,1980.

Saadet S,Çagatay, *Türk Lehçeleri Örnekleri I,*Ankara,1950.

T.E.Cearter, *The Invention of printing in China and Its Spread Westward,* New York, 1925.

W.Bang & A.Gabain,*Türkische Turfan Texte II,*1929.

W.Bang & A.von Gabain,*Türkische Turfantexte,Sitzungsbrichte der Preußischen Akademie der Wissenschaften,*Berlin,1929.

W.Bang, Maniche Laien-Beichtspiegel,*Le Museon* 35,1923.

W.Bang, *Türkischer Bruchstücke einer nestorianischen Georgspassion,*Le Museon,1926.

W.Bang,G.R.Rachamati, Leider aus Alt-turfan, *AM* 9,1933.

W.Radloff, Alttürkischen student,извесмИя Акабемий наук СССР vi,1912.

W.Radloff, *Chuastuanift, Das Bussgebet der Manichäer,*Sankt Petersburg,1909.

W.Radloff, Note préliminare sur l'inscription de Kiu-yong-koan,Troisiéme partie. Les Inscriptions ouigoures,*Journal Asiatique* 9/4,1894.

W. Radloff, *Nachrichten über die von der Kais.Ak.d. Wiss.Zu St.Petersburg im Jahre 1898 ausgerüestwte Expedition nach Turfan,* Petersburg, 1899.

W. Radloff, *Bericht über archæologische Arbeiten in Idikutschari und Umgebung im Winter 1902-1903,* Abh.d. Kaiser. Bayer, Ak.d.Wiss.phil.-his.KI.XXIV, Abt.I.1906.

W.Radloff,Nachträge zum chuastuanift. (cémhuastuanvt),dem Bussgebete der

Manichäer (Hörer), *Bulletin de l' Académie Impériale des sciences de St.-Pérsbourg,*1911.

Warnke,Ingrid, *Eine buddhistische Lehrschnft überdas Bekennen der Sünden-Fragmente der uigurischen Version des Cibei-daochang-chanfa.*(Dissertation), Berlin: Akademie der Wissenschaften der DDR,1978.

Warnke,Ingrid, Fragmente des 25.und 26.Kapitels des Kšanti qïlɣuluq nom bitig. *Altorientalische Forschungen,*1983.

Yakup,Abdurishid,An Old Uyghur Fragments an Astrological Treatise Kept in Beijing National Library,In:Gedenkband für Werner Sundermann,*heraysgegeen von Turfanforschung,Berlin-Brandenburgische Akadenie der Wissenschaften,*Berlin,2016.

Л.Ю.Тугушева, *Уйгурская Версия Биографии Сюань-цзан*а, Москва, 1991, стр.160 (XI,8).

后 记

拙作即将出版，脑海里浮现出很多帮助我的人。

1993 年，我考入巢湖学院（原巢湖高等师范专科学校）中文系。1995 年，毕业回无为县做乡村教师八载。2003 年，考入湘潭大学文学与新闻学院师从马固钢教授专修"小学"（文字、训诂与音韵）。马固钢先生于武汉大学本、硕求学期间师从黄耀先、周大璞等先生，溯源马先生之"门派"，可谓正宗"章黄学派"。2006 年硕士毕业后，我曾供职于安徽《铜陵日报》社，后又进安徽铜陵市广播电视大学任专职教师，兼文法部主任。2011 年，考入中央民族大学跟张铁山教授学突厥语族语言文字。读博三载，非尽学张铁山先生之"冷门绝学"，但在京城开阔眼界自不待言。读博期间选修了中国社会科学院资深研究员聂鸿音先生的课程，聂先生精通多种语言文字，授课时旁征博引，精彩绝妙。

感谢贵州民族大学文学院刘笑玲书记、贵州民族大学文学院原院长龙耀宏教授和副院长吴电雷教授。

感谢美国东密歇根大学（Eastern Michigan University）超级教授 Yichun Xie,Ph.D 提供访学的机会。

感谢中国社会科学院民族学与人类学研究所的领导和专家：原党委书记揣振宇先生、原副所长董琨研究员、副所长王锋研究员、资深研究员吴安其先生、孙伯君研究员、蓝庆元研究员。

感激家人和亲朋故旧。感激父亲（2020 年 3 月 4 日去世）母亲竭力培养、姐姐妹妹姐夫妹婿鼎力帮助。感谢妻子徐俊飞和女儿朱晨，女儿就读于上海师范大学，毕业之际承担了搜集资料、校对注释及参考文献等工作。感谢亲朋好友耿业鹏、侯化林、朱先宝、潘天鹏、陈代发、方丽群、崔琼等。

感谢聊城大学杜宏春教授和贵州民族大学李乔杨博士和程太霞女士。感谢硕士研究生彭华、李帆、蒙春利、麻红芬等同学。

书稿出版得益于我的工作单位贵州民族大学文学院及中国语言文学学科建设经费资助。感谢《民族语文》杂志社诸多专家编辑，尤其李云兵、木再帕尔等研究员。尤其要感谢出力甚多、帮助联系出版事宜的博士同学陈棣芳。

书稿即将付梓，但我深感本书筛选回鹘文文献汉语借词会有不少遗漏，对音部分尚有待补充之处。时间仓促，书中错讹势必难免，诚请诸位批评指正！

朱国祥 2022 年 4 月 20 日书于贵州民族大学

图书在版编目（CIP）数据

回鹘文文献汉语借词研究 / 朱国祥著 . -- 北京：
社会科学文献出版社，2022.12
ISBN 978-7-5228-0705-8

Ⅰ. ①回… Ⅱ. ①朱… Ⅲ. ①回鹘语－文献－汉语－
借词－研究 Ⅳ. ① H211.4

中国版本图书馆 CIP 数据核字（2022）第 172086 号

回鹘文文献汉语借词研究

著 者 / 朱国祥

出 版 人 / 王利民
责任编辑 / 胡百涛
责任印制 / 王京美

出 版 / 社会科学文献出版社·人文分社（010）59367215
地址：北京市北三环中路甲 29 号院华龙大厦 邮编：100029
网址：www.ssap.com.cn
发 行 / 社会科学文献出版社（010）59367028
印 装 / 三河市龙林印务有限公司

规 格 / 开 本：787mm × 1092mm 1/16
印 张：17 字 数：260 千字
版 次 / 2022 年 12 月第 1 版 2022 年 12 月第 1 次印刷
书 号 / ISBN 978-7-5228-0705-8
定 价 / 198.00 元

读者服务电话：4008918866